广西旅游产业发展协同创新中心（培育）系列研究成果之一，
旅游管理广西高校重点学科、广西教育厅重点课题（KY2015ZD057）资助项目。

温泉旅游地可持续发展研究

以广东省为例

RESEARCH ON THE SUSTAINABLE DEVELOPMENT OF HOT SPRINGS RESORT IN GUANGDONG PROVINCE

樊亚明◎著

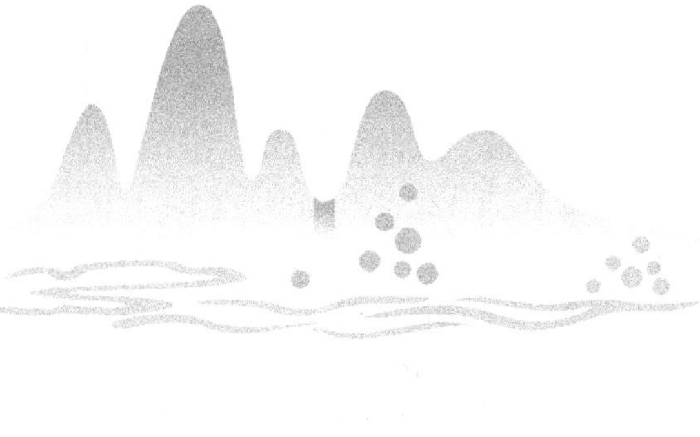

TEP 旅游教育出版社
·北京·

策　　划：张　萍
责任编辑：张　娟

图书在版编目(CIP)数据

温泉旅游地可持续发展研究：以广东省为例 / 樊亚明著. --北京：旅游教育出版社，2016.5
ISBN 978-7-5637-3366-8

Ⅰ. ①温…　Ⅱ. ①樊…　Ⅲ. ①温泉—旅游业发展—研究—广东省　Ⅳ. ①F592.765

中国版本图书馆CIP数据核字（2016）第076380号

温泉旅游地可持续发展研究——以广东省为例

樊亚明　著

出版单位	旅游教育出版社
地　　址	北京市朝阳区定福庄南里1号
邮　　编	100024
发行电话	(010)65778403 65728372 65767462(传真)
本社网址	www.tepcb.com
E-mail	tepfx@163.com
排版单位	北京旅教文化传播有限公司
印刷单位	北京京华虎彩印刷有限公司
经销单位	新华书店
开　　本	787毫米×1092毫米　1/16
印　　张	14
字　　数	266千字
版　　次	2016年5月第1版
印　　次	2016年5月第1次印刷
定　　价	49.80元

(图书如有装订差错请与发行部联系)

摘　要

旅游业已成为全球规模最大、势头最劲、综合带动力最强、最具有增长活力的战略性产业之一，被誉为“永远的朝阳产业”。随着《国民旅游休闲纲要（2013—2020）》的颁布实施，目前以观光旅游为主的旅游业已不能适应我国当前经济发展和人民生活质量提高的需要。温泉旅游以其独特的疗养、保健、养生、游乐等功能，成为当前我国休闲度假旅游发展的热点与重点，正引领中国旅游业从以观光旅游为主向以休闲度假旅游为主转型发展。广东不仅是温泉资源大省，更是温泉旅游大省，其作为我国温泉旅游的先行者，一直引领中国温泉旅游的发展方向，是中国温泉旅游发展最快、最成熟的地区。

论文以广东省为研究范围，以温泉旅游地为研究对象，在借鉴国内外温泉旅游地相关发展经验和研究成果的基础上，以可持续发展理论、旅游系统理论、环境承载力理论、利益相关者理论为指导，综合运用层次分析方法、德尔菲法、地理信息系统等多学科交叉研究技术与方法，定性分析和定量评价相结合，理论研究和实际应用相结合，对温泉旅游地可持续发展的理论、评价模型与应用、发展对策进行深入系统的研究。全文分为八章，主要内容概述如下：

第一章是绪论。在阐释研究背景和选题依据的基础上，明晰了研究的理论意义与现实意义，确定了研究内容、研究方法，明确了研究技术路线。

第二章是相关理论及研究进展。首先，本章界定了温泉、温泉旅游地等相关概念，对其特征、类型划分等作了系统分析；其次，对国内外温泉旅游地相关研究进展进行了系统的梳理和评述；最后，对旅游地生命周期理论、旅游环境承载力理论、利益相关者理论、系统论及可持续发展理论等主要理论进行了分析介绍，并阐明其指导意义。

第三章是国内外温泉旅游地发展分析。本章分析探讨了国内外温泉旅游地的发展历程及现状，并重点对欧洲的德国、法国、匈牙利，北美的美国、加拿大和亚洲的日本、韩国等温泉旅游地的发展进行剖析，总结其发展经验与启示。

第四章是广东省温泉旅游地发展条件分析。首先，本章概述了广东省温泉旅游地发展的区域自然、社会与经济条件；其次，从总体条件、空间分布特征、资源类型特征和开发利用现状等方面分析研究了广东省温泉旅游地发展的温泉资源条件；最后，分析探讨了广东省温泉旅游地发展的机遇与挑战。

第五章是广东省温泉旅游地发展现状研究。首先,本章分析了广东省温泉旅游地演化发展历程及特征,探讨了其演化发展的主要驱动;其次,综合分析了广东省温泉旅游地总体发展情况和经营现状;然后,从空间结构、时间变化、组织方式、潜在市场方面等分析了广东省温泉旅游地客源市场特征;再次,应用 GIS 空间分析、数学地理和数理统计方法对广东省温泉旅游地空间结构特征进行综合分析与研究;最后,指出了广东省温泉旅游地发展面临的五大主要问题。

第六章是温泉旅游地可持续发展评价模型研究。首先,本章构建了由目标层、系统层(5 个子系统)、特征层(10 个特征指标)和指标层(50 个评价指标)组成的温泉旅游地可持续发展评价指标体系;其次,综合运用层次分析法、德尔菲法确定评价指标的权重,并进行排序和分析;最后,明确了评价程序、数据标准化处理方法,建立了综合评价模型,并制定了温泉旅游地可持续发展开发度、发展度、支撑度、协调度、保障度以及可持续发展度的评价标准和判别图谱。

第七章是广东省温泉旅游地可持续发展综合评价。首先,本章简要说明了本文研究数据来源及研究对象,并对各评价指标原始数据进行标准化处理。其次,从开发度、发展度、支撑度、协调度、保障度及可持续发展度等方面综合评价广东省温泉旅游地可持续发展状况,分析研究其发展现状与发展轨迹,并绘制综合评价图、GIS 评价专题图;最后,运用两步聚类法、雷达图法对评价结果进行综合分析,探讨其发展特征和发展趋势。

第八章是广东省温泉旅游地可持续发展对策。本章在综合评价结果的基础上,提出了温泉旅游地可持续发展策略,并探讨了促进广东省温泉旅游地可持续发展的五项对策。

第九章是结论与讨论。简要总结了主要研究结论、创新点以及研究不足与展望。

关键词:温泉,温泉旅游地,可持续发展,综合评价,发展对策,广东省

ABSTRACT

Tourism, known as the eternal sunrise industry, has become one of the world's largest, the most competitive strategic industries with the strongest comprehensive motivation and growth activity. As Chinese government determined to develop tourism into the strategic pillar industry of national economy and the people's more satisfied modern services, and promulgated the National Tourism and Leisure Programs (2013—2020), the present mainly sightseeing tourism industry cannot adapt to the current economic development and people's life quality improvement needs. With its particular functions of spa, health care, health preserving, and amusement, etc, hot springs tourism becomes the hotspot and focus of leisure tourism development in China, and leads Chinese tourism industry into the transition from mainly sightseeing tourism to leisure tourism development. Guangdong is a big hot springs tourism province abounding of hot springs resources. As the pioneer of the hot springs tourism in China, Guangdong, which the development and construction of hot springs resorts, has been leading the development direction of China's hot springs tourism, and becomes the fastest, the most mature region of China.

The paper takes Guangdong province as the research scope, and hot springs resort as the research object. On the basis of development experience and relevant research of the hot springs resort at home and abroad, the paper settled sustainable development theory, system theory, environmental bearing capacity theory, and stakeholder theory as a guide, used analytic hierarchy method, Delphi method, the geographic information system comprehensively, and combined qualitative analysis and quantitative evaluation to research the theory of the sustainable development of hot springs resort, evaluation model and application, development strategy and countermeasures. The paper is divided into nine chapters; the main content is as follows:

The first chapter is introduction, mainly expounding background, the theory meaning and realistic meaning, determining the research contents, research methods and the research technical route.

The second chapter is literature review and the related theoretical basis. First of all, the chapter defines the related concepts such as hot springs, hot springs resort, and analyzes its characteristics, classification; Second, the hot springs resort research progress at home and abroad were reviewed; Finally, the tourism destination life cycle theory, the tourism environment bearing capacity theory, stakeholder theory, system theory and the sustainable development theory were analyzed and introduced, and its guiding significance was clarified.

The third chapter is the analysis of development condition of hot springs resort in Guangdong. First of all, the natural, social and economic conditions for the development of the hot springs resort in Guangdong province were summarized; Then, the resources conditions of hot springs resource in Guangdong province were analyzed from overall condition, the space distribution features, characteristics and the status quo of the development and utilization of resources type, etc; Finally, theopportunity condition and the challenge of Guangdong's hot springs resorts were analyzed.

The fourth chapter is the current situation of the development of hot springsresort research in Guangdong province. First of all, the development and evolution characteristics of the hot springs resort in Guangdong province were analyzed, and the main driving influences were discussed; Second, the overall development and current management situation were comprehensive analyzed; Then, the characteristics of tourist market of hot springs resort were analyses from the space structure, time, organization and potential market; Third, its spatial structure was analyzed by the means of GIS spatial analysis, math geography and mathematical statistics method; Finally, five main problems of the development of Guangdong's hot springs resort were pointed out.

The fifth chapter is the evaluation of the sustainable development of hot springs resort research model. First of all, the sustainable development evaluation index system of hot springs resort was constructed, including the target layer, system layer (5 subsystems), features (10 characteristics index) and index layer (50); Second, the weights of evaluation indexes were determined by the integrated use of analytic hierarchy process and Delphi method; Finally, the comprehensive evaluation model was established, and the evaluation standards and criterion of the hot springs resort's sustainable development were also established, such as exploitation degree (ED), development degree (DD), brace degree (BD), coordination degree (CD), guarantee degree (GD).

The sixth chapter is the comprehensive evaluation of hot springs resort sustainable development in Guangdong. First of all, the source of data and the research object were briefly introduced, and the raw data were standardized. Secondly, comprehensive evaluation of hot springs resort development in Guangdong were made from the ED, DD, CD, BD, GD and sustainable development degree (SDD); The present development situation and the development path were analyzed, and the maps of comprehensive evaluation were drawn; Finally, the evaluation results were analyzed by two - step clustering method and the radar map method; The characteristics and development trend of its development were discussed.

The seventh chapter is the sustainable development strategy of hot springs resort in Guangdong. In this chapter, the hot springs resort sustainable development strategies were proposed on the base of the results of comprehensive evaluation, five countermeasures were put forward for the sustainable development of hot springs resort in Guangdong.

The eighth chapter is conclusion and discussion. The main research conclusions, innovative points and research papers and prospect were summarizes.

KEY WORDS: hot springs; hot springs resort; sustainable development; comprehensive evaluation; strategy; Guangdong province

目　　录

第一章　绪　　论

1.1 研究背景

(1)旅游业快速发展与国民旅游休闲时代的到来

当今时代,旅游业持续以高于世界经济增长的速度快速发展,成为全球规模最大、势头最强劲、综合带动力最强、最具有增长活力的战略性产业之一。旅游业被誉为"永远的朝阳产业"(孙钢,1994),具有资源消耗低、带动系数大、就业机会多、综合效益好的特点。据世界旅游理事会(WTTC)统计,每年有9亿多人参与国际旅游活动,相当于世界总人口的七分之一,旅游消费已成为仅次于食品消费的人类第二大消费。改革开放以来,中国旅游业发展迅速,产业规模不断扩大,产业体系日趋完善,旅游综合效益不断凸显,经济贡献率不断增大,旅游业在国民经济中的地位和作用越来越重要。据国家旅游局统计,"十一五"期间,全国旅游业总收入年均增长15%,旅游消费对社会消费的贡献超过10%;2010年中国国内旅游人数已经超过21亿人次,公民出境旅游5700万人次,接待入境旅游1.3亿人次,实现旅游外汇收入近500亿美元,旅游业总收入达到1.5万亿元。中国国内旅游市场规模居世界第一位,旅游外汇收入居全球第四位。新时期,中国旅游业将迎来更大的发展机遇。2009年11月,国务院发布《关于加快发展旅游业的意见(国发〔2009〕41号)》,明确了新时期中国旅游业发展的战略定位,即"把旅游业培育成为国民经济的战略性支柱产业和人民群众更加满意的现代服务业",旅游业成为国家的发展战略方向之一。截至2011年底,全国共有30个省区市将旅游业定位为支柱产业、主导产业、先导产业或龙头产业。可以预见,在"十二五"期间及未来,中国旅游业将迎来发展的黄金机遇期。

旅游业的不断增长,充分说明我国居民对旅游、休闲活动的巨大需求,也表明包括旅游在内的休闲消费正成为国人消费结构中越来越重要的一部分。据世界未来学协会副会长、美国著名未来学家格雷厄姆·莫利托预测,到2015年,人类将走过"信息时代"的高峰而迈入"休闲时代",休闲经济将给人类带来新的生活态度、观点和活动。中国政府一直高度重视旅游休闲产业发展,并将它作为促进经济发展的新引擎、新机遇。为更好满足人民群众日益增长的旅游休闲需要,使旅游休闲真正成为广大群众日常的生活方式和健康消费行为,进一步提升国民的生活质量、生命质量和幸福指数,中国政府正在积极推行"国民休闲计划",迎接"休闲时代"的到来。2009年1月,广东省颁布了《关于试行国民旅游休闲计划的若干意见(征求意见稿)》,成为国民旅游休闲计划实施的试点省份。2013年2月,国务院发布的《国民旅游休闲纲要(2013—2020)》提出了国民旅游休闲发展目标:到2020年,职工带薪休假制度基本得到落实，城乡居民旅游休闲消费水平大幅增长，国民休闲质量显著提高，与小康社会相适应的现代国民旅游休闲体系基本建成。王琪延(2011)认为："到2020年，中国休闲发展十大基础中的休闲消费支出将从现在居民总收入的三分之一增加到二分之一，消费时间将扩展为二分之一。"同时20个休闲热点也将形成，即海洋、养生、山地、温泉、冰雪、鉴赏、宗教、收藏、养宠、太空、创作、体育、公益、旅游、教育、教养、情趣、工作、节庆休闲等。然而，目前我国旅游业基本上以观光旅游为主，旅游业发展的广度、深度都远远不能适应经济发展和人民生活水平提高的需要，仍然处于一种低消费、低水平、大众化的状况，与国际旅游业发达国家相比还存在较大差距。中国的旅游休闲业还需要在设施、环境、产品、服务、人文素养等方面有所提升。

(2)温泉开发与温泉旅游持续升温

温泉是发展休闲度假旅游的重要资源，温泉的开发与利用历史悠久。早在公元前2000年，古埃及人就运用温泉作为治疗手段，而在凯撒大帝时代，罗马帝国就建有170多处浴室，起初用来为士兵战后的恢复，随后温泉浴在平民间也开始流行起来(余伟,2008)。中国的温泉资源非常丰富，是世界上最早利用温泉的国家之一，温泉利用历史非常悠久。汉代天文学家张衡所著的《温泉赋》中载有"六气淫错，有疾疠兮。温泉汩焉，以流秽兮。蠲除苛慝，服中正兮。熙哉帝载，保性命兮"，叙述了温泉有治病、除秽、保健之功能。

但真正的温泉旅游开发与利用兴起于欧洲，在北美得到发展，在亚洲，特别是日本达到鼎盛。世界温泉开发利用大致可分为亚、欧、美三大类型。欧洲温泉具有浓厚的疗养、保养机能，美国温泉继承欧洲传统，又有许多创新，亚洲温泉以日本最有代表性，温泉开发历史悠久，被誉为世界第一。台湾地区温泉由于历史的原因承袭了日本的温泉模式，但是又与日本本土有所差异(姜莉,2005)，而我国内地真正开发温泉及发展温泉旅游只有数十年的历史。新中国成立后，我国建立了一大批温泉疗养院，但其主要服务对象是需要长期恢复、疗养的伤员、病痛患者，如辽宁省的丹东五龙背温泉、营口熊岳温泉、鞍山汤岗子温泉、湖北咸宁温泉等。改革开放后，随着民营资本的不断涌入，我国进入温泉开发与利用的新阶段。1997年，广东江门金山温泉建成开业，标志着我国温泉开发与温泉旅游进入了一个新的发展时期。随后，珠海御温泉的开业更是引爆广东温泉旅游市场，御温泉成为广东温泉旅游发展的领头雁，掀起了温泉开发与温泉旅游热潮，许多大型露天温泉在全国各地开始陆续出现。

随着我国旅游业向纵深层次发展，各种旅游资源相继被开发成旅游产品。温泉旅游作为一种以体验温泉、感悟沐浴文化和康体养生为目的的一种旅游方式，以其独特的疗养保健、康体养生、休闲娱乐等功能，成为当前我国休闲度假旅游发展的热点与重点，正引领中国旅游业从以观光旅游为主向以休闲度假旅游为主转型。温泉旅游作为一种体验性、参与性、休闲性兼备的旅游产品，备受消费者青睐，具有广阔的市场前景、极高的商业价值和极佳的投资潜力。

近年来，温泉资源开发与温泉旅游业发展受到我国各级政府和旅游业界的高度重视，温泉旅游景区如雨后春笋在全国范围内涌现。据笔者查阅统计(港澳台未纳入统计范围)，全国各省市(除上海外)均不同程度对本地的温泉资源进行了开发利用，全国有一定规模的温泉旅游景区有500多家，而被称为温泉旅游大省的广东省截止到2011年底已开发温泉旅游景区 200 多家,温泉休闲与旅游已经成为广东市场规模比较大、大众消费比较广的一种旅游方式。其他温泉资源丰富的地区如云南、四川、北京、辽宁、海南、福建、重庆等省市近年来纷纷表示要大力开发温泉资源、发展温泉旅游,使其成为各地旅游业发展的新亮点,带动和促进区域旅游经济与社会发展。2011 年,辽宁省专门成立全省温泉旅游开发建设领导小组,出台《关于加快发展温泉旅游的意见》,提出通过加快建设 10 个温泉旅游聚集区和 50 个温泉旅游小镇,培育一批温泉旅游特色名镇,推出一批温泉旅游精品,打造全国温泉旅游第一大省。其后,江西、福建等省市以及一些温泉资源富集的市、县也出台相关政策文件及规划,鼓励和引导温泉资源开发及温泉旅游发展。全国温泉资源开发与温泉旅游景区建设正掀起高潮,并且在今后一段时间内将持续升温。

1.2 选题依据

(1)温泉旅游研究成为目前国内旅游研究的热点

温泉旅游地开发和温泉休闲旅游热潮大大促进了温泉旅游研究的发展。通过对中国知网(www. cnki. net)的检索,结果发现以"温泉""温泉旅游""温泉旅游地"等为关键词的与温泉旅游相关的研究成果不断增多,近十年来呈爆发增长趋势,成为当前国内旅游研究的热点(表 1 - 1)。

表 1 - 1 中国知网有关温泉旅游研究成果检索结果一览表

Table 1 - 1 Amount of research thesis on hot springs tourism from CNKI web

年 份	中国知网	题 名	篇 数
1980 年以前	所有期刊	"温泉"	43
		"温泉旅游"	0
		"温泉旅游地"	0
1981—1999 年	所有期刊	"温泉"	1198
		"温泉旅游"	73
		"温泉旅游地"	0
2000—2012 年	所有期刊	"温泉"	8361
		"温泉旅游"	2160
		"温泉旅游地"	14
2000—2012 年	硕士论文	"温泉 + 旅游"	37
	博士论文		4

注:表中相关统计未考虑重复统计问题,不同主题词的检索有可能重复。

而从百度(www. baidu. com)和谷歌(www. google. com. hk)两大搜索引擎就关键词"温泉""温泉旅游""温泉旅游地"等的检索结果来看(表 1 - 2),与"温泉"相关的信息量巨大,已备受人们关注。

表 1-2 两大搜索引擎有关“温泉旅游”检索结果一览表

Table 1-2 Amount of key word on“hot springs tourism”from two searching webs

搜索引擎	关键词	相关结果
百 度 www. baidu. com	“温泉”	100 000 000 个
	“温泉旅游”	7 770 000 个
	“温泉旅游地”	1 640 000 个
谷 歌 www. google. com. hk	“温泉”	499 000 000 条
	“温泉旅游”	8 660 000 条
	“温泉旅游地”	20 300 000 条

注:表中相关统计未考虑重复统计问题,不同关键词检索有可能重复,搜索时间 2012 年 12 月。

(2)旅游可持续发展备受关注与温泉旅游可持续发展研究不足

旅游的发展与可持续发展有一种天然的耦合关系(魏小安,2003),可持续发展是旅游研究的经典命题之一。世界旅游组织高级官员盖博(2006)①认为“打造可持续发展的旅游业,在全世界尤其中国是一个很重要的课题”。通过对中国知网中国学术期刊网络出版总库和中国硕博士学位论文数据库的文献检索,发现截至 2012 年 12 月,以“旅游”+“可持续”为题名的文献共计 2388 篇,但近十年来发表的论文占九成以上,达 2242 篇,且一直保持上升态势,充分说明旅游可持续发展已经成为旅游学界关注和讨论的热点话题。图 1-1 所示为 2000—2012 年所发表的有关旅游可持续发展的论文数量。

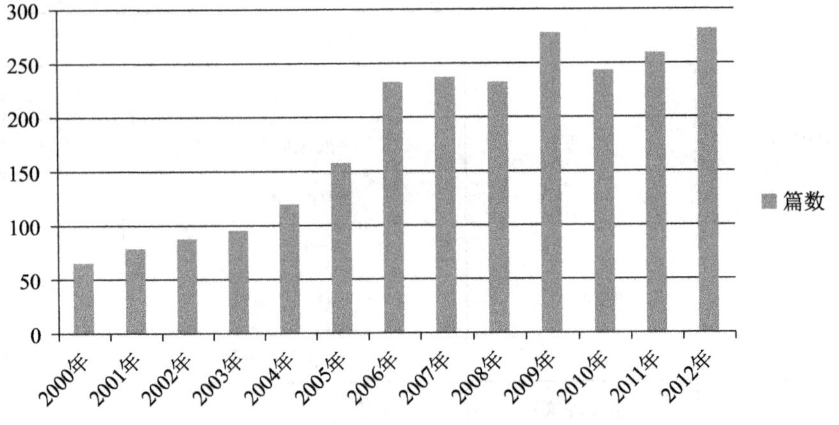

图 1-1 2000—2012 年发表的有关旅游可持续发展的论文统计

Fig. 1-1 Papers on tourism sustainable between 2000—2012

① http://news. sina. com. cn/c/2006-05-20/09298976290s. shtml

虽然旅游可持续发展备受关注，但截至2012年底，以“温泉”+“可持续”为题名检索的已发表论文只有13篇，可见温泉旅游可持续发展研究的严重缺失。

(3)广东省温泉旅游地发展具有典型性和代表性

广东不仅是温泉资源大省，更是温泉旅游大省。从温泉疗养基地到温泉宾馆建设热潮，从露天温泉到休闲度假主题温泉，从温泉沐浴到温泉旅游，从温泉经济到温泉文化，作为“温泉旅游的先行者”，广东温泉旅游开发一直引领中国温泉旅游的发展方向，是中国温泉旅游发展最快、最成熟的地区，具有典型性和代表性。目前，广东全省有可接待游客的温泉旅游地200多处，其中开发为集休闲度假、保健游乐、商务会议等于一身的大型温泉旅游地30多处，每年温泉旅游产业经营收入超百亿元。

广东温泉开发利用速度快、数量多、档次高、服务质量好，深受国内外旅游者欢迎，创造了中国温泉旅游界一个又一个丰碑，从化温泉、中山温泉是早期“室内温泉”开发的代表；金山温泉以温泉水长流不息、露天泳场面积大、观光性强、度假功能突出拉开了我国大规模综合开发露天温泉旅游资源的帷幕；帝都温泉于2002年4月被世界养生大会组织委员会推荐为世界养生基地；温泉旅游产业集聚发展的恩平市成功打造第一个“中国温泉之乡”和全国首个地热地质公园；珠海御温泉独具盛唐新风，以御式服务和“御温泉”品牌管理及输出创新了中国温泉旅游产业，被国家旅游局誉为“中国温泉旅游的领头雁”；珠海海泉湾温泉是中国目前功能最齐全、综合配套最完善的超大型旅游休闲度假区、世界级温泉度假胜地和国际会议中心，2008年获国家旅游休闲度假示范区称号；五华热矿泥温泉山庄是全国仅有的两处天然热矿泥旅游度假区之一，有“天下第一奇泥”之美誉。

在当前旅游业发展的大好形势下，广东温泉旅游产业规模不断扩大，温泉旅游地数量不断增多，但在快速发展过程中也面临诸多问题，主要表现在以下几个方面：温泉资源无序开发，资源管理混乱；地区发展不平衡，局部竞争“白热化”；温泉旅游产品同质化，文化内涵不足，特色不强；温泉旅游地良莠不齐，规模化、连锁化、品牌化、信息化水平较低；温泉旅游管理不足，服务质量有待提高；政策配套不完善，招商引资受限等。广东温泉旅游发展中面临的问题也是全国温泉旅游发展将面临的主要问题，如何解决这些问题，更好地引导广东温泉旅游地持续、健康发展是当前社会关注的重点和研究的难点。因此，有必要从全省角度，站在较高视角系统研究温泉旅游地的发展状况，探索其发展规律，优化资源配置与空间布局，明确发展方向，探讨发展策略和对策，推动温泉旅游地可持续发展。

(4)课题支撑与实践经历

近年来，笔者一直从事旅游研究与旅游规划设计方面的工作，对温泉资源开发与温泉旅游规划设计和研究尤为感兴趣。先后主持或作为核心成员参与了多项温泉旅游地的规划设计与温泉旅游研究工作，如广东御临门温泉旅游度假区总体规划(2004年)、广东丹霞温泉旅游度假区总体规划(2004年)、惠州汤泉旅游总体规划(2005年)、广东动感温泉旅游度假区总体规划及修建性详细规划(2006年)、江苏连云港东海温泉旅游度假区总体规划及控制性详细规划(2007年)、湖北咸宁温泉旅游度假区概念规划(2008年)、山东招远温泉旅游度假区概念规划及详细规划(2009年)、福建省福清市三山滨海温泉旅游区总体规划(2009年)、广州市从化温泉养生谷景观广场规划设计(2010年)、广东古兜温泉旅游度假区改造提升规划(2011年)等,并多次专门实地考察与调研了云南、江苏、山东、河南、湖北、江西、北京、四川、福建、台湾地区以及日本、韩国、马来西亚等地的温泉旅游景区及温泉旅游业发展状况,对各地温泉资源开发与温泉旅游发展情况有了较为深入的认知与感知。2011—2012年,笔者为了完成博士课题研究,更是实地考察了广东省绝大部分温泉旅游地,深入一些重要温泉旅游地调研、访谈和问卷调查,基本摸清了广东省温泉资源开发及温泉旅游发展状况,获取了温泉旅游地大量第一手资料,对广东省温泉旅游地发展现状和存在的问题有了较深的认识。

1.3 研究意义

本文立足于中国温泉旅游地发展最为兴旺、最具代表性的地区——广东省,将多学科的理论引入温泉旅游地可持续发展的研究框架,在深入分析国内外温泉旅游地相关研究的基础上,全面深入研究广东省温泉旅游地的发展条件、发展历程及演化特征、总体发展现状、客源市场特征、空间分布结构以及面临的主要问题,构建温泉旅游地可持续发展评价指标体系,建立评价方法与模型,综合评价其可持续发展能力,探讨温泉旅游地可持续发展的策略及措施,对温泉旅游地的发展与研究具有重要的理论意义和现实意义。

1.3.1 理论意义

(1)本文系统地研究温泉、温泉旅游地的定义、特征及分类,为我国温泉旅游的基础研究提供重要的补充。

(2)本文在系统研究温泉旅游地发展历程、演化特征、发展现状、客源市场特征和空间结构特征的基础上,以旅游系统论、可持续发展理论为指导,构建温泉旅游地可持续发展评价指标体系,建立评价模型、评价标准和判别图谱,填补了国内相关领域研究空白,进一步拓展温泉旅游的研究领域,充实温泉旅游可持续发展理论,扩大可持续发展理论的外延。

1.3.2 现实意义

(1)广东省是当前中国温泉旅游地中发展最快、最成熟的地区,客观上要求温泉旅游地的开发建设活动必须做到统筹规划、综合利用、合理开发,以获得空间上的最优布局,资源上的最佳利用,获取最大的社会效益、经济效益和环境效益。本文通过对广东省温泉资源及温泉旅游地的类型、分布、发展历程等的综合研究,在揭示广东温泉开发现状及存在的问题的基础上,对广东省温泉旅游地的客源市场特征和空间分布结构进行深入研究,为广东温泉旅游资源的开发利用与温泉旅游地的开发建设、优化布局与市场营销提供重要参考。

(2)本文综合分析和评价广东省温泉旅游地的可持续发展水平、发展能力和发展轨迹,并针对性地提出温泉旅游地可持续发展策略,对促进广东省温泉旅游地全面、协调、可持续发展,推动广东省温泉旅游业持续快速发展具有显著的应用价值和经济意义。

(3)温泉旅游作为一种投资大、回报高的旅游业态,其经济效益和社会效益有目共睹。本文丰富、翔实的第一手调研数据,客观务实的研究结论以及相关对策建议可以为政府部门、温泉企业特别是投资开发商的经营管理、投资建设提供决策参考,具有重要的实际意义。

1.4 研究内容与方法

1.4.1 研究内容

本文以广东省为研究范围,以温泉旅游地为研究对象,以其可持续发展为研究主体内容。全文包括绪论、结论与讨论在内共九个章节,内容概要如下:

第一章是绪论。主要内容:研究背景、选题依据、研究意义、研究方法、研究数据来源以及研究技术路线等。

第二章和第三章是文献综述及相关理论基础。主要内容:第一,对温泉、温泉旅游地的相关概念进行界定,并对其特征、类型划分等进行系统分析与研究;第二,对旅游地生命周期理论、旅游环境承载力理论、利益相关者理论、系统论及可持续发展理论等与本文相关的主要理论进行分析介绍,阐明其指导意义,构建本文研究的理论基础;第三,对国内外温泉旅游地、可持续发展评价模型等的相关研究文献与成果进行综述,并进行评述。

第四章是广东省温泉旅游地发展条件分析。主要内容:第一,概述广东省温泉旅游地发展的区域自然、社会与经济条件;第二,从总体条件、空间分布特征、资源类型特征和利用现状等方面分析研究广东省温泉旅游地发展的温泉资源条件;第三,分析探讨广东省温泉旅游地发展的机遇条件与挑战,为广东省温泉旅游地可持续发展研究提供基础。

第五章是广东省温泉旅游地发展现状研究。主要内容:第一,分析广东省温泉旅游地的发展历程及演化特征;第二,综合分析广东省温泉旅游地的总体发展情况和经营现状;第三,从空间结构、时间变化、组织方式、潜在市场等方面综合分析广东省温泉旅游地客源市场特征;第四,深入研究广东省温泉旅游地的空间结构特征;第五,分析探讨广东省温泉旅游地发展面临的主要问题。

第六章是温泉旅游地可持续发展评价模型研究。主要内容:第一,构建温泉旅游地可持续发展评价指标体系;第二,确定温泉旅游地可持续发展评价指标体系评价指标的权重;第三,确定温泉旅游地可持续发展的评价程序、评价方法、评价模型及评价标准。

第七章是广东省温泉旅游地可持续发展综合评价。主要内容:第一,对温泉旅游地可持续发展的各评价指标数据进行标准化处理;第二,从开发度、发展度、支撑度、协调度、保障度及可持续发展度等方面综合评价广东省温泉旅游地可持续发展状况,分析其发展现状与发展轨迹;第三,对评价结果进行综合分析,探讨其发展特征和发展趋势。

第八章是广东省温泉旅游地可持续发展对策。主要内容:第一,基于温泉旅游地可持续发展开发度、发展度、支撑度、协调度和保障度等综合评价结果,针对性地提出相应的发展策略;第二,提出了促进广东省温泉旅游地可持续发展的五大对策。

第九章是结论与讨论。主要内容:研究结论、论文创新点、研究不足与展望。

1.4.2 研究方法

本文以温泉旅游地可持续发展为研究内容展开跨学科、综合性的研究，综合运用地理学、旅游学、管理学、环境科学、经济学、社会学、系统论等多个学科基本原理，根据研究内容的不同性质，定性和定量研究相结合，理论和实证研究相结合，主要研究方法包括以下几种：

(1)文献研究法

文献研究法是研究中的基本方法，是指获得文献并对之进行分析、描述、综合和归纳的方法。笔者充分利用图书馆、网络数据库资源以及互联网广泛收集国内外与温泉资源及温泉旅游、温泉旅游地开发与建设、旅游可持续发展等相关的研究文献和最新资料，深入研读其中与温泉旅游地可持续发展密切相关的著作和论文，及时了解本研究领域国内外的最新成果和发展动态。

(2)实地调研法

实地调研是最直观地感知广东省温泉旅游地的方式，是本文开展研究的现实基础和前提。自2008年以来，笔者多次专门考察了云南、江苏、山东、河南、湖北、江西、北京、四川、福建等省市的温泉旅游地，并深入日本、韩国、马来西亚、台湾地区等国家或地区考察了其温泉旅游地发展情况。特别是2011—2012年，笔者实地集中调研了广东省绝大部分温泉旅游地，获取了大量一手研究数据及资料，奠定了本文写作的实践基础。

(3)问卷调查法

问卷调查法是针对温泉旅游地进行可持续发展评价研究最直接和有效的方法，调查结果非常直观。本文多次利用问卷调查法收集相关资料和获得研究数据，一是对温泉旅游地发放调查统计问卷，以获取温泉旅游地的基本情况；二是对温泉旅游地的游客和当地居民发放调查问卷，以获取其对温泉旅游地的相关评价，并完成满意度调查；三是对温泉旅游领域研究的专家发放调查问卷，邀请专家对温泉旅游地可持续发展评价指标因子进行删选，并确定各指标因子的权重。

(4)深度访谈法

深度访谈法是对问卷调查法的补充和完善，能够对温泉旅游地可持续发展所存在的问题进行全面深入的了解，了解相关影响因素、获取发展对策、发展方向和支持政策等相关信息。本文主要对温泉旅游地的管理人员、温泉旅游专家、旅游管理部门领导及温泉旅游地社区居民进行了访谈。深度访谈以面对面交流为主，辅以电话、网络聊天和电子邮件等方式。深度访谈加深了笔者对温泉旅游地可持续发展相关问题的认识，通过与业界人士的交流和对话，丰富了笔者的经历，拓宽了笔者的视野。

1.5 研究数据来源

本文大量的研究数据及资料主要来源于以下几个途径：

其一，统计调查。2012 年 1 月依托广东省温泉行业协会向全省 21 个地级市发放统计调查表，获取各地温泉资源及温泉旅游地开发建设数据及信息；2012 年 4 月，依托广东省温泉行业协会向 52 处温泉旅游地发放统计调查表，从基本情况、经营状况、客源情况、管理情况、环境状况等方面获取各温泉旅游地的相关统计数据和资料，收回 50 份，通过查验，有 46 处温泉旅游地的统计数据及相关信息比较完整、可靠，并经后续整理、补充，形成本文重要的研究数据。同时，依托广东省温泉行业协会获取 12 处温泉旅游地 2007—2011 年连续跟踪问卷调查资料。

其二，网络查询。利用中国知网、万方数据库、Elsevier、Google Scholar、百度文库等获取相关研究文献资料；利用广东省及各地市门户网站、统计局网站、旅游局网站、国土部门网站获取相关的自然、社会、经济等权威统计数据与文字、地图资料；利用网络查询获取国内外温泉旅游地的相关数据资源，如国内温泉旅游地的数据来源于温泉在线（www. chinabak. com）、泡泡温泉旅游网（www. popowq. com），并经笔者网络查询核实；同时，利用百度、谷歌等搜索引擎获取温泉旅游地相关用户关注度、知名度数据。

其三，相关部门提供。本文的广东省温泉资源点分布及相关特征等资料与数据来源于广东省国土资源厅提供的《广东省地下热水资源勘查开发利用与保护规划（2011—2015）》，为最新、最权威的数据；温泉旅游地数据来源于广东省温泉行业协会和各地市旅游局的统计调查，并经笔者电话、网络核查与补充。

其四，问卷调查。本文对温泉旅游地可持续研究中的定性评价指标如游客满意度、环境氛围满意度、社区居民支持度、社区居民满意度等进行问卷调查，向每家温泉旅游地的游客和社区居民发放调查问卷 20 份，共发放问卷 1040 份，全部收回，以获取相关数据和信息。同时，先后向行业专家发放调查问卷 20 份，邀请专家对温泉旅游地可持续发展评价指标因子进行删选，确定各指标因子的权重。

其五，实地调研。2008—2012 年，笔者多次对广东省温泉旅游地进行实地调研，并与各温泉旅游地管理人员、各地市旅游管理部门进行深度访谈，既增强了对各温泉旅游地的感性认知，从中收集了大量一手资料，又全面深入地了解了温泉旅游地的发展状况、发展形势以及面临的发展困境、政策支持等资料和信息。

1.6 研究技术路线

本文的研究思路、研究的主要内容和技术路线如图 1－2 所示：

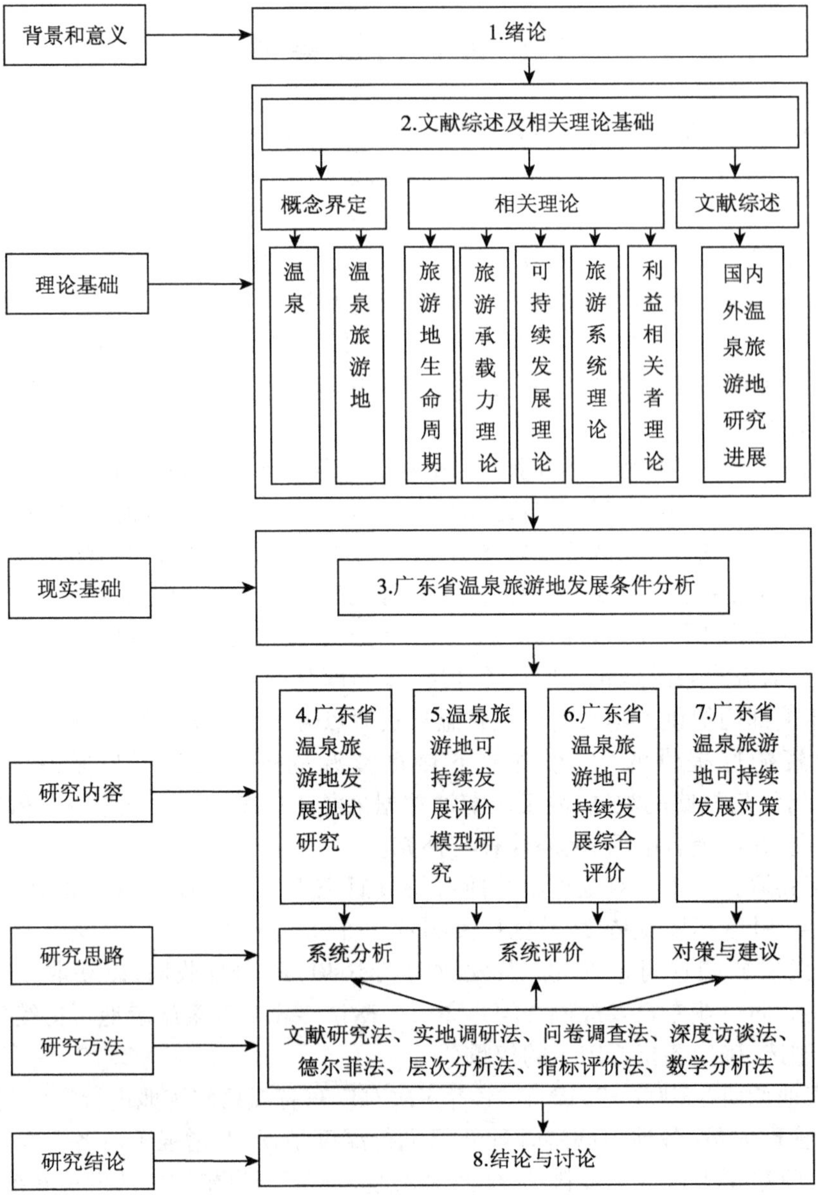

图 1-2 论文研究技术路线图

Fig. 1-2 Technology route of the paper

第二章　相关理论及研究进展

2.1 基本概念界定

概念是建构理论的基石，它与定义和假设一起构成理论，并说明概念与概念之间如何发生关联（纽曼，2007），概念界定有助于明确研究范畴和研究对象，从而有助于设定研究问题并确定研究方法。目前，我国对温泉、温泉旅游地的概念较为模糊，各种定义比较多，造成社会对温泉真实性的普遍质疑，这对温泉旅游地持续发展造成一定的影响。

2.1.1 温泉

2.1.1.1 温泉的定义

温泉（Hot Springs）是泉水的一种，是指泉水温度高于当地平均气温的泉①，一般认为温泉的温度应超过25℃（李日邦，1995）。怀特（White）定义温泉是“温度显著高于当地平均温度的泉水，水温应高于环境年平均温度5℃，或华氏10℉以上”。

不同国家和地区对温泉的定义稍有不同。日本《温泉法》认为：地下涌出之温水、矿泉水、水蒸气及其他气体（以碳氢化合物为主成分的天然气除外），温度高于或等于25℃；如温度低于25℃，则必须含有规定的19种矿物质中的一种以上。韩国《温泉法》规定：温泉是指地下涌出，温度高于或等于25℃，水质成分对人体无害的泉水。部分欧美国家，如意大利、法国、德国等国为水温高于20℃的泉水，美国则定为水温为70°F(21.1℃）以上的泉水。日本对温泉的定义强调温泉的水质，而其他国家以温度作为主要标准。

目前，我国内地还没有制定《温泉法》，对温泉尚没有统一、权威的定义。陈炎水（1939）是最早对温泉进行定义的我国学者，他认为“地下涌出之泉水，其温度较涌出地点之年平均温度为高者称温泉”。其后周进步等（2001）认为一般把水温高于人的皮肤温度（34℃）的泉水统称为温泉；王艳平（2004）认为温泉是高于25℃且不含有对人体有害物质的地下涌出热水。2006年广东省颁布的《广东省温泉旅游服务规范》，将水温高于或等于40℃，含有对人体有益微量元素的地下温热水或出露泉定义为温泉。2011年国家旅游局颁布的《温泉企业服务质量等级划分与评定》（LB /T 016—2011）标准中将温泉定义为从地下自然涌出或人工钻井取得的地下水，温度高于当地平均气温，并含有一定有益于人体健康的矿物质微量元素的自然水。本文认为温泉是指温度高于25℃或当地平均气温，含有一定对人体健康有益的矿物质微量元素的自然出露或人为抽取的自然水（含水蒸气）。

---

① 在线新华字典解释 http://xh.5156edu.com/html5/92327.html

2.1.1.2 温泉的特征

温泉作为一种地热资源，是地热或地热储、地热田呈现的一种形式，其形成和分布受地质构造特点和其在全球构造所处部位的控制(朱训,1999)。形成温泉必须具备地底有热源存在、岩层中有裂隙让温泉涌出、地层中有储存热水的空间等三个条件。朱长生(2004)认为温泉水的形成与出露必须具备内在及外在的条件，内在条件是有地下热水的循环系统，外在的条件是有地形的切割，而且要切割到热水循环系统，在热水循环的断裂或含水层与地形切割的交会点才会有温泉出露。由于地质背景的不同，温泉资源成为一种非遍在性稀缺资源(巨鹏,2005)。

(1)温度与水量

温度是温泉最主要的物理特性，是温泉区别于其他地下水的重要特征之一，也是温泉定义的重要标准。温泉的温度因所处地质条件不同而有很大差别，温度不同其开发利用的范围也有所不同(表 2 - 1)。

温泉水量是指可供开采的温泉水总量的大小，主要取决于温泉水的存储量及其补给速度。温泉水不是取之不尽，用之不竭的。著名的广州从化温泉，由于在保护区内盲目打井和超量开采，大量珍贵的地热资源遭到严重破坏，致使温泉水的水温、水质、水量、水位大幅下降，且自然涌泉已全部消失。虽经治理整顿有所好转，但情况仍不容乐观(朱长生,2004)。温泉水量决定规模，温泉温度决定成本，即温泉水量的大小决定了温泉旅游地发展规模的大小，而温泉温度的高低决定了温泉旅游地开发利用成本的高低。

表 2 - 1 地热资源温度分级

Table 2 - 1 Grade of hot springs's temperature

温度分级		温度(t)界限(℃)	主要用途
高温地热资源		t≥150	发电、烘干
中温地热资源		90≤t<150	工业利用、烘干、发电
低温地热资源	热水	60≤t<90	采暖、工艺流程
	温热水	40≤t<60	医疗、洗浴、温室
	温水	25≤t<40	农灌、养殖、土壤加温

注:表中温度是指主要热储代表性温度。引自朱训. 中国矿情. 科学出版社,2006.

(2)温泉的医疗功效

研究表明(陈炎冰等,1964;田莉,1991;王立民,1992;张恒久,1997)温泉具有显著的医疗功效。温泉医疗功效是衡量温泉水质高低的重要标准，温泉水质决定了温泉旅游地核心元素温泉的品质。温泉的医疗功效取决于其物理特性和化学特性。温泉的物理特性对人类肌体的影响和对疾病的治疗作用主要是温泉水的温度作用、浮力作用、静水压力作用和动水压力作用。温泉的化学特性，如有多种多样的气体、矿物质、微量元素和化学组分、阴离子、阳离子等，对人体的影响和治疗疾病的作用主要是不同的化学组分对人体的不同影响和不同的治疗作用(表 2 - 2)。1981 年 10 月中华医学会在青岛召开全国疗养专题学术会议，将我国的医用温泉分为十二类，不同类型医疗功效不同。

表 2－2 不同类型温泉的医疗功效（温度 25℃）（单位：mg/L）

Table 2－2 Various medical efficacy to different types of hot springs

温泉名称	主要成分	命名浓度	医疗价值浓度	医疗功效
氡泉	氡 Bq/L	129.5	37	高血压病、冠心病、闭塞性动脉内膜炎、心肌炎、温性关节炎、亚急性风湿及类风湿性关节炎、支气管炎、胃及十二指肠溃疡等
碳酸泉	二氧化碳	1000	250	心血管疾病、轻度冠心病、心肌炎、慢性胃炎、支气管哮喘、过敏性鼻炎等
硫化氢泉	总硫化氢	2	1	慢性皮肤病、糖尿病、慢性胃炎、慢性支气管炎等
氟泉	氟	2	1	神经官能症、植物神经紊乱症、神经病、失眠症等
溴泉	溴	25	5	高血压及动脉硬化病、月经失调、更年期综合征、风湿性关节疾病、皮肤病等
碘泉	碘	5	1	贫血、慢性妇科疾病、慢性皮肤病等
锶泉	锶	10	10	甲状腺、呼吸道的慢性炎症等
铁泉	铁	10	10	湿疹、牛皮癣、荨麻疹、瘙痒症、阴道炎、附件炎等妇女生殖器官黏膜疾病等
砷泉	偏砷酸	1	1	
硅酸泉	硅酸	50	50	
重碳酸盐泉	重碳酸离子	≥1000	1000	重碳酸钠泉 慢性胃炎、胃酸过多症、膀胱炎、肾盂肾炎等 重碳酸钙泉 慢性湿疹、牛皮癣、慢性溃疡等
硫酸盐泉	硫酸离子	≥1000	1000	皮肤病、痛风、尿道炎症、胆囊炎和胆结石等
氯化物泉	氯离子	≥1000	1000	湿疹、慢性皮肤病、对儿童、体质虚弱和腺病质的患者疗效良好
淡温泉	固体成分	≤1000	－	调节细胞及神经体液的机理、改善人体循环功能、双向调节血压、增强肾上腺、内分泌和免疫系统的功能

注：①本表根据以下资料综合制定：

a. 1981 年全国疗养学术会议修订的医疗矿泉水分类标准；

b. 原地矿部水文地质工程地质研究所编写的《地下水热水普查勘探方法》（地质出版社），并参照苏联、日本等的相关标准；

c. 王立民、安可士等，医疗矿泉分类与医疗作用，1992。

②本表引自国家标准 GB11615－89《地热资源地质勘查规范》。

2.1.1.3 温泉的分类

对温泉进行科学分类,是认识温泉和合理开发利用温泉的重要基础。根据不同分类标准或依据,不同学者(陈炎冰等,1964;王立民,1992;张恒久,1997;骆高远等,2008;傅广海,2009)对温泉的分类方法不同,本文综合前人研究成果,主要有根据温泉形成的地质背景、酸碱度、出水温度、化学特性、物理特性等来分类。

(1)按地质背景分类

温泉的形成与地质构造类型密切相关,按产生温泉的地质构造类型特征,可将温泉分类为火山区温泉、变质岩区温泉、沉积岩区温泉(表2-3)。

表2-3 按地质背景分类

Table 2-3 Classification of hot springs by geologic setting

温泉类型	温泉特征
火山区温泉	位于火山区的温泉大多为硫气泉或蒸气泉,是由第四纪火山岩浆活动末期产生的热水现象造成的温泉
变质岩区温泉	位于变质岩区域内的温泉多为碳酸泉
沉积岩区温泉	自沉积岩涌出的温泉多为汽化泉

(2)按产出方式分类

按温泉产出的方式,可分为天然温泉和人工温泉两类,前者即天然出露的温泉,后者为通过人工钻井抽取或采矿坑道流出等方式流出的温泉,可分为钻井温泉和采矿坑道温泉。需要注意的是人工温泉不是通过人工加热的温泉。

(3)按酸碱度分类

按温泉水的酸碱度不同可分为酸性温泉、弱酸性温泉、中性温泉、弱碱性温泉、碱性温泉等五类,温泉的酸碱度直接决定是否可供人泡浴,对其开发利用价值起重要影响作用(表2-4)。

表2-4 按酸碱度分类

Table 2-4 Classification of hot springs by pH value

温泉类型	温泉特征(pH值)
酸性温泉	$pH<4$
弱酸性温泉	$4\leq pH<6$
中性温泉	$6\leq pH<7.5$
弱碱性温泉	$7.5\leq pH<8.5$
碱性温泉	$pH>8.5$

(4)按出水温度分类

依温泉流出地表时与当地地表温度差,可分为低温温泉、中温温泉、热泉、高温温泉、沸泉等五种(表2-5)。我国热泉和中温泉数量最多,约占全国温泉总量的90%,分布十分广泛。如广东从化温泉水温为70℃,陕西华清池水温为42℃。我国的沸泉主要分布在西藏高原的南部、云南腾冲以及台湾地区北部等一些地热活动强烈的地区,水温大多在80℃~90℃及以上。

表2-5 按出水温度分类

Table 2-5 Classification of hot springs by temperature

温泉类型	温泉特征(温度t)
低温温泉	25℃或当地年平均气温≤t<34℃
中温温泉	34℃≤t<45℃
热 泉	45℃≤t<80℃
高温温泉	80℃≤t<100℃或沸点温度
沸 泉	t>沸点温度

(5)按化学特性分类

温泉水具有化学方面的特性,如有多种多样的气体、矿物质、微量元素和化学组分等。根据温泉水中溶解物质的化学成分不同,我国将医用温泉主要分为十二类,主要有氡泉、碳酸泉、硫化氢泉、氟泉、溴泉、碘泉、碘泉、锶泉、铁泉、砷泉、硅酸泉、重碳酸盐泉、硫酸盐泉、氯化物泉、淡温泉等,具体见表2-2。

(6)按物理特性分类

根据温泉的温度、活动、涌出地表形态等物理特性,可将温泉分为普通温泉、间歇温泉、沸泉、喷泉、喷气孔、热泥泉等六类(表2-6)。

表2-6 按物理特性分类

Table 2-6 Classification of hot springs by physical characteristics

温泉类型	温泉特征
普通温泉	一般常见水温在100℃以下的温泉
间歇温泉	深藏在地底,透过垂直的细长孔道强劲地喷出地面
沸 泉	温度近为100℃的泉源
喷 泉	在地质条件配合下,出现气势磅礴的喷泉,有时可喷出30~50米
喷气孔	自地底喷出饱含温泉物质的蒸气,以硫黄泉为常见
热泥泉	含有大量黏土,泉色混浊、恍若泥汤

2.1.2 温泉旅游地

2.1.2.1 温泉旅游地的概念

在界定温泉旅游地（Hot Springs Resort ，HSR）的概念之前，需要明确旅游地的概念。国外通常以风景区（resorts）或旅游目的地（tourist destinations）作为旅游发展的空间载体进行旅游地研究，而我国学者根据不同角度对旅游地的定义也不同（郭来喜，1984；王钟印等，1994；封玉璞等，1995；许晓春，1997；辛建荣等，1999）。但一般认为，“旅游地是指一定的地理空间上的旅游资源同旅游专用设施、旅游基础设施以及相关的其他条件有机地结合起来，就成为旅游者停留和活动的目的地。旅游地在不同情况下有时又被称为旅游目的地，或旅游胜地”。旅游地有时也称为旅游风景区，是旅游活动的场所，是旅游行业中重要的组成部分，是区域旅游发展的支撑点和动力源。旅游地以旅游资源的性质及其适宜的旅游活动类型为依据可划分为七个大类，如自然风景旅游地、文化旅游地、历史古迹旅游地、娱乐旅游地、运动型旅游地、产业旅游地、综合性旅游地等，而各大类还可进行细分（保继刚、楚义芳，1999）。温泉旅游地虽然是旅游地的一种类型，但又不能完全归入上述七大类型，因为温泉旅游地往往以温泉为基础，开发多种多样的旅游活动项目，譬如温泉与运动项目相结合，可归入运动旅游地类型；温泉与娱乐项目相结合，可归入娱乐旅游地类型；温泉与运动、游乐、文化等多种项目相结合则可归入综合性旅游地。

事实上，温泉旅游地是一个地理学概念，强调“地”（巨鹏，2005）。李鹏（2010）借鉴上述“旅游地”的概念将温泉旅游地定义为“一定地理空间上的温泉资源同旅游专用设施、旅游基础设施以及相关的其他条件有机地结合起来，就成为温泉旅游者停留和活动的目的地”，其定义虽然强调了温泉旅游地的地理空间属性，但没有强化温泉的地位与属性。王艳平认为温泉旅游地是“以温泉资源为核心包含周边自然环境和社区的地域综合体”（王艳平、孙巧耘，2007），其定义过于强调社区地位，但现实情况是很多温泉旅游地周边没有社区或者离社区很远。余剑晖（2008）则认为温泉旅游地主要以温泉资源作为核心旅游资源，除了与之配套的旅游设施外，还应包括涉及温泉旅游的文化、观念、习俗等资源。温泉旅游地必须具备四个条件：①必须是就温泉资源进行开发的旅游项目，这是首要条件；②向外界开放并接待旅游者的温泉项目才能称为温泉旅游地；③拥有一定数量的旅游服务设施，并为旅游者提供相关旅游服务；④有意识地设计推出旅游产品，并开展旅游活动。余剑晖将温泉旅游地定义为：“以休闲和娱乐为主要目的，开展旅游活动的各类温泉，其拥有一定数量的旅游服务设施，并为旅游者提供相关服务，是旅游者停留和活动的场所，属于旅游系统中的旅游景点或者旅游景区。”

本文结合研究对象的实际情况，将温泉旅游地定义为：以温泉为载体开发核心旅游项目与产品，配套一定数量的旅游服务设施，并为旅游者提供相关服务的具有一定地理空间的场所，包括温泉旅游区和配有公共温泉池的温泉酒店等。

2.1.2.2 温泉旅游地的特征

温泉旅游地的发展受温泉资源和其所在地的区域经济发展水平、社会文化以及自然环境等多种因素的影响，呈现出明显的特征（王冠贤、保继刚，2004）。

(1)明显的地域性和分带性

温泉是一种非遍在性资源,其空间分布受地质构造和区域水文地质条件的影响,具有明显的地域性和分带性特征。以资源为导向的温泉旅游地,其发展自然也表现出明显的地域性和分带性,往往在邻近地域范围内出现多个温泉旅游地,使同一地域的温泉旅游地之间空间竞争激烈、市场竞争无序。

(2)核心产品趋同,发展模式多样

各温泉资源点虽然温度、水质类型和水量等各有不同,但经开发利用与建设后,温泉旅游地提供给游客的核心旅游产品大同小异。核心产品主要为温泉泡浴,核心功能为休闲养生,这就要求温泉旅游地在开发建设中注重发展模式的多样化,以应对竞争激烈的旅游市场。实际上,不同地域的温泉旅游地由于资源特点、经济水平、社会文化等的差异,其开发主题、市场定位、项目活动、规模内容、文化特色、景观环境等呈现出较大的差异性,发展模式多种多样。

(3)以区域性客源市场为主

王华(2004)指出温泉旅游地客源市场主要分布在4小时交通半径范围内。实际上,从广东省温泉旅游地客源市场空间结构(具体见本文第四章)来看,主要以3小时交通半径范围内的客源市场为主,具有较强的区域性特征,而超过3小时交通半径范围的温泉旅游地需要与周边其他类型旅游地形成旅游市场吸引合力,形成具有竞争力的旅游线路才能获得一定的竞争优势。

(4)淡旺季交替特征明显

由于温泉旅游资源自身的特殊性,以及游客对于温泉旅游的传统认识,温泉旅游地游客接待具有明显的淡旺季交替特征,不同地区由于气候条件不同,淡旺季交替现象出现的时间点和程度也有所不同。王冠贤、保继刚(2004)指出9~11月秋季或3~5月春季是最适宜浸泡温泉的季度,游客多集中于这几个月份。王华(2004)则指出每年的6~9月为温泉旅游地的淡季,而冬、秋、春三季为旺季。但从本文对广东省温泉旅游地客源市场时间变化特征的研究来看,接待的旺季为当年的10月到来年的2月;3月和4月,由于气温开始回升,温泉旅游的游客量开始减少;而5月到9月,气温较高,很多游客转向选择滨海旅游,因而为温泉旅游接待的淡季,接待的游客总量仅为全年接待总量的30%左右。

2.1.2.3 温泉旅游地的分类

按照不同标准或依据,不同学者将温泉旅游地划分为不同类型。

(1)按旅游功能划分

山村顺次(1995)根据旅游功能及客源市场特点将日本温泉旅游地划分为疗养型、中间型和观光型等三种类型。①疗养型温泉旅游地。日本的疗养型温泉旅游地一般属于传统的类型,其客源以邻近地区的老年回头客为主,多为地方自行筹建,其经营也以家庭为主,餐饮则常常由客人自己准备。②观光型温泉旅游地。又分为住宿娱乐型和户外游憩(休养型)两种,前者以公司职员、中老年阶层、中等规模团体和小规模客人为主;后者客源以学生、公司职员、青少年和家庭旅游为主。住宿娱乐型温泉的吸引范围包括大城市和全国各地的客源市场,而户外游憩型温泉则主要吸引大城市居民。③中间型温泉旅游地。介于疗养型温泉旅游地与观光型温泉旅游地之间,为疗养型转变为观光型的过渡类型。

(2)按温泉水的使用权获取方式划分

巨鹏(2005)认为温泉水是温泉旅游地的命脉,根据温泉水的使用权获取方式可将温泉旅游地分为温泉水无限制开采型和温泉水限制开采型两大类。①温泉水无限制开采型。此类温泉旅游地主要是指既存温泉旅游地。由于过去对温泉水的开采权是政府直接赋权给开发者(主要是机关事业单位),缺乏有效的管理方式,往往形成大量温泉开发单位在泉眼附近集聚,造成对温泉水资源的掠夺式开发,无限制利用,最后造成温泉水质下降,严重的可造成泉眼枯竭,从化温泉就是典型。②温泉水限制开采型。又分为资源共享型温泉旅游地和资源独享型温泉旅游地,前者由当地政府出面出资完成对温泉资源的初期勘探工作,向社会招标,引进温泉项目,向商家出售泉水;后者则是企业出资,独自完成温泉资源的勘探工作,进行探矿的企业优先获得温泉的开采权。

2.2 相关理论基础

2.2.1 旅游地生命周期理论

旅游地生命周期理论是旅游学理论研究的一个重要突破,是地理学对旅游研究的主要贡献之一。加拿大学者巴特勒(Butler)根据产品生命周期理论来阐述旅游地的演进过程,提出了著名的旅游地生命周期理论,指出旅游地的演化要经过6个阶段:探查阶段、参与阶段、发展阶段、巩固阶段、停滞阶段、衰落或复苏阶段(保继刚、楚义芳,1993)。

(1)探查阶段(exploration stage)。这是旅游地发展的初始阶段,特点是旅游地只有零散的游客,几乎没有用于旅游的专门设施,其自然和社会环境未因旅游的产生而发生变化。

(2)参与阶段(involvement stage)。随着旅游者人数增多,旅游活动逐渐变得有规律,本地居民开始为旅游者提供一些简单的设施。随着这个阶段的到来,广告开始出现,旅游市场范围基本可以被界定出来,旅游季节也逐渐形成,一些本地居民为适应旅游季节变化调节生活方式,有组织的旅游开始出现,促使地方政府和旅游机构增加、改善旅游设施和交通状况。

(3)发展阶段(development stage)。在大量广告和旅游者的宣传下,一个成熟的旅游市场已经形成,外来投资骤增,当地居民提供的简陋食宿设施逐渐被那些规模大、现代化的设施取代,旅游地自然面貌的改变已比较显著。

(4)巩固阶段(consolidation stage)。游客增长率将下降,但游客量将继续增加并超过常住居民数量。为了扩大市场范围和延长旅游季节,广告无处不在。常住居民特别是那些没有参与旅游业的居民,对大量游客的到来和为游客服务而修建的设施会产生反感和不满。旅游地在这一阶段有了界线分明的娱乐商业区,以前的设施有可能成为二级设施而不能满足需要。

(5)停滞阶段(stagnation stage)。在这个阶段,游客量达到最大值,旅游环境容量已趋饱和或被超过,环境、社会和经济问题随之而来。旅游地很大程度上依赖于重游游客、会议游客等。大批旅游设施被商业利用,旅游业主变换频繁,为了发展,要开发旅游地外围区。

(6)衰落或复苏阶段(decline or rejuvenation stage)。在衰落阶段,旅游地市场衰落,无论是吸引范围还是游客量,已不能和新的旅游地相竞争。旅游地财产转卖率很高,旅游设施被移作他用。本地居民介入旅游产业的程度大大增加,地方投资重新取代外来投资占主要地位,原来的旅游地可能变为名副其实的“旅游贫民窟”或完全丧失旅游功能。另一方面,旅游地也可能进入复苏阶段。但要进入复苏阶段,旅游地吸引物,也就是旅游产品必须发生根本性的变化。而达到这个目标有两种途径,一是增加人造景观吸引物;二是发挥未开发的自然资源优势,重新启动旅游市场。

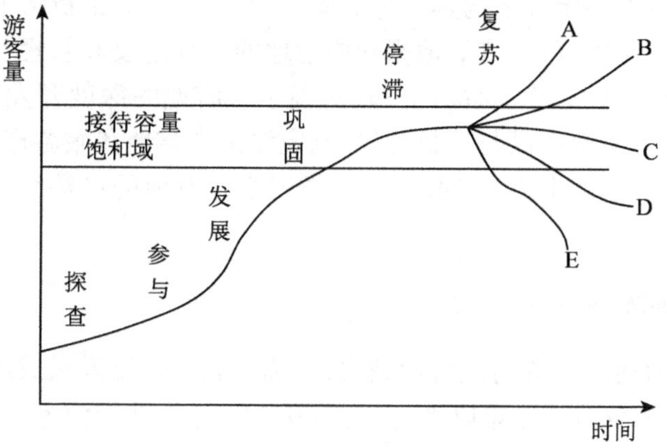

图 2-1 旅游地生命周期图(Butler R W,1980)

Fig. 2-1 Life cycle of tourism site(Butler R W,1980)

在衰落或复苏阶段有 5 种可能性(如图 2-1 的曲线 A、B、C、D、E):①深度开发卓有成效,可促使游客数量继续增加和市场扩大,旅游区进入复苏阶段,如曲线 A;②较小规模的调整和改造,游客量可以较小幅度地增长,复苏幅度缓慢,注重对资源的保护,如曲线 B;③再调整满足各种容量水平,遏制游客量下滑的趋势,使之保持在一个稳定的水平,如曲线 C;④过度利用资源,导致竞争能力下降,游客量显著下降,如曲线 D;⑤战争、瘟疫或其他灾难性事件的发生会导致游客急剧下降,如曲线 E,这时想要游客量再恢复到原有水平极其困难。

巴特勒的旅游地生命周期理论受到全世界学者们的广泛关注,对其进行应用、验证和讨论的文章层出不穷,学者普遍认为该理论较好地反映了旅游地生命的演化过程。如 G. Hovinen(1982)对美国兰卡斯特旅游地的研究、K. Meyer - Arendt(1985)对美国格兰德岛的研究、J. D. Strapp(1988)对加拿大华萨加海岸的研究、K. Debbage(1990)对巴哈马天堂岛的研究、D. Getz(1992)对尼亚加拉瀑布的研究等。我国学者也非常重视旅游地生命周期理论研究,谢彦君(1995)指出每个旅游地都难免要经过早期探险、地方参与、发展、巩固、停滞和衰退几个阶段,但人们可以从需求、效应和环境三个因素入手对生命周期施加控制和调整,达到旅游地“长寿”的目标;陈传康(1997)则提出旅游地生命周期分为加速、平缓和衰退三个发展阶段,并形成倒 U 形曲线,科学的旅游规划能克服倒 U 形曲线,达到旅游地持续的繁荣与发展。保继刚(1987,1995,1997)、陆林(1997,2004,2006)、徐红罡(2005,2006)等结合我国一些旅游地的特征论证研究了旅游地生命周期理论。

众多研究结果基本上支持其基本假设,但也引发了众多质疑。一些学者认为单个客源市场游客的到访情况并不完全符合旅游地生命周期的游客演替规律，旅游地的衰退并非必然与其生命周期过程有关，而是旅游地内外力量相互作用的结果，旅游地的振兴需要有独特性的发掘和较大的增值。《旅游学刊》(1996—1997 年)还集中刊登了我国学者(杨森林，1996；余书炜，1997 等)对旅游地生命周期理论的争议性文章，尽管有不少批评，但接受这个理论的趋势更强。

总的来说，旅游地生命周期理论为我们提供了研究旅游地演化过程的理论框架。应用这个理论框架去分析不同旅游地的具体生命周期特点及规律、剖析形成这些具体的生命周期特点和规律的内在因素，可以有效地指导旅游地的规划建设和管理。旅游地生命周期理论为理解温泉旅游地发展历程、状况、分布，对温泉旅游地的深度开发和保护，调整温泉旅游地规划与布局，温泉旅游产品与项目开发，制定温泉旅游地和旅游产品营销策略，延长温泉旅游地生命循环的周期，提出合理对策，促进温泉旅游地的可持续发展等方面具有重要的指导意义。

2.2.2 旅游环境承载力理论

旅游环境承载力通常被称为旅游承载力，又称为旅游环境容量或旅游容量。自从 1963 年 Lapage 提出旅游承载力的思想以来，各国学者竞相对此进行深入研究，但至今仍没有一个被普遍接受的定义和对其进行评价的较为系统、标准的程序。Shelby B(1986)认为旅游环境承载力是旅游区的使用超越估算评价标准的具体程度。保继刚(1987)、楚义芳(1989)等也进行过阐释。崔凤军、刘家明(1998)将其定义为“在某一旅游地环境的现存状态和结构组合不发生对当代人及未来人有害变化的前提下，在一定时期内旅游地所能承受的旅游活动强度”，并由环境生态承纳量、资源空间承载量、心理承载量、经济承载量四项组成，具有客观性和可量性、变易性与可控性、存在最适值和最大值等特征。

保继刚、楚义芳(1999)认为旅游环境承载力(旅游环境容量)是一个概念体系，可分为基本容量和非基本容量两大类。基本容量有五种，又分为供给与需求两方面，包括旅游心理容量、旅游资源容量、旅游生态容量、旅游经济发展容量和旅游地地域社会容量，其中旅游心理容量是需求方面唯一的一个容量概念。一般情况下，一个旅游地域能够接待的旅游流量取决于五个基本容量中最小的那一个。

(1)旅游心理容量(又称旅游感知容量)是指旅游者于某一地域从事旅游活动时，在不降低活动质量的条件下，地域所能容纳的旅游活动最大量。

(2)旅游资源容量是指在保持旅游资源质量的前提下，一定时间内旅游资源所能容纳的旅游活动量。

(3)旅游生态容量是指一定时间内旅游地域的自然生态环境不致退化的前提下，旅游场所能容纳的旅游活动量。

(4)旅游的经济发展容量是指一定时间、一定区域范围内经济发展程度所决定的能够接纳的旅游活动量。它包括五个方面的内容：一是基础设施与旅游专用设施的容纳能力，即设施容量；二是投资和接受投资用于旅游开发的能力；三是当地产业中与旅游相关的产业所能满足旅游需要的程度及区域外调入的可能和可行性；四是如果发展旅游业不可避免地要使某些产业萎缩甚至完全终止，旅游业与这些产业之间的比较利益如何；五是区域所能投入旅游业的人力资源的供给情况。

(5)旅游地地域社会容量是指旅游接待地区的人口构成、宗教信仰、民情风俗、生活方式和社会开化程度所决定的当地居民可以接受的旅游者数量。

基本容量在时间和空间上的具体化与外延,衍生出一系列其他的非基本容量,主要包括旅游合理容量与旅游极限容量、既有旅游容量和期望旅游容量、与旅游活动的空间尺度相联系的容量(如景点旅游容量、景区旅游容量、旅游地容量、区域旅游容量)等,这些非基本容量概念在实际工作中比基本容量概念应用更广泛,是旅游规划和管理中直接可用的工具。

旅游环境承载力理论与可持续发展是密不可分的,是旅游可持续发展的重要判断依据之一,也是旅游地可持续发展最基础、最重要的核心问题之一。其实用价值主要体现在两个方面:一是在旅游地的规划与管理中作为一种强有力的工具,以保护旅游地的环境不被破坏;二是旅游环境容量作为一种管理工具而使用,在客观上也保证了旅游者在旅游地的体验质量。旅游环境承载力理论运用到实践中,有助于控制旅游发展中的负面效应,及早避免饱和、超载与旅游污染等现象发生,有效促进旅游地的可持续发展。

2.2.3 利益相关者理论

"利益相关者(stakeholder)"是一个来自管理学的概念,最早出现于20世纪60年代,是在美国、英国等长期奉行外部控制型公司治理模式的国家中逐步发展起来的,但确立于20世纪80年代。1984年,弗里曼(Freeman)出版了《战略管理:利益相关者方法》一书,明确提出了利益相关者管理理论。他认为任何一个公司的发展都离不开各利益相关者的投入或参与,企业追求的是利益相关者的整体利益,而不仅仅是某些主体的利益。利益相关者是能够影响一个组织目标的实现,或者被一个组织实现其目标的过程影响的所有个体和群体。目前,利益相关者理论的研究在国内外已受到充分重视,并被国外企业普遍运用,成为企业战略管理研究的重点研究领域的分析工具。

旅游业作为一个综合性的行业,比大部分其他行业所涉及的利益相关者都要多(Walle,1995)。近年来,利益相关者理论在旅游研究领域受到国内外学者的极大关注,其研究对象主要涉及旅游可持续发展、旅游产业、生态旅游、遗产旅游、山地旅游、乡村旅游、旅游目的地管理与协作、旅游目的地竞争力、旅游规划与开发、旅行社、旅游合作等众多领域。将利益相关者理论引入旅游研究领域有两个重要原因:第一,平等参与、民主决策、公平分享/分担等问题在旅游业发展过程中越来越受关注,尤其是社区居民参与旅游规划与管理决策、公平分享旅游利益等问题;第二,旅游业涉及众多组织或群体的利益,利益目标各不相同且不断发展变化,整合和协调好各参与方的资源与利益,增强旅游目的地的竞争力,是旅游目的地或旅游企业获得成功的关键。

旅游是一个复杂的系统,旅游开发不仅受到社会、经济、环境、文化、资源、项目设施建设等的影响,也受到旅游开发过程中各利益相关者之间博弈结果的影响(张安民、李永文,2008)。利益相关者管理与传统的管理方式最基本的不同在于:从旅游地的社会责任和长远利益出发,系统地考虑旅游企业行为所涉及的各方面利益,并强化传统的管理方法和技术的道德内涵,其本质上是支持旅游可持续发展理论的(黄昆,2004)。事实证明在旅游规划和管理决策中充分尊重和反映各利益相关者的利益,吸纳各利益相关者观点和看法,可以减少冲突、增强合作、促进旅游规划的更好实施,有利于促进旅游目的地的可持续发展。

2.2.4 旅游系统理论

系统论是研究系统的一般模式、结构和规律的学问,它研究各种系统的共同特征,用数学方法定量地描述其功能,寻求并确立适用于一切系统的原理、原则和数学模型,是具有逻辑和数学性质的一门科学(魏宏森,2009)。系统思想源远流长,但系统论作为一门科学,公认是美籍奥地利人、理论生物学家贝塔朗菲(L. Von. Bertalanffy)于1937年创立的,他提出了一般系统论原理,奠定了这门科学的理论基础。系统论的核心思想是系统的整体观念,系统是由相互联系、相互作用的许多要素结合而成的具有特定功能的统一体,这些要素称为子系统,每个子系统又是由次一级子系统所形成的有机体系。贝塔朗菲强调:任何系统都是一个有机的整体,系统的整体功能是各要素在孤立状态下所没有的性质,不是各个部分的机械组合或简单相加。系统是普遍存在的,世界上任何事物都可以看成是一个系统(郭长江、崔晓奇等,2007)。系统具有整体性、有机关联性、动态性、有序性和预决性特征。

系统论的出现,使人类的思维方式发生了深刻的变化。系统论的基本思想方法,就是把所研究和处理的对象当作一个系统,分析系统的结构和功能,研究系统、要素、环境三者的相互关系和变动的规律性,并优化系统观点看问题。在现代科学的整体化和高度综合化发展的趋势下,传统分析方法在人类面临许多规模巨大、关系复杂、参数众多的复杂问题面前,显得无能为力。而系统分析方法却能站在时代前列,高屋建瓴,综观全局,别开生面地为现代复杂问题提供了有效的思维方式,系统观念正渗透到每个领域。

为了增进人们理解旅游的特征和变化模式,以及旅游与自然、技术、社会和经济环境的动态相互作用,需要以系统论为指导(袁国宏,2008)。从系统理论角度来考虑,旅游活动实际上是一个由不同子系统构成的巨系统,旅游系统最根本的功能是满足旅游者的需求。彭华(1997)认为,旅游产业是一个开放性、复合型的复杂巨系统,由直接系统(旅游者、旅游产品和旅游媒体)、介入系统(通过直接系统介入旅游的社会服务系统)和支持系统(支持旅游发展的行业或部门)三大子系统构成。刘锋(1999)认为旅游系统是旅游者通过旅游媒介到达旅游目的地的旅游活动系统,由旅游主体(旅游者)、旅游客体(旅游产品)、旅游媒介(旅游业)和旅游活动构成。国内外不少学者都尝试将系统论运用到旅游研究中,提出了各自的旅游系统模型,主要包括旅游功能系统模型、旅游混沌模型、旅游地理系统模型三类(李文亮、翁瑾、杨开忠,2005)。

(1)旅游功能系统模型。1972年,美国旅游规划专家岗恩(Gunn)教授提出了旅游系统的概念和旅游功能系统模型(图2-2),随后,Mill① 和 Morrison(1985)、吴必虎(1998)、杨新军(1998)、王家骏(1999)、Gunn(2002)、王迪云(2006)等在此基础上进行了修正与改进,如吴必虎在Gunn模型的基础上提出了游憩(旅游)系统概念模型(图2-5),并将

---

① 考虑到检索到的论文涉及众多各国学者,恐在人名翻译过程中出现偏差,故全部保留原文献中的英文名,未一一翻译成中文。为方便读者检索,参考文献部分列有与正文一一对应的学者全名,以及相关著作的完整信息。

之分为客源市场系统、目的地系统、出行系统和支持系统四个部分。旅游功能系统模型的主要特点为强调旅游系统的功能、决定旅游系统功能的系统结构、影响旅游系统结构的外部环境。

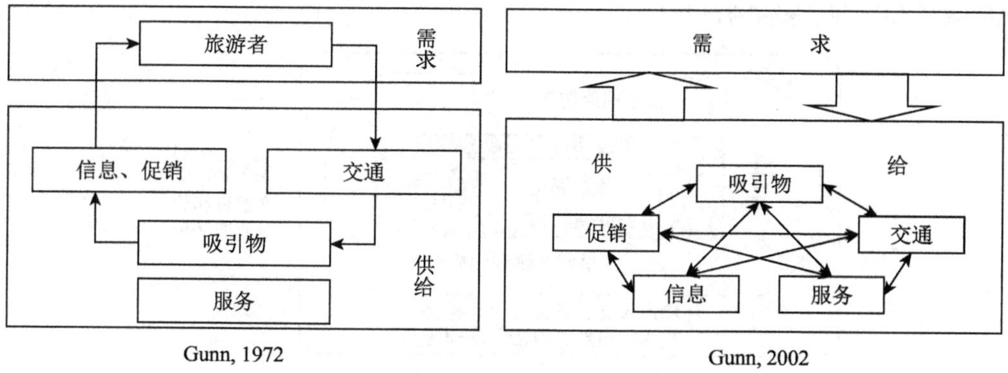

图 2-2 旅游功能系统模型（Gunn,1972,2002）

Fig. 2-2 Model of tourism function system（Gunn ,1972,2002）

（2）旅游混沌模型。Mc Kercher（1999）认为旅游系统是一个以非线性方式运行的、具有混沌特点的复杂系统，并提出的一个基于混沌理论和复杂性理论的、概念性的旅游系统模型（图 2-3）。在该模型中，旅游系统包含 9 个组成要素，包括旅游者、信息向量、影响沟通效率的因素、目的地或内部旅游群落、外部旅游主体、旅游外部影响因素、旅游内部影响因素、系统输出、混沌制造者等 9 个要素，要素间的复杂互动使旅游系统以一种非线性的方式运行，紊乱和突变是旅游系统的特点。

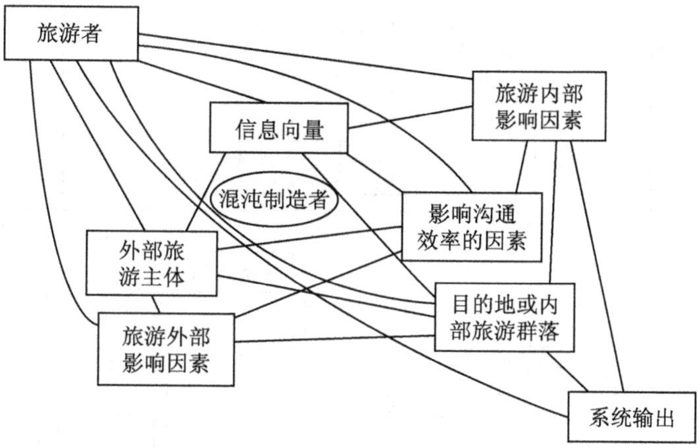

图 2-3 旅游复杂系统模型（Mc Kercher,1999）

Fig. 2-3 Model of tourism complex system（Mc Kercher, 1999）

（3）旅游地理系统模型。Leiper（1979,1990）从空间结构角度讨论旅游系统，提出了旅游地理系统模型（O-D 系统模型），将旅游系统视为客源地与目的地及旅游通道相连的空间系统（图 2-4）。在 Leiper 的模型中，包括旅游者、旅游业、客源地、旅游通道和目的地 5

个要素，重点突出客源地、目的地和旅游通道3个空间要素，而旅游通道发挥了重要作用。旅游通道是一条信息的通道，一方面是市场需求信息从客源地流向目的地，另一方面是具有促销功能的目的地信息从目的地流向客源地。旅游通道的特征和效率将影响和改变旅游流的规模和方向（保继刚，1992）。

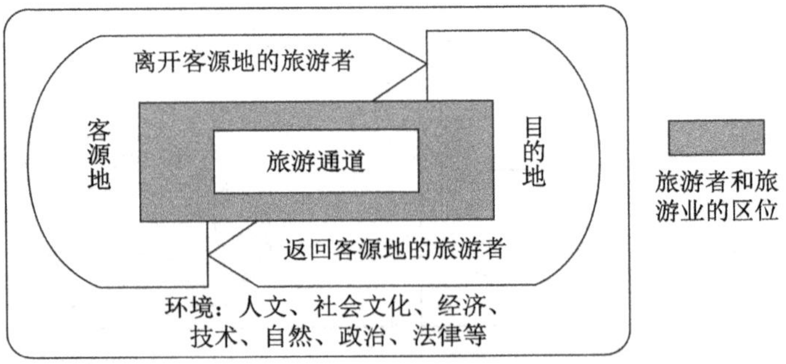

图2-4 O-D系统模型（Leiper，1990）

Fig. 2-4 Model of O to D system（Leiper，1990）

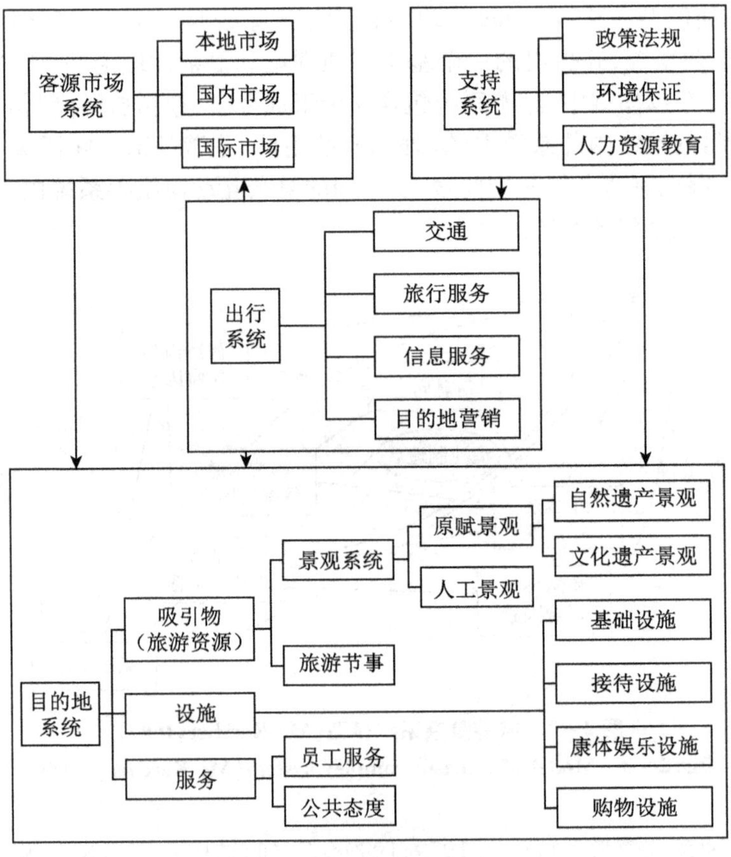

图2-5 游憩系统（旅游系统）模型（吴必虎，1998）

Fig. 2-5 Model of tourism system（Wu bihu，1998）

综观国内外学者提出的旅游系统模型，对旅游系统的研究基本沿两个方向展开：一个方向是在旅游功能系统研究中加入空间维度，另一个方向则是强调旅游系统的非线性特点。旅游供给的空间属性和规模经济的广泛存在决定了旅游系统就是一个具有非线性特征的旅游地理系统。首先，旅游系统天生就是一个地理系统，绝大多数旅游资源，具有空间不可转移的特点，旅游系统的结构表现为一定的空间属性；其次，外部规模经济是造成旅游系统非线性特征的重要原因，旅游系统的非线性特征表明，一个地区的旅游发展不仅仅取决于资源、区位等发展条件，路径依赖也是影响旅游发展的重要因素（李文亮、翁瑾、杨开忠，2005）。

而可持续旅游发展的实质是要求旅游系统内部、旅游系统与其环境之间整体协调发展。具体来说，就是要求旅游发展与自然、文化和人类生存环境成为一个整体，在保持和增进旅游业发展的同时，使当代人和后代人以及外来旅游者和接待地区居民的需要都能得到同等的满足（袁国宏，2008）。

2.2.5 可持续发展理论

可持续发展理论是布伦特兰（Brundtland H）在 1987 年发表的《我们共同的未来》的报告中首先明确提出来的，其对可持续发展的定义是“既满足当代人的需求，又不危及后代人满足其需求的发展”。1992 年 6 月，在巴西里约热内卢召开的联合国环境与发展大会通过了促进可持续发展的《21 世纪议程》，将可持续发展思想和理念付诸实际行动，《21 世纪议程》成为世界各国共同确认的纲领性文件，“可持续发展”开始在世界范围内得到普遍认同与广泛使用。此后，“可持续发展”的理论与实践也成为各学科研究的关键与热点问题之一，不同专家、学者和机构从不同角度对可持续发展的概念和内涵加以演化、延伸、丰富和完善。

可持续发展是一种新的发展观和发展战略，作为对传统发展模式的反思，可持续发展强调了平衡协调发展的思想，强调经济、社会的发展必须同资源开发利用和环境保护相协调，有效协同“人与自然”的关系。可持续发展是生态、经济、社会三位一体的协调发展，包括经济可持续、生态可持续和社会可持续三方面。大量研究表明，经济可持续是基础，生态可持续是条件，社会可持续才是目的，三者不可分割，三者的协调统一是可持续发展的重要保证。人类应该追求的是以人为目标的生态—经济—社会复合巨系统的持续、稳定、健康与协调发展。

可持续发展理论有其深厚的生态学、经济学、社会学、环境学和伦理学理论基础，涉及众多学科的交叉整合（赵振华等，2003）。生态学家着重从环境与发展平衡来把握可持续发展，认为可持续发展是不超越环境系统更新能力的人类社会的发展；经济学家着重从经济的观念把握可持续发展，认为可持续发展是在保持自然资源质量和其持久供应能力的前提下使经济增长的净利益增加到最大限度；社会学家从效率和公平的角度把握可持续发展，认为可持续发展是在不超出维持生态系统涵容能力的情况下尽可能地改善人类的生活品质。

中国科学院可持续发展研究组组长、首席科学家牛文元（2008）把自然、社会、经济放在统一的思考框架下，从系统学方向构建可持续发展的理论体系，以“发展度、协调度、持续度”的逻辑为中心，演绎可持续发展的时空组合，从而确定可持续发展内部五项基本支持系统。第一是生存支持系统——可持续发展凭借的门槛；第二是发展支持系统——引导可持续发展的动力；第三是环境支持系统——可持续发展限制的上限；第四是社会支持系统——社会对可持续发展组织的有序能力；第五是智力支持系统——可持续发展的支撑能力。①生存支持系统又称基础支持系统，由人类生存所必备的条件组成，主要指耕地、水、生物和气候等自然资源。资源承载力是衡量生存支持系统的标志。②发展支持系统又称福利支持系统、动力支持系统或区域生产成本，是指一个国家现实的生产能力，即将其资源、资本、人力、技术转化为产品和服务的能力。③环境支持系统又称环境容量支持系统，是指环境在社会经济发展过程中对资源的利用和对废弃物的排放所具有的允许容量或承载能力。环境支持系统发挥着对生存支持系统和发展支持系统的限制作用，只有在环境支持系统可承受的条件下，生存支持系统的生存能力和发展支持系统的发展能力才能正常发挥。④社会支持系统又称过程支持系统，是协调人与自然和人与人之间关系的系统。社会调控系统的实质就是协调人与人关系的社会调控体系，包括对社会财富、区域发展、国民教育、社会保障、社会公德、社会公益和生活环境等各方面的调控。⑤智力支持系统是推动可持续发展的动力系统，由一个国家或地区的教育能力、科技能力、管理和决策能力组成，其中教育能力是基础，科技能力是核心，管理和决策能力是灵魂。智力支持系统的重要功能是通过技术手段和管理手段推动和保障人类社会的可持续发展。

可持续旅游是可持续思想在旅游领域的延伸，在旅游可持续发展中寻求“经济、社会、环境的共同发展”是可持续旅游根本目的。1990 年在加拿大举行的“全球可持续发展国际大会”提出了《旅游业可持续发展行动战略》（戴凡，1994），明确了旅游可持续发展主要目标：①让人们更加明白和理解旅游能给环境和经济带来的好处；②在发展中维护公平；③提高旅游地居民的生活水平；④为游客提供高质量的旅游感受；⑤保持上述几个目标所依赖的环境质量。李天元（1994）指出旅游可持续发展既包括旅游活动的可持续发展，也包括旅游业的可持续发展。匡林（1997）主张旅游可持续发展在保护和增进未来发展机会的同时，满足旅游者和旅游地居民当前的各种需要。牛亚菲（2002）认为可持续旅游发展战略包括社会、经济和环境三个目标，涵盖了增加地方就业、改善地方基础设施、提高地区的生活质量、保护地方文化遗产、增强当地人的文化自豪感、改进土地和资源的利用方式等内容。

旅游地可持续发展是可持续发展大系统中的一个子系统，旅游地可持续发展系统是一个以综合性、复杂性为基本特征的复合系统。旅游地可持续发展是可持续发展理论和可持续旅游理论的区域化和具体化，也是旅游可持续发展在旅游地空间范围内的扩展，是自然—经济—社会三大系统均实现可持续发展的综合协调结果。

2.3 国内外相关研究进展

2.3.1 国内外温泉旅游地研究进展

如前文所述，国内外温泉资源的开发与利用早在几千年前就开始了，相关文献资料也有较多的记载与阐述，但真正的温泉旅游研究主要集中在近十来年。

2.3.1.1 国外温泉旅游地研究进展

温泉旅游地的相关研究与其发展历程与状况密不可分。国外温泉旅游地的发展大体遵循了“疗养、洗浴—保养、休闲—综合温泉度假观光”的历史轨迹，但不同国家和地区其发展历程有所差异。早期，欧洲人注重温泉的医疗价值，开发了大量以温泉疗养为主的温泉旅游地。1326 年，比利时铁骑制造商洛普在列日镇附近开发了欧洲大陆上第一个温泉疗养地，其后，英国的巴斯温泉、德国的巴登 - 巴登等不断兴起与发展。在文艺复兴时期，“享用温泉”成为当时的一种时尚，温泉不仅仅是治疗的场所，更逐步演化为集治疗和休闲娱乐功能于一身的温泉旅游地（惠普科，2009），并在世界范围内得到发展，其中尤以美国和日本的温泉旅游地最为闻名。美国的温泉旅游地一般选址于自然环境良好的地区，配套高档的康体中心、现代化的疗养设备和治疗设施，提供专业化的疗养医师、舒适的住宿条件、一流的饮食服务等，而且还配套现代化的休闲娱乐旅游项目，如高尔夫球场、滑冰场、赛马场、会议中心、游乐场所和豪华沙龙等，温泉地周边的自然环境也受到严格的保护（姜莉，2005）。而在日本，则形成了独特的“泡汤文化”，形式多样的“温泉节”及文化活动在温泉旅游地举行，温泉旅游地规模逐渐扩大，功能日趋多样化，并利用温泉地质、地貌景观开展旅游活动。

国外温泉旅游地的相关研究也主要集中在温泉旅游比较发达的西欧、北美和亚洲的日本。在国外知名文献数据库如 Elsevier、EBSCO 以及 Google Scholar 对温泉旅游地相关文献进行检索（截至 2012 年 12 月），以“Hot springs”为关键词查询共有 63126 篇文献，以“Hot springs/ Spa resort”为关键词查询共有 1028 篇文献，以“Hot springs/Spa tourism”为关键词查询共有 736 篇文献。经过研究筛选、归类分析后发现国外学者从不同领域对温泉旅游地进行了研究，主要包括温泉资源开发利用研究、温泉旅游地发展研究、温泉旅游地市场研究等三方面。

（1）温泉资源开发利用研究

国外温泉资源开发利用研究与其温泉资源开发利用的发展历程是密切相关的。在早期，为了提高温泉的吸引力，各温泉旅游地纷纷聘请医学界权威人士对温泉资源的医疗功能进行分析和评价。1562 年，W. 特纳医生著书论述了英国巴斯温泉和欧洲大陆各处温泉对各种病症的治疗作用；1626 年，E. 法罗又赞扬了斯卡伯勒地区查利比特矿泉的绝佳质量（王华、彭华，2004）。而 19 世纪后，温泉分析化学为现代温泉医学研究建立重要基础，德国医学博士伯鲁兹（Erwinvon Balz）在其《日本矿泉论》著作中从医学角度对温泉的医疗作用进行了研究，指出温泉疗养中气候疗法、饮泉疗法、浴泉疗法三者并用的重要性。温泉地的气候条件，尤其是气温、湿度、气压、日照等因素和自然风光、地形，以及交通、建筑设施等综合化的环境具有重要的意义，这一观点至今对于温泉开发利用仍具有指导意义（朱专法，2008）。这一时期的众多研究成果主要发表于一些医学类期刊和论著，如《皮肤医学临床（Clinics in Dermatology）》杂志 1996 年第 14 期从医学角度专门刊登了数 10 位学者对法国、德国、希腊、意大利、以色列、保加利亚等国的温泉医疗产业发展状况的分析，以及各国温泉旅游的发展历史、分布和特点等（巨鹏，2005）。日本学者阿岸佑幸对德国温泉地与日本温泉地医学运用上的差异如温度、使用方法、保养时间的运用上的差异作了比较研究。

Deborah Wightman 和 Geoffrey Wall(1985)详细介绍了加拿大镭温泉在两个不同阶段的资源开发及管理状况，并对比加拿大与欧洲的温泉资源管理模式的不同，指出温泉国家公园是美国和加拿大等国家政府的主要开发模式，同时对如何满足温泉旅游者的最大用水量而又不破坏温泉水资源等温泉水资源管理问题进行了探讨。Abdul Rah im Samsudin 等(1997)对马来西亚 40 个温泉旅游地从技术可行性(地质特征、温度、水质和流量)和经济可行性(可达性、附近其他旅游资源的品位、现实吸引力、潜在吸引力、温泉开发状态)两个方面进行旅游开发利用潜力评估，并初步构建了温泉旅游资源开发评价体系。韩国学者金贤志(2001)建议在温泉旅游资源利用和管理阶段，应进行运营管理条例制定、责任划分及定期(5 年)的水质及成分检查等工作。德村志成(2002)在其博士论文中系统论述了温泉资源开发需要考虑的关键因素。E. A. Didascalou(2007)则通过对希腊 4 个温泉地的研究试图构建以生态气候和温泉资源特征为主的决策支持系统来为温泉资源的合理开发利用提供决策参考。

(2)温泉旅游地发展研究

温泉旅游地发展状况研究主要包括对温泉旅游地发展历史、发展现状和发展趋势的研究。Deborah Wightman 和 Geoffrey Wall(1985)指出在国家进行管理的情况下，温泉的开发带动当地交通以及城市化的进展。Boris Sno 和 Damijan Mumel(2002)的研究也表明斯洛维尼亚的温泉旅游地一般地处经济较为落后的偏远地区，其开发往往带动当地社会经济与福利的增长。

1990 年，在匈牙利布达佩斯召开的国际旅游科学家协会(IASET)的第 39 界年会专门讨论了温泉旅游的开发问题，认为传统的温泉疗养旅游(SPA)正在向新型的保健旅游(health tourism)转变。山村顺次(1995)从功能上把日本温泉旅游地划分为疗养型、观光型及中间型，并总结了日本温泉地不同阶段的发展特点，认为日本的温泉旅游地逐渐由疗养型目的地转变为观光游憩型目的地，观光型温泉地成为温泉旅游发展的主流。Anthony 等(1996)对美国温泉的发展历史、发展现状进行了总结。而 John W. (1996)则通过对美国七个主要温泉度假地的发展历史和现状的研究，将美国温泉旅游地发展划分为三个阶段：作为印第安人的圣地利用阶段、早期欧洲移民的 SPA 医疗保养阶段、健康休闲发展阶段。

霍洛韦(1997)在《论旅游业》一书中指出替代性产品——海滨度假旅游的崛起是影响欧洲温泉旅游地发展的重要原因。Bacon - W(1998)也通过从社会文化环境、温泉资源开发过程(产品规划、管理、投资、质量控制、人力资源质量以及产品整合)等方面对温泉旅游产业的影响分析，对比研究了不同国家经济体制对温泉旅游地兴衰的影响。Loverseed - H(1998)则从旅游的视角对北美温泉的发展历程进行了研究，指出虽然美国温泉旅游从市场和税收两方面都有很大的增长，但其发展还处于初级阶段，未来市场需求机会巨大。而 George Erdeli、Irina Dinca(2011)通过对比罗马尼亚 1989 年社会变革前后温泉旅游地的产权变化、游客市场变化，探讨罗马尼亚温泉适应现代社会需求的发展方向。Azwindini Ernest. T(2011)的博士论文对南非林波波省(Limpopo)温泉的可持续发展战略进行系统研究，认为环境、社会、经济是影响温泉旅游可持续发展的主要因素，同时指出温泉旅游教育及人才培养是实现可持续发展的重要工程。

(3)温泉旅游地市场研究

随着温泉旅游地的发展,对温泉旅游地旅游市场的研究不断得到重视。John Towner(1996)从旅游者角度探讨了温泉旅游市场的发展变化过程。山村顺次(1995)总结了日本不同类型温泉旅游地客源市场的结构:疗养型温泉地的客源以邻近地区的老年回头客为主;住宿娱乐型温泉的吸引范围包括大城市居民和全国各地的客源市场,而户外游憩型温泉则主要吸引周边大城市居民。John W. Lund(1996)和 Loverseed - H(1998)则通过对北美温泉旅游客源市场研究得出:欧洲温泉旅游地以特殊病人的医疗为主,而北美温泉旅游地更强调健身、消除疲劳和减肥的功用,并且温泉旅游者也从以美容为主要目的的女性旅游者为主转变为以康体、保养和消除压力为主要目的的大众旅游者。

Inskeep(2001)指出评价一个温泉旅游地开发的可行性时必须重视其潜在的客源市场需求。Harmsworth(2004)则强调温泉旅游市场是碎片化的,需要迎合不同消费者需求,而这种需求又在不断随着社会和生活方式的变化而改变。为此,Rami F. Tawil(2011)通过温泉游客的旅游动机及消费行为规律等将温泉游客划分为 4 大类和 10 小类(表 2 - 7),为温泉旅游地开发建设、产品定位以及市场细分、定向营销提供了较高的参考价值。

表 2 - 7 温泉游客类型及行为特征

Table 2 - 7 Constructed typology and characteristics of Spa tourists

游客大类 (Broad Typology)	游客小类 (Combined Types)	温泉游客行为特征 (Characteristics)
贵族型 (the Aristocrats)	高端型 (the high - class type)	• 追求完美 • 要求最好的设施和最佳的服务 • 价格不是问题 • 高收入的老年人 • 寻求身体上和心理上双重体验 • 寻找五星级的温泉旅游地
	组织型 (the organised type)	• 高度依赖他人 • 追求休息和放松 • 工作时间长 • 时间紧张,不充裕 • 根据经验自己预订温泉度假 • 看重按摩、浴缸、桑拿
	策略型 (the tactful type)	• 追求休息和放松 • 优雅而熟练 • 高收入的年长女性 • 注重温泉卫生 • 声誉

续表

游客大类 (Broad Typology)	游客小类 (Combined Types)	温泉游客行为特征 (Characteristics)
探索型 (the Explorers)	冒险型 (the adventurers type)	•好奇 •乐于尝试新的设施和服务 •有多种多样设施和服务的特色温泉
	自然型 (peaceful& nature lovers)	•温泉的地理位置及周边环境 •静静独处 •与大自然连接 •徒步旅行、瑜伽等设施和服务
社交型 (the Socialisers)	梦想型 (the dreamers type)	•追求休息和放松 •不同的文化背景 •完美的假日温泉旅游体验 •只要不贵,消费都能承受 •良好的设施和服务 •要有良好的声誉
	印象派 (image – dependent physical motivated)	•追求物理治疗 •非常重视温泉的印象 •声誉、口碑推荐
	社交型 (the social oriented type)	•和家人、朋友来参加活动 •追求休息和放松 •停留时间较短 •以近距离温泉旅游地为目标 •看重娱乐设施,如餐饮、咖啡等
预算约束型 (the Budgeters)	低价型 (low – cost physical oriented type)	•价格非常重要 •追求生理需要 •实惠的设施和服务 •看重按摩等服务
	全低价型 (low – cost holistic type)	•价格非常重要 •追求心理需要 •实惠的假日温泉旅游 •看重游泳池和花园的配套

注:根据 Rami F. Tawil(2011)归纳整理。

Boris sno 和 Damijan Mumel(2002)利用问卷对斯洛维尼亚健康旅游客源市场进行分析,认为现有温泉旅游市场对国内游客的吸引力大于国际游客吸引力,仍然以病人与康复疗养者为主，同时发现温泉健康旅游经营重要的不是增加硬件设施，而是应从“软件”也就是服务水平以及服务产品质量入手进行提高。Cristina Colonisteanu(2008)则通过对区域和本地客源市场的深入研究后指出，在罗马尼亚的温泉旅游地要成功赢得客源市场，必须要具备以下条件：①积极参加国内外重要的旅游活动；②与国家旅游局建立密切的合作关系，并积极参加所有的促销活动；③根据市场营销战略设计产品；④在罗马尼亚商务市场加强销售活动；⑤持续地评估国内温泉旅游市场竞争力的变化；⑥建立标准化的服务规范以保证服务质量。

2.3.1.2 国内温泉旅游地研究进展

中国温泉利用历史非常悠久，诸多历史书籍中有较多关于温泉利用与疗效的记载，如《山海经》、汉代天文学家张衡的《温泉赋》、晋代郦道元所撰的《水经注》，以及明代杨慎的《安宁温泉诗序》、唐庚的《汤泉记》、北魏元波的《温泉颂》等，但关于温泉开发与温泉旅游的研究文献较少。随着改革开放后我国温泉旅游产业的蓬勃发展，温泉开发与温泉旅游研究才真正开启，并在近年来呈现出繁荣的局面。通过对中国知网相关数据库的检索，以“温泉”为关键词查询有 9602 篇文献、以“温泉旅游”为关键词查询有 2233 篇文献、以“温泉旅游地”为关键词查询有 14 篇文献。经过筛选、研究发现 2000 年之前的研究主要集中在温泉资源与开发研究领域，一般的报刊文摘多过学术研究，而有关温泉旅游研究的论文主要集中在 2000 年后，同时以温泉为研究对象的硕博士学位论文也显著增多(图 2-6)，温泉相关的专著也陆续出版。2007 年中国旅游出版社出版了全国首套温泉旅游管理高等教材，系统全面地对温泉旅游理论、管理实务、温泉企业的设备管理、规划、市场营销等进行了论述。温泉的旅游研究已引起国内学者广泛兴趣，研究成果初具规模。

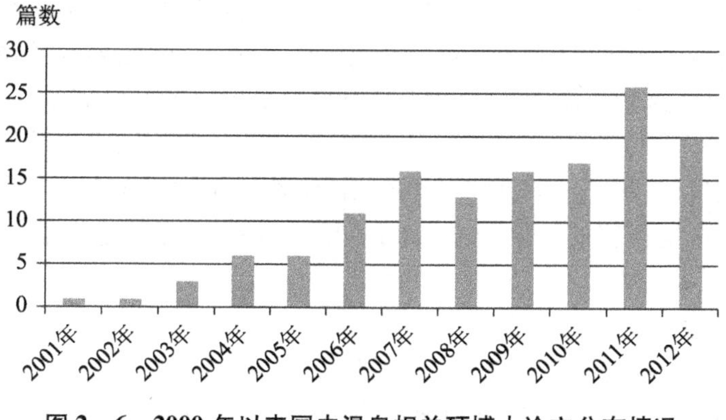

图 2-6 2000 年以来国内温泉相关硕博士论文分布情况

Fig. 2-6 Distribution diagram of thesis on hot springs since 2000

根据文献统计与分析，国内关于温泉旅游地的研究成果主要集中在温泉资源开发与利用研究、温泉旅游地开发与发展研究、温泉旅游地规划与建设研究、温泉旅游地客源市场研究和温泉旅游地经营与管理研究等五个方面。

(1)温泉资源开发与利用研究

如前所述，郭来喜(1982)、刘振礼等(1988、1996)、刘国海等(1994)、冯天驷(1998)等先后论述了我国温泉资源的特点、分布和基本利用状况。王艳平、山村顺次(2002)对中国温泉利用演化过程和南、北及内陆温泉观光利用的实态特征，对温泉观光开发资本的地域特性给予了比较全面的论述，从时间空间二维尺度论述了中国温泉开发利用的变迁及现状。王艳平（2004）还对辽东半岛温泉地利用的现状进行评价，并针对其类型的差异以及未来的发展布局进行深入探讨。此外，黄远水等（1997）；毕斗斗（2003）；黄郁成（2003）；姜建军（2005）；徐军祥（2005）；焦维军等（2005）；张建（2005）；朱玉华（2006）；韩再生（2006）；宋林琳（2007）；唐少霞等（2007 年）；李宇荣（2008）；李晓琴（2008）；李黎（2008）；陈曦等（2009）；何清宇等（2010）；缪小玲等（2011）；吴升旸（2011）；陈小飞、胡建国（2011）；韩笑（2011）；张滢（2011）；张金华等（2011）；朱玉华（2012）；蓝力民（2013）等学者分别对各地的温泉旅游资源的开发与利用进行了较为深入的研究与阐述。张蕾、林岚（2007）初步构建了温泉旅游可持续发展水平评价指标体系，运用模糊判断法和系统聚类法等评价方法对龙门温泉资源开发与利用进行实证研究。邓燕萍（2011）则从旅游转型升级视角探讨了江西温泉旅游资源深度开发的策略。彭秀芬、向云波（2011）对广东、台湾地区和日本的温泉旅游地开发条件进行比较研究，总结其成功的经验，并对我国今后温泉旅游的开发提出了建议。

巨鹏（2005）对资源独享型温泉旅游地的三个开发过程资源配置、旅游开发以及开发影响进行了模式总结，指出资源独享型温泉旅游地企业“成为市场的主导，政府监管失控，市场没有得到有效反馈”，“对周边经济的带动较小，温泉消费市场的不成熟以及温泉水的独享政策是难以形成旅游地空间产业集聚的主要原因，因此，经济带动相对较小”，试图构建以“资源委托管理机构主导 + 温泉行业协会辅助 + 政府协调 + 企业运营”为基本结构的温泉旅游开发模式，增强温泉资源托管机构的权利，更高效地实现对温泉水资源的高效分配。

李鹏、保继刚（2010）指出温泉资源的开采权分配格局形成于计划经济时代，在市场化改革进程中资源的产权依旧被多家半官方企业所垄断，各家企业在追求个人利益最大化的过程中，使当地的温泉资源变成了国家名义之下的公地，并因此导致了温泉资源过度开采的后果。地方政府在这种旅游资源管控格局中丧失了指导地方发展的主动权，并成为舆论与上级责难的对象，但当其试图走出这一因产权不清而导致的困境时受制于自上而下的行政体制而举步维艰。为此，李鹏（2010）也试探性地给出了中国温泉水权制度建设的三点建议：①统一将温泉水权管理权下放至县（市）一级政府；②出台《温泉法》；③兼顾社区的利益共享。

（2）温泉旅游地开发与发展研究

温泉旅游地的开发模式、发展过程、发展阶段、发展趋势等是学术界关注的焦点。王艳平、山村顺次（2000）较早提出了中国温泉开发模式由汤治向疗养、保养、观光，最后向娱乐方向的转换。王华、彭华（2004）通过大量的实证调查和文献总结对影响温泉旅游开发的主要因素进行综合分析，认为影响温泉旅游地开发的主要因素包括温泉资源综合素质、自然和人文景观环境、客源市场和交通条件、区域经济发展水平、温泉旅游文化特色、空间集聚和竞争以及决策者行为等，它们通过作用于温泉旅游开发选址和开发特色共同影响温泉旅游地的发展。黄静波（2006）则从温泉资源特色、旅游功能定位、自然和人文景观环境、区位、市场等因素，将温泉旅游产品开发模式划分为观光娱乐开发模式、主题度假开发模式、综合开发模式、家庭作坊开发模式四种。

黄向、徐文雄（2005）从我国温泉开发经历的历史阶段出发，研究了我国温泉开发模式的过去、现在，并展望了未来发展的趋势。金丽（2007）以大连许屯龙门汤温泉旅游度假区为例，针对远郊温泉地资源的开发模式进行了阐述。周玲强（2010）对国内现有的温泉旅游开发模式进行梳理、归类，提出建设差异化温泉旅游产品的必要性。巨鹏（2011）则从资源管理视角对不同类型资源占用下的温泉旅游地开发模式进行评价研究。李鹏（2010）以从化温泉为研究对象，得出以下结论：温泉水使用量是判断温泉地是否进入成熟期的一项标准，而旅游重构过程因为改变了温泉水的使用方式及其产出效应，对于温泉旅游地进入生命周期的后半阶段划分起到了延缓作用。

（3）温泉旅游地规划与建设研究

华南师范大学主持出版的《广东省从化市旅游发展总体规划》（1994），是我国较早的一部关于温泉旅游地规划的著作。其后，辛艺峰（1996 年）从自然与人文环境再创造的角度出发，就温泉风景旅游区的总体环境规划设计，从构思依据、设计定位、空间布局与实施措施等方面作了阐述。张建忠、杨新军（1998）以实例研究为依据，提出温泉旅游度假区应注重康体休闲与康复养生项目的开发，以丰富温泉旅游地旅游产品建设内容。

王冠贤、保继刚（2004）以从化新温泉为例从温泉旅游地的特性研究出发，通过对新老温泉旅游地的空间竞争的特征分析，探讨了温泉旅游地资源竞争的一般规律，以促进温泉旅游地空间竞争的良性循环，为竞争日趋激烈的温泉旅游地发展提供了理论参考，且具有一定的实践意义。此外，台湾学者 LeeCheng－Fei、KingBrian（2009）系统评价了台湾温泉旅游地的竞争力，并构建了一套系统的评价体系，该评价体系由温泉地资源和吸引力因子（含 27 个子因子）、温泉旅游地发展战略因子（含 33 个子因子）和温泉旅游地环境因子（含 16 个子因子）等三大主因子 76 个子因子组成。

陈晓磬、王艳平（2007）通过对森林温泉的研究，从旅游规划视角提出了对森林温泉的框架性认识。余伟（2008）在其硕士论文中系统研究了温泉度假区规划方法。吴龙辉等（2005）；林广思（2005）；汪智勇（2011）等则专门研究了温泉度假区的景观设计。王艳平、郑岩等（2011）在平衡游客需求和资源有效利用的基础上，研究旅游度假村温泉泡池的合理规格。王艳平（2006，2012）针对目前游客对温泉真实性的质疑，建议将少量温泉资源搬运到异地以发挥其符号功能，为原本没有温泉资源的地段以温泉为符号开展温泉旅游地建设提供了理论支持。

同时，齐晓波（2003）和林中燕（2006）则从品牌构建角度分别对重庆市、福州市的温泉资源开发利用和温泉旅游地建设提出建议。蔡卫民、熊翠（2010）则从温泉资源和温泉旅游流两个方面阐述湖南省温泉休闲度假旅游的空间布局特征，并通过分析湖南省温泉旅游系统的现状，提出了采用点轴式的空间布局模式形成湖南省的“一心两点、五轴三区”的温泉旅游空间总体格局，对大尺度空间的温泉旅游地布局与发展提供了借鉴。

（4）温泉旅游地客源市场研究

王冠贤、保继刚（2004）认为温泉旅游是短线旅游，温泉旅游地的主要客源市场集中在 200 千米范围以内的邻近城市，远程旅游者跨地区选择温泉旅游地一般是被动性或者是非第一目的地性质，这时温泉的品牌、规模、周边景点的连锁效应成为旅游者选择的主要因素。同时，温泉游客量呈现淡季和旺季交替明显现象，其成功运营依赖于提高重游率。王华、彭华（2004）指出温泉旅游地的客源市场以国内市场为主，近 80% 的游客集中在 4 小时交通半径范围内的周边城镇群,近95%的游客为周末旅游者。在游客行为上,露天温泉特色、整体环境、温泉医疗功能是影响游客决策行为的主要因素,大约三成游客是单位组织而来,单位组织也是游客出游的主要方式。而梁江川、陈南江(2006)通过问卷调查深入研究广东省高档温泉游客的利益取向时发现,公务享受型游客比例最高、消费水平最强,是广东省高档温泉度假区的消费主体,占36.2%;亲朋情感型游客是最具开发潜力,但也是目前较被忽视的客源市场。

德村志成(2004)通过分析日本温泉旅游客源市场的需求特征来探讨中国温泉针对日本客源市场的开发策略。巫晶(2006)在其硕士论文《温泉旅游游客行为研究》中以温泉旅游游客行为为研究对象,分析游客在温泉旅游过程中的行为表现和心理感受,揭示温泉旅游游客行为的特征和规律。汪灿(2011)也从客源组织方式、客源市场距离、游客消费目的三方面分析了广东温泉旅游客源市场结构特征。江金波、高娟(2011)基于四分图模型对温泉游客满意度进行测评和研究,发现不同特征的游客对温泉度假产品的满意度存在差异,温泉游客对温泉资源质量和服务质量最为看重,而对产品价格及旅游商品的关注较低,应根据不同类型的温泉游客实施分众营销,提供多样化产品,提升游客满意度,这对温泉旅游产品的开发与营销具有较强的指导意义。

(5)温泉旅游地经营与管理研究

温泉旅游地经营与管理关系到温泉旅游地建成后的发展质量,影响其可持续发展能力,主要涉及温泉旅游产品的开发、温泉旅游地经营与管理等方面。

不少学者对温泉旅游地旅游产品开发与创新进行了研究。孙丽萍、王艳平(2005)较早基于经济转型期的社会、经济背景,从定位温泉地开发阶段、锁定客源市场、思维创新和技术层面探讨温泉旅游产品开发方向。陈燕娥(2006)根据湘西北各温泉地周边旅游资源状况、温泉产品开发现状、市场需求多样化的趋势等因素,重新定位了湘西北温泉旅游产品。蒲蕾(2007)从对动机、目的地选择和影响决策因素等游客消费行为的研究着手,认为温泉旅游产品的设计应主要以游客的需求为中心,进而满足游客的需求。贾秉瑜(2007)以体验经济的视角,探讨了温泉旅游度假村旅游产品体验性开发问题。裴若婷(2010)在对罗浮山温泉旅游度假区旅游产品深度开发的可行性进行分析的基础上,从纵向、横向和关联度三个方面提出旅游产品深度开发的思路和对策。王艳平(2007)还就温泉洗浴旅游产品的分类及其开发方向进行了深入探讨,便于洗浴者对众多洗浴产品的把握,同时对开发经营者也具有指导意义。邓秋霞(2004)和邓丽娟(2009)还专门对温泉酒店产品开发与设计进行了较为系统的研究。Yao - Hsienlee(2006)和 Wei Jiadeng(2007)则对台湾温泉从服务水平、质量管理方面进行了研究。

胡彬(2007)系统分析了北京温泉旅游市场的营销环境、市场细分、目标市场等,以探讨北京市温泉旅游地发展的市场定位及营销组合策略。郑朝钟(2007)以台湾竹尖石温泉区为例探讨在旅游业大发展的背景下台湾新兴温泉产业之经营管理与应对策略,为新兴温泉旅游地的发展与管理提供了借鉴参考。王艳平(2006)针对我国温泉旅游地开发的总体规模迅速增大、法规建设跟不上发展需求的现状,以广东省《温泉旅游服务规范》为例,提出了与传统路径"国家制定、地方执行"相异的"由企业提出并主导、地方政府认可并主持"的新路径,以期能改善当前"有法不依""无法可依"的状况,实现温泉旅游的可持续发展,具有较强的现实意义。黄蕾丹(2010)以案例实证构建了温泉度假村的服务质量评价体系。

2.3.1.3 广东省温泉旅游地研究进展

学术研究与社会实践是密不可分的,广东是中国温泉旅游近20年来发展最快的地区,前述国内研究文献多数都涉及广东温泉,不少文献将其作为重要的研究对象。林英杰、张燕文早在1996年就通过对广东省电白县热水温泉风景区旅游资源的类型、特色及其开发优势的分析,提出了建立热水温泉风景区的开发原则、规划模式、总体布局与实施步骤等方面的具体设想。随后,毕斗斗(2003)在分析了广东省温泉旅游开发在资源、资金、市场方面的优势与潜力的基础上,对广东省温泉旅游的市场开发、温泉地建设、产品开发、经营管理等提出了系列对策建议。张玲(2005,2006)在分析温泉旅游地空间竞争主要影响因素的基础上,提出广东温泉旅游地发展将出现的三种趋势,即休闲度假旅游地、休闲度假与会议复合型旅游地、温泉饭店。李德荣(2005);崔学良(2005);王华,吴立瀚(2005);梁江川等(2006);王继柯(2008);张欣欣(2010);曲亚斌等(2010);汪灿(2011);廖月芝等(2011);范智军(2011);李静(2012);樊亚明(2013a,2013b)等也从不同层面对广东温泉旅游地的开发建设、经营管理、市场开拓等方面进行了研究。广东省温泉行业协会还组织编写了《泉在广东》①一书,为广东省温泉旅游的发展与营销起到积极的作用。

表2-8 有关广东温泉旅游地研究的硕博士论文统计

Table 2-8 Thesis on hot springs resort of Guangdong

姓名	论文题目	年度	级别	所属单位
王 华	温泉旅游地的发展及其影响因素研究——以广东清新温矿泉旅游度假区为例	2003	硕士	中山大学
刘 军	温泉类度假村核心竞争能力研究	2006	硕士	暨南大学
张 蕾	龙门温泉旅游可持续发展评价研究	2006	硕士	南京大学
余俊杰	从化养生谷温泉旅游开发研究	2008	硕士	华南理工大学
张欣欣	广东温泉旅游资源开发与保护约束机制研究	2008	硕士	暨南大学
范丽花	广东龙山温泉度假酒店策划方案研究	2010	硕士	西南交通大学
李 静	广东温泉度假旅游产业升级发展研究	2012	硕士	广东商学院
巨 鹏	资源独享型温泉旅游地开发研究——以恩平市为例	2005	博士	中山大学
李 鹏	温泉旅游地开发中的温泉水权制度——以从化温泉风景区、流溪温泉旅游度假区、龙门永汉镇为例	2010	博士	中山大学

注:以上资料来源于中国知网、万方数据库。

王华(2004,2005)不仅对温泉旅游开发的主要影响因素进行综合分析,还对广东省温

① 李进茂,王长乐,张建彬,等.泉在广东.广东省旅游出版社,2007.

泉旅游开发模式进行较为详细的分析与归纳，为后来相关温泉旅游地的研究提供了较为科学的理论依据。巨鹏（2005）和李鹏（2010）更多地关注温泉资源的有效管控，以广东省具有代表性的温泉旅游地为例，从不同角度对温泉旅游地开发建设过程中出现的温泉资源问题进行深入、系统的研究。张蕾（2007）；刘军（2006）；张欣欣（2008）；李静（2012）；严小龙（2011）等也在其硕士论文中分别从不同角度对广东温泉进行了较为详细的研究（见表2－8）。

2.3.1.4 研究述评

由于国内外不同国家或地区社会经济发展水平不同，其温泉资源开发与温泉旅游地发展水平也各不相同，在同一时期对温泉旅游地研究的兴趣点有较大差异。同时，国内外社会体制、医疗保障制度、消费文化的差异决定了国内外温泉旅游地发展过程与研究关注重点的不同。国外学者早期非常关注温泉医疗的价值，注重温泉旅游产业（Spa Tourism）与健康旅游（Health Tourism）等SPA产业全链条及相关产业的综合研究，并以此发展开来。他们往往通过大量的案例来深入、系统研究温泉旅游地的发展与兴衰、温泉旅游地资源开发与影响因素、温泉旅游地客源市场特征与营销、温泉旅游地竞争力及发展趋势等，其研究成果建立在可靠的统计数据、调研数据的基础之上，具有较高的可靠性和实证性，初步形成了基本的体系，在很多方面值得国内学者借鉴。

由于我国正处在温泉旅游地大发展的时期，近年来，国内各类温泉研究文献比较多，但深入、系统研究的文献较少。多数文章以论述为主，泛泛而谈，所采用的研究方法主要是描述性方法（即对某些现象进行描述，不对假设做出检验，不作实践性的研究，以论证研究为目的）和概念性方法（即论文的论点与逻辑思考与前人的工作有明显的联系，注重理性的探讨）（朱竑、刘迎华，2004）。从研究内容来看，国内文献侧重于温泉旅游地的资源开发利用、温泉旅游地的经营与管理、温泉旅游客源市场的开发与营销等实用性方面的研究，而对温泉资源开发评价，温泉客源市场结构特征、行为规律，温泉旅游地的环境容量及其环境影响，温泉旅游地的空间竞争与可持续发展等较为基础性的研究较少。

2.3.2 可持续发展评价研究进展

2.3.2.1 区域可持续发展评价研究进展

区域可持续发展评价的指标体系和方法模型是进行区域可持续发展综合研究的关键，是亟待发展和深入的一个重要领域（米红，2002）。20世纪90年代以来，可持续发展问题逐渐成为各国际组织、政府和学术团体关注的焦点，可持续发展的评价指标体系也随之成为一个研究的热点，并已经建立了许多可持续发展评价的指标体系和评价模型方法。代表性指标体系主要有UNCSD（联合国可持续发展委员会）可持续发展指标体系、UNSTAT（联合国统计局）可持续发展评价指标体系、SCOPE（环境问题科学委员会）可持续发展评价指标体系、英国可持续发展指标体系、世界银行可持续发展指标体系以及中国可持续发展评价指标体系。许多学者则从特定区域或行业出发进行相关研究，如沿海地区可持续发展指标体系（吴承业等，2000）；黄土高原区可持续发展指标体系（崔灵周等，2000）；山东省可持续发展指标体系（毛汉英，1996）；陕西省可持续发展指标体系（郝时尧，2002）；河南省可持续发展指标体系（乔家君等，2005）；农业可持续发展指标体系（刘慧，1997）；林业可持续发展指标体系（高瑞馨等，2005），自然保护区可持续发展指标体系（张林英，2006）等。各地区、各行业的发展水平、发展情况不同，实施可持续发展战略的侧重点也有所不同，这使得对其进行可持续发展的评价标准也会产生差异。

中国科学院可持续发展战略研究组按照可持续发展的系统学方向设立了一套"五级叠加、逐层收敛、规范权重，统一排序"的可持续发展评价指标体系（杨多贵、牛文元等，2001），由生存支持系统、发展支持系统、环境支持系统、社会支持系统和智力支持系统等五大支持系统、16 个变量、45 个指数和 225 个基本要素指标构成，具有科学合理、结构清晰、内容完整等优点，最大限度地体现了可持续发展的核心和内涵，获得较为普遍的认可（图 2－7）。

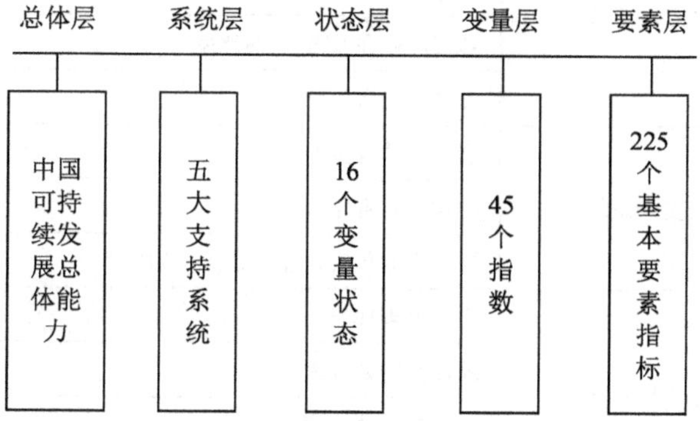

图 2－7　中国可持续发展能力评估指标体系架构

Fig. 2－7　Framwork of the evaluation indexes system of China sustainable development

目前，可持续发展评价方法主要有五种，即绿色核算体系、新财富体制方法、非货币评价模型（ECCO）模型、系统动力学模型以及指标综合评价法。而指标综合评价法因具有理论完善、符合逻辑、内容完整、方法成熟、容易量化、数据易得、便于实践等优点，成为区域可持续发展主要的评价方法，但该方法中的评价指标筛选、指标权重确定以及评价模型选择等是需要解决的难点问题（刘扬，2012）。

2.3.2.2 旅游业可持续发展评价研究进展

可持续旅游是可持续发展思想在旅游领域的延伸，是可持续发展的重要议题之一。1997 年，联合国第十九次特别会议首次将可持续旅游列入可持续发展议程，从此，旅游业的可持续发展受到了学术界的广泛重视。

2001 年，英国制定了一套可持续旅游发展指标体系来评价英国的旅游业可持续发展程度，该指标体系主要围绕保护和改善自然和人文环境、维护旅游地社会文化、有利于旅游目的地经济发展三个目标。此外，加拿大、匈牙利等也制定了自己的旅游可持续发展指标。Miller. G（2001）通过对旅游专家的调查研究发现，排在前十位的"可持续旅游成分"依次为采用长远的观点、制定优秀的旅游发展规划、地方参与、有效利用资源、提高自然资本存量、遵守承载力、确保当地居民满意、促进代际公平、确保游客满意、鼓励当地振兴。

崔凤军（1999）在国内较早提出并建立了以生态环境指标、旅游经济指标、社会文化指标、社会支持系统指标的区域旅游可持续发展评价指标体系。牛亚菲（2002）建立的包括状态层、诊断层、趋势层和目标层在内的 4 个层次，涵盖 49 个评价因子在内的旅游业可持续旅游指标体系，具有一定的创新性和前瞻性。万幼清（2006）选取系统环境对旅游的支撑指标、旅游业发展现状指标、旅游业发展趋势指标和旅游与区域协调指标4大因素、13个子级系统共47项因子作为评价指标体系（表2-9）。

表2-9 旅游可持续发展评价指标

Table 2-9 Evaluation indexes system of sustainable tourism development

一级指标	二级指标	三级指标
系统环境对旅游的支撑	经济支持系统	人均GDP
		地方财政收入
		第三产业在GDP中的比率
		恩格尔系数
	社会支持系统	刑事案件发生率
		平均受教育年限
		第三产业年底就业人数所占的比例
	环境支持系统	废气处理率
		固体废物处理率
		废水排放达标率
		环境污染治理投入占GDP的比率
	基础设施支持系统	旅客周转量
		旅游区水资源供给能力
		旅游区的能源供给能力
		社会通信水平
		等级公路的总里程
旅游业发展现状指标	旅游经济指标	国内旅游收入
		接待国内旅游人数
		国际旅游外汇收入
		接待国际旅游人数
		游客人均消费水平
	旅游基础资源指标	旅行社数量
		星级宾馆数量
		旅游资源的数量
		旅游资源的等级
		旅游资源的特殊度
	旅游环境质量指标	水质等级
		大气质量等级
		自然保护区面积

续表

一级指标	二级指标	三级指标
旅游业发展趋势指标	旅游业发展趋势	国内旅游收入指数
		国际旅游外汇收入指数
		接待国内旅游人数指数
		接待国际旅游人数指数
	旅游基础设施变化趋势	旅游区供水能力指数
		旅游区用能源供给指数
		公路里程指数
	旅游环境变化趋势	水质量等级指数
		大气质量等级指数
		自然保护区面积指数
旅游与区域协调指标	旅游经济协调指标	旅游总收入占 GDP 的比例
		旅游就业人均创收与人均 GDP 的比例
	旅游社会协调指标	旅游就业人数占区域就业总人数的比例
		旅游就业人数占第三产业就业人数的比例
		旅游就业人数指数
	旅游环境协调指标	区域环境保护资金投入量变化率与污染物排放量变化率之比
		污染物排放量的增长率与旅游总收入的增长率之比
		污染物处理能力增长率与旅游污染物排放量增长率之比

资料来源：万幼清.旅游可持续发展评价指标与方法.统计与决策，2006(3)：10～12.

而王昕、高彦淳(2008)基于旅游可持续发展的本质特征，从社会和经济利益群体协调角度构建了区域旅游可持续发展力的评价指标体系，并进行了相应的实证研究。该评价指标体系由目标层、指标系统层、指标层三个层次构成，涵盖了 38 个具体指标。另外，刘益(2006)、田里(2007)等也对区域旅游业可持续发展评价指标体系进行了较为深入的研究。

2.3.2.3 旅游地可持续发展评价研究进展

旅游地作为旅游活动的场所，是旅游行业重要的组成部分，是区域旅游发展的支撑点和动力源。旅游地可持续发展的实质是特殊区域的可持续发展，是旅游业可持续发展的区域化和具体化。事实上，旅游业可持续发展和旅游地可持续发展是两个密不可分的子系统：前者在强调旅游业经营机制的优化时必须以后者为研究的区域背景；而前者的研究又为后者打下了基础，并成为旅游地经济可持续发展的核心内容，它们是互为依存、缺一不可的(鲁敏，2001)。

近年来,旅游地可持续发展评价与研究成为国内学者研究的热点,涉及旅游地的各个领域。如自然保护区(李星群,2003)、森林旅游地(王良建,2001;张丽霞等,2005;李维余,2007);生态旅游地(程道品,2003;李星群,2004);乡村或农业旅游地(魏敏,2008;黄燕玲,2009;张蓓,2009;蔡碧凡,2009;彭惠军等,2011;葛新,2012);湿地类旅游地(闫贵等,2011);湖泊型旅游地(王会战,2008);海岛型旅游地(薛纪萍,2008);古村落旅游地(胡田翠,2007;潘蕙卢,陈思屹,2010)。各个学者虽然在构建评价指标体系目标与大的类别上大同小异,但由于旅游地类型的多样性和旅游地构成的复杂性,评价因子的选取、权重的赋值、评价模型的选择始终存在较大分歧。其中,王良健(2001)构建的可持续发展评价指标体系较为系统,其包括旅游资源及环境保护能力、旅游经济社会效益、旅游软硬环境建设力度和客源市场开拓能力4大因素、34项评价因子(表2-10),并实证评价了张家界风景区的旅游可持续发展状态和水平。

表2-10 旅游可持续发展评价指标及其权重

Table 2-10 Weight and Evaluation indexes system of sustainable tourism development

因素	权重	因子	权重
旅游资源及环境保护能力	0.340	景区森林覆盖率	0.11
		景点(含人文景点)的保护程度	0.12
		大气 SO_2 浓度	0.10
		大气TSP浓度	0.10
		城市人均绿地面积	0.07
		城市绿化覆盖率	0.08
		区域环境噪声	0.08
		饮用清洁水比例	0.10
		工业废水及生活污水处理率	0.08
		工业固体废物及生活垃圾处理率	0.08
		工业废气处理率	0.08
旅游经济、社会效益	0.286	国内旅游收入	0.14
		国际旅游收入(创汇)	0.15
		旅游总收入占GDP比重	0.11
		旅游商品销售收入占旅游总收入的比重	0.10
		餐饮业收入占旅游总收入的比重	0.10
		宾馆、酒店客房收入占旅游总收入的比重	0.10
		旅游业各营业部门的营业税和所得税	0.11
		旅游就业人员比例	0.12
		娱乐业收入占旅游总收入的比例	0.07

续表

因　素	权重	因　子	权重
旅游软、硬环境建设力度	0.202	机场吞吐量	0.14
		铁路发送量	0.13
		公路客运量	0.10
		旅行社数量	0.10
		星级宾馆数量	0.12
		床位规模	0.09
		平均客房出租率	0.11
		旅游从业人员基本素质	0.11
		旅游管理者基本素质	0.10
旅游客源市场开拓能力	0.172	旅游品牌知名度	0.30
		年接待海外游客数	0.23
		年接待国内游客数	0.22
		国内旅游促销人次	0.12
		国外旅游促销人次	0.13

资料来源：王良健.旅游可持续发展评价指标体系及评价方法研究.旅游学刊，2001(1).

总体来看，目前旅游可持续发展能力指标体系与评价的研究仍处于探索阶段，国内外学者的研究主要是从旅游经济效益、旅游资源与环境、旅游业基础设施建设、旅游社会效益等几大方面出发，虽然指标体系的设计、指标的选取以及指标权重的确定方法不尽相同，在可操作性上仍然有待提高，但其在评价模型的指标体系结构、参数选择、评价方法等方面具有各自的特点和适用性，这些评价模型对于温泉旅游地可持续发展评价模型的建立具有重要的借鉴意义。

2.4 本章小结

本章主要对温泉旅游地可持续发展的相关理论及研究进展进行了系统分析与综述。首先，对温泉、温泉旅游地等相关概念进行了界定，并对其特征、类型划分等作了系统分析。其次，对与本文相关的主要理论，包括旅游地生命周期理论、旅游环境承载力理论、利益相关者理论、系统论及可持续发展理论等进行了分析介绍，阐明了其指导意义。最后，对国内外有关温泉旅游地的研究进展进行了回顾，总结了国内外温泉旅游地研究的热点及主要成果，特别是对我国温泉旅游地的相关研究文献进行了系统的梳理和评述；另外，对可持续发展评价的研究进展进行了分析与综述，为温泉旅游地可持续评价模型构建奠定基础。温泉旅游地的相关概念、研究进展以及相关理论构成了本文研究的理论基础。

第三章　国内外温泉旅游地发展分析

世界温泉开发利用大致可分为亚、欧、美三大类型。欧洲温泉具有浓厚的疗养、保养机能;美国温泉继承欧洲传统,又有许多创新;亚洲温泉以日本最有代表性,温泉开发历史悠久,被誉为世界第一;台湾地区温泉由于历史的原因承袭了日本温泉模式,但是又与日本本土有所差异(姜莉,2005)。中国温泉作为后起之秀,近年来得到长足发展,但各地因为社会经济发展水平的差异,呈现出各自的发展特征。

3.1 国外温泉旅游地发展分析

3.1.1 国外温泉旅游地发展历程

国外温泉旅游地的发展大体遵循了"疗养、洗浴—保养、休闲—综合温泉度假观光"的历史轨迹,但不同国家和地区其发展历程尚有差异。

3.1.1.1 国外温泉旅游地的兴起

国外的温泉开发与利用有着悠久历史。早在公元前 2000 年,古埃及人就运用温泉作为治疗手段。公元前 500 年,古希腊的智者们聚集在温泉或矿泉公共浴室探讨哲学。公元前 1 世纪,在凯撒大帝时代,罗马帝国建有 170 多处浴室,这些浴室起初被用作士兵战后的恢复,随后温泉浴在平民间也开始流行起来(余伟,2008)。随着罗马帝国的版图在欧洲扩大,温泉洗浴传播到了北非海岸、希腊、土耳其、德国南部、瑞士以及英国等地。1326 年,比利时铁骑制造商洛普在列日镇附近开发了欧洲大陆上第一个温泉疗养地"斯巴"(SPA),以后列日镇逐步发展成为世界著名的温泉疗养胜地(惠普科,2009),SPA 也逐渐演化成为温泉疗养地的代名词,在欧洲开始盛行,早期的温泉疗养地是温泉旅游地的雏形。

温泉旅游地在西欧兴起之初,温泉的治疗作用成为吸引众多旅游者的主要因素,因此医疗专家的宣传作用对温泉疗养地的发展起了关键作用。1562 年,W · 特纳医生著书论述了英国巴斯温泉和欧洲大陆各处温泉对各种病症的治疗作用;1626 年,E · 法罗又宣传了斯卡伯勒地区查利比特矿泉的绝佳质量。温泉因此受到了众多"求治"人们的欢迎,数量惊人的温泉疗养地在欧洲如雨后春笋般涌现,其中最著名的当数英国巴斯温泉(惠普科,2009)。此时的温泉疗养地旅游功能单一,开发的一些住宿设施和温泉浴室疗养设施较为简陋。

3.1.1.2 国外温泉旅游地的大发展

欧洲文艺复兴以后的 17 世纪晚期,伴随着欧洲各国经济增长,政治安定,都市闲暇生活复兴,温泉开发空前兴盛,温泉 SPA 在欧洲大陆的英、法、德、意大利、西班牙、匈牙利等国得到了大规模发展。其中,英国伦敦西部著名的温泉度假地巴斯当时已发展成了上流社会重要的社会活动中心和高级女子时装设计与制作中心(惠普科,2009),“享用温泉”成为当时人们的一种时尚。为了迎合上流社会的需要,各种高档的住宿设施、娱乐设施和服务设施如戏剧院、歌剧院、舞厅、图书馆、娱乐场、赛马场、野营地以及供休闲散步的公园急剧增加。因此,这时的 SPA 已经不仅仅是温泉治疗的场所,已经演化成为集治疗和休闲娱乐功能于一身的温泉旅游地。在 18 世纪和 19 世纪的美洲,早期的欧洲移民效仿欧洲的 SPA 也开发了许多有名的温泉,如美国北方纽约州的萨拉托加(Saratoga)SPA、南方西弗吉尼亚州和弗吉尼亚州的白硫黄(White Sulphur)SPA 和 Hot SPA 等。

然而,到了 19 世纪末期,随着西方医疗水平的提高,温泉的医疗效果开始受到质疑,与此同时海水浴因具备与温泉相似的疗效而渐渐受到人们的青睐,滨海旅游随之崛起并吸引了大量的旅游者,许多传统的温泉旅游地因此受到冷落从而走向衰退。

3.1.1.3 国外温泉旅游地的复兴与动向

工业革命后,随着中产阶级规模的扩大,可自由支配财富的增多,便利交通的出现,尤其是工业化和城市化的快速发展,大都市生活环境日益恶化,这使大众休闲康体旅游需求快速增长,具有医疗性质和保健性质的温泉旅游地因此迎来了新的发展机遇(惠普科,2009)。

20 世纪 20 年代以后,以温泉治疗为主导的传统温泉旅游地开始向以温泉治疗和休闲娱乐并重的现代温泉旅游地转变。温泉旅游地在世界范围内得到发展,其中尤以美国和日本的温泉旅游地最为有名。在美国,大多数温泉旅游地选址于自然环境良好的地区,这些地区不仅建设了高档次的康体中心,配备现代化的疗养设备、诊所、疗养院和治疗设施,提供专业化的疗养医师、舒适的住宿条件、一流的饮食服务等,而且还配套现代化的休闲娱乐旅游项目,如高尔夫球场、滑冰场、赛马场、会议中心、游乐场所和豪华沙龙等,温泉地周边的自然环境也受到严格的保护(姜莉,2005)。日本的温泉资源丰富,各类温泉旅游地不断涌现,形式多样的“温泉节”及各种文化活动在温泉旅游地举行,并形成了独特的“泡汤文化”。温泉旅游地规模逐渐扩大,功能日趋多样化,并利用温泉地质、地貌景观开展旅游活动,一些温泉旅游地发展成为多功能、综合性的大型旅游度假地。

随着对温泉认知的不断深入,温泉资源对于旅游地开发越来越重要,温泉由被整合到整合,越是有名的温泉旅游地,由温泉衍生的产业就越是丰富,温泉旅游地也不断更新发展。在欧洲,对温泉水的利用已经到了成熟和精细的阶段,除了泡温泉以外,高档次的娱乐场所如高尔夫球场、咖啡馆、赌场、剧院、度假酒店、别墅及体育运动设施等配套非常丰富。以英国巴斯为例,2003 年,结合了巴斯传统温泉和现代化水疗设施的巴斯水疗中心(Thermae Bath SPA)正式开放,它也成为英国唯一拥有天然温泉的 SPA。巴斯水疗中心内含 18 世纪遗留下来的热水澡堂(Hot Bath)及十字澡堂(Cross Bath)等五座古澡堂及全新的以玻璃与石料为建筑材料的温泉馆,配套露天温泉池、室内温泉池、蒸汽室、按摩室、理疗室、餐厅及旅客中心。巴斯水疗中心是英国最先进的 SPA,也是世界最新一代温泉产品的代表(姜莉,2005)。巴斯的温泉开发已经朝着提供综合性温泉旅游产品的方向发展,巴斯也已经是世界著名的温泉旅游城市,被联合国教科文组织列为世界三大古迹之一。

目前,温泉旅游地的游客也实现了由上层阶级向中产阶级和大众化的转变,温泉旅游地主要为旅游者提供以体验温泉文化、享受温泉保健养生、休闲、度假为目的的旅游。西欧、美国温泉主要体现休养、疗养和消遣功能，消费娱乐气息比较强烈，中欧温泉旅游具有浓厚的疗养、保养机能，东欧温泉旅游强调在不同温泉地治疗不同疾病的商业效果，而亚洲又以日本最有代表性，其温泉旅游的发展更偏重于娱乐。2010 年，国际温泉疗养协会（ISPA）行业调查研究显示，温泉旅游业将以每 4 年翻一番的速度向前发展。

3.1.2 国外温泉旅游地发展现状

3.1.2.1 欧洲温泉旅游地发展现状

欧洲人看重温泉的医疗价值，温泉旅游地开发传统上以医疗康复为主，温泉旅游地一般都设有专门医院，提供专业的医疗服务。现代的温泉旅游地则扮演休闲及医疗双重角色，不仅配套有大型温泉疗养设施，往往商业、娱乐、旅游、住宿、会议等服务设施配套齐全，典型代表国家有德国、法国、匈牙利。

（1）德国温泉旅游地

德国温泉具有浓厚的疗养、保养功能，对保障国民的健康起到了积极的作用。早在公元 829 年威斯巴登（Wiesbaden）就有以“草地温泉”命名的温泉产品出现。17 世纪，德国政府建立了大批温泉保养馆（德文为 Kurhaus），鼓励国民前往度假、疗养，并纳入政府医疗保险制度，到 20 世纪初，温泉疗养院大规模发展，所有温泉受政府的严格控制，温泉医疗费用占到 GNP（国民生产总值）的 2%。德国著名的温泉旅游地有巴登 - 巴登（Baden - Baden）等。

巴特弗里斯霍芬已发展成为新兴的旅游胜地、温泉健身理疗中心，拥有五星级酒店、游人中心、购物广场、乡村俱乐部、城市公园等设施，又有规模较小、家族经营、每间都带有游泳池的私人花园。巴登 - 巴登被誉为“欧洲的夏都”，其主题形象为“满城泉水满城花”，是欧洲最著名的温泉乡。温泉水质量出众，共有 26 座温泉，以罗马皇帝命名的卡拉卡拉温泉浴池享誉整个欧洲，主要以疗养、保养功能为主，同时，配套设施齐全，拥有豪华的购物场所、国际赛马、世界上最漂亮的赌场、欧洲第二大的歌剧院和一流的酒店。总的来说，虽然温泉疗养在德国温泉旅游地开发中是最核心的因素，但随着消费者需求的多样化、个性化，德国温泉旅游地也逐步注入了很多娱乐、休闲元素。

（2）法国温泉旅游地

法国温泉旅游地开发秉承欧洲传统，注重温泉医疗价值的利用。同时，基于法国文化和产业特色，大力挖掘温泉水的美容潜质，开发相应的美容护肤产品。薇姿（Vichy）和埃维昂（Evian，中国译为“依云”）是法国著名的温泉胜地。

薇姿位于法国中部，早在 16 世纪，就因其温泉水在治疗肠胃科、皮肤科疾病方面的明显疗效而著称。历经罗马帝国的凯撒大帝到拿破仑三世等几代帝王的不断完善，发展成为人们享受温泉的旅游胜地。薇姿拥有 15 个多用途的温泉源头，是法国拥有温泉源头最多的城市。20 世纪 90 年代，薇姿开始利用温泉水研发温泉疗法，成立了许多专业的医学美容中心，通过将温泉水与经大量试验研制出来的高科技健康活性分子相结合开发出了一系列薇姿化妆产品和美容产品。温泉衍生产品不但使人们能够间接地享用温泉，也为温泉品牌的打造、温泉旅游地开发模式提供了更多选择。

埃维昂位于法国东南部，背靠阿尔卑斯山，面临日内瓦湖，与瑞士洛桑隔湖相望，是一座依山傍水、风光绮丽的度假小镇。这个拥有7300人的小镇最初是因赌场而闻名世界，后来因拿破仑三世及其皇后对埃维昂矿泉水情有独钟而被正式命名为埃维昂镇（Evian来源于拉丁文，本意就是水），逐渐转变为矿泉和温泉之乡，埃维昂矿泉水产品和温泉疗养已成为这个小镇的两个传奇。埃维昂温泉全年开放，主要以保健疗养为主，在疗养中心不仅配有专业的医师和教练，而且设备齐全，除温泉浴池外，还设有水疗设备、健身房、桑拿房和美容室等。同时，商业、娱乐、旅游等服务设施配套齐全，环境设计活泼、自然，处处体现浓厚的度假气氛，已成为娱乐、保健、度假、会议的综合旅游胜地。

（3）匈牙利温泉旅游地

匈牙利在欧洲也是温泉资源相对丰富的国家，80%的国土面积蕴藏着地下热水，被人称为浮在温泉上的国家。匈牙利在温泉开发利用方面历史悠久，早在罗马时代就已建有面向贵族、妇人、吉普赛人、农民的温泉治疗设施，卡罗维发利市是世界著名温泉城之一，如今的匈牙利依然被称为“世界温泉的故乡”。匈牙利温泉旅游客源主要来自欧洲大陆，德国和法国为其最大客源国，游客每次逗留时间一般1～2周。近年来，匈牙利积极推广温泉保健旅游，温泉开发力度近年大幅度加大。2001年起，匈牙利政府做出投资1.5亿美元大力发展以温泉疗养为核心的旅游业的计划，每年新建或改建20～25个温泉保健中心，强化行、住、食、游、购、娱相关配套服务，使匈牙利的温泉保健旅游走在欧洲国家的前列。

3.1.2.2 北美温泉旅游地发展现状

北美人把温泉地本身及其周边地区良好的自然环境看作一种旅游吸引物，温泉旅游以休闲、体育、度假为主，同时提供科技含量较高的理疗设施，注重营造浪漫的环境，悠闲、舒适的氛围，提供多样的活动类型。典型代表国家有美国、加拿大。

（1）美国温泉旅游地

美国温泉资源也很丰富，尤其是在东部的落基山脉，但其温泉旅游地开发要晚于欧洲。18世纪中期，费城开始开发城市温泉，波士顿、弗吉尼亚的乡村温泉发展开始起步，至今这两个地区的温泉地开发还带有乡村色彩。温泉旅游真正得到全方位的发展是在20世纪20年代，美国的温泉旅游地也开始闻名于世。据统计，美国共有5689家温泉疗养院，年接待来访客人近1000万人，销售总额达到50多亿美元，占整个接待业市场份额的五分之一（关霜，2011）。美国人利用其宝贵的温泉资源，建立了康复中心、理疗中心和休养中心，并配套建设别墅、饭店、汽车旅馆、寄宿处和其他类型的租住房屋，发展规模宏大的疗养度假休闲社区。如费城周边的都市温泉早在18世纪中期就得以开发。美国的现代温泉利用与欧洲大陆有所差异。在保持温泉疗养机能的同时，温泉旅游作为一种亲近自然的健康休闲活动深受欢迎，许多个性化温泉地得以发展（傅广海，2009）。位于阿肯色州中南部的温泉国家公园（Hot Springs National Park），是美国代表性的温泉旅游地，温泉疗养是其最重要的旅游产品，配套有温泉浴、水疗养生、户外活动、体育运动、艺术活动、夜生活、购物、古董展销以及婚庆纪念和节日活动等丰富多彩的旅游活动，是美国一流的旅游胜地。

（2）加拿大温泉旅游地

加拿大温泉资源非常丰富，温泉（SPA）产业发达，近年来发展迅速。据加拿大旅游委员会(Canadian Tourism Commission)发布的调查报告显示①,截至2006年3月,加拿大约有787处温泉旅游地,10年内年均增长19%,其中以不列颠哥伦比亚省、魁北克省分布最多。加拿大温泉旅游地的开发主题定位非常明确,温泉泡汤设施齐全——男女浴池、游泳池、蒸汽室、三温暖、大众池、个人浴池、儿童专用水池等应有尽有,并通过对周边资源的运用与整合(如溪流、森林等)深度开发与利用温泉资源,设置个性化"温泉医疗"疗程空间,派驻专业医师和美容师提供身体按摩、脸部护理、温泉水疗等服务,并完善设施配套,提供多方位的温泉体验,建立生态保育与温泉持续利用的价值观,以丰富游客游憩体验。哈里森温泉旅游区(Harrison Hot Springs)、费尔蒙特温泉度假村(Fairmont Hot Springs Resort)等为加拿大代表性温泉旅游地。

3.1.2.3 亚洲温泉旅游地发展现状

日本、韩国是亚洲温泉旅游地的代表。

(1)日本温泉旅游地

日本的温泉资源十分丰富,温泉旅游自古以来就非常发达,被称为"世界温泉王国"。日本最早利用温泉是以疗养为目的②,19世纪明治维新后,随着社会经济的大发展,城市中产阶级对温泉旅游的需求大大增加,同时,西方近代科学技术的传入促进了温泉资源的开发利用,温泉地的开发利用开始走向以避暑、保养为主(倪玉祥,2001)。20世纪50年代到70年代前期,温泉旅游地的餐饮、住宿、娱乐配套设施得到巨大发展,到1973年,全国温泉旅馆的接待游客达到了1.2亿人次③。随后日本温泉地的开发经营进入了由量变到质变的时代。为适应温泉旅游者结构变化所带来的消费趋向变化——团体旅行减少,家族、友人、女性游客渐渐增多,温泉地开始改造升级,注重温泉建筑景观环境营造与保护,突出地方特色饮食、重视人才培养、提高服务质量,并通过举办节庆活动来提升温泉文化内涵,建设了一批风景优美的山间溪谷、自然素朴的露天温泉、有温泉氛围的温泉旅游地。20世纪90年代以后新开发的温泉旅游地注重健康保养功能,集温泉、健康、美容、休闲于一身,主要分布在大都市及周边地区,更靠近客源地,主要原因一是随着温泉文化的普及,泡汤成为人们日常化需要;二是老年化社会到来,增加了对附带有健康功能温泉设施的需求。1954年,厚生省以增进国民健康、预防疾病、提高国民素质为目的,把一些条件较好的温泉地指定为国民保养温泉地。这一政策一直延续至今,到2005年,被指定的国民保养温泉地已经达到91个(朱专法,2008)。

日本的温泉文化历史悠久,号称"风吕民族",泡温泉已成为国民的一种日常生活方式,成为日本最受欢迎的国内大众化休闲度假旅游方式(殷继成、傅广海,2006),每年有超过1亿人享受各种各样的温泉浴,住在榻榻米旅馆,三五成群,喝着清酒,泡泡温泉。日本传统的温泉节、文化活动丰富多彩,形成了各具特色的"温泉文化",并发展出了一套"汤治文化",如七大主题汤之旅,即美人汤、瘦身汤、妇人汤、胃肠汤、疗伤汤、明目聪慧汤和文学汤七类,极大地吸引着国外游客去体验日本式的温泉享受。据日本《观光白皮书》(2001)

① 2006 Canadian Spa Sector Profile, the Canadian Tourism Commission(CTC)

② 温泉的历史[M].日本温泉协会,2002:15.

③ 日本环境省资料.2006[DB/OL].http://www.cnv.go.jp.

记载,2000年日本国内共有温泉26 056眼,日出水量约为380万吨,温泉地共2839处,建有温泉旅馆15 638座。著名的温泉地主要有箱根、有马、草津和下吕等(表3-1)。

(2)韩国温泉旅游地

韩国在被日本占领期间,温泉旅游地得到了开发,虽然其温泉资源贫乏,但经营开发方面的成功促使其成为亚洲温泉旅游业发展的代表之一。韩国通过打井、挖掘新增了许多温泉地,主要满足人们旅游、疗养、保养及娱乐等方面的各种需求,温泉地数也由1981年的13处增加到1994年的89处(金贤志,2001)。韩国现代温泉产品以"思帕比斯"为代表,它号称东方规模最大的保健主题温泉,也是韩国第一座引入"保健"概念,并依据此主题设计建设的全新温泉(惠普科,2009)。

表3-1 日本四大著名温泉旅游地基本情况

Table 3-1 Basic information of four famous hot springs resorts in Japan

名 称	地理位置	概 况	主要特色
箱根温泉	神奈川县西南部,距东京90千米	始建于1684年,箱根温泉乡共有温泉336处,配套有类型多样的温泉旅馆、大型饭店、民宿,专题类博物馆、艺术馆,周边有芦湖、大涌谷火山等自然景观	"箱根七汤"、箱根小涌泉,是日本开发历史较为悠久的一个综合型度假胜地
有马温泉	兵库县神户市北区有马町,距大阪约四十分钟车程,距神户约二十分钟车程	发展自谦仓时代,约25家类型多样、档次不同的温泉旅馆集中于此,可满足6000名各类型游客过夜需求。分布有各种庭院公园、寺庙神社、泉眼、广场、温泉主题公园等景点	以"金泉"和"银泉"闻名,结合不同节庆,开展丰富多彩的文化活动,如开泉式、樱花节、弦琴鉴赏会、品茶会等
草津温泉	群马县吾妻郡草津町	早在1200年的时候,草津已作为温泉名胜出名。有大小100多处天然涌泉,涌出25~96℃的温泉,拥有齐全的温泉泡浴设施和温泉旅馆、饭店以及购物、餐厅设施等	有一条叫"汤田"的温泉街,是温泉与滑雪完美结合的旅游度假区
下吕温泉	位于岐阜县中东部与长野县交界处,距名古屋约2小时车程	从10世纪就是知名的温泉治疗地,有90余家温泉旅馆,每年接待逾200万人次汤客	近年下吕吹起足汤风潮,小川屋别开生面在大厅设置足汤专区

3.2 我国温泉旅游地发展分析

我国是世界上温泉最为丰富的国家之一,仅探明的温泉就有4000多处,又是温泉利用最早的国家之一,五千多年的温泉文化灿烂辉煌、源远流长。

3.2.1 我国温泉旅游地发展历程

3.2.1.1 我国历史上对温泉的开发利用

我国温泉利用历史非常悠久，据历史记载已有数千年的历史。早在东周时代，孔子的弟子所著的《论语先进篇》中就记载有“暮春者，春服既成，冠者五六人，童子六七人，浴乎沂，风乎舞雩，泳而归……”。《山海经》里记载有“寇水出代群灵丘县高压山，又东合温泉水，水出西北喧谷，其水温热若汤……故世谓之温泉焉”。汉代天文学家张衡所著《温泉赋》记载到“六气淫错，有疾疗兮。温泉汩焉，以流秽兮”，讲述了温泉有治病、除秽、保健之功能。郦道元所撰《水经注》称：“鲁山皇女汤，可以熟米，饮之愈百病，道士清身沐浴，一日三次……四十日后，身中百病愈”，记述了利用温泉洗浴、治病。明代杨慎的《安宁温泉诗序》、唐庚的《汤泉记》等都有对温泉利用与疗效的记载。李时珍还在《本草纲目》中根据各地矿泉的状况及医疗应用的效果，将矿泉分为热泉、冷泉、甘泉、酸泉和苦泉5类，分别阐述了它们的特性、治疗方法及适应症状（惠普科，2009）。而据记载，中国历史上开发利用较早的著名温泉主要有：

①陕西西安华清池：早在2800年前的西周时期已开始利用，是国内有文字记载的开发利用最早的温泉，素有“天下第一温泉”之称。至秦始皇，建离宫别馆，以石砌池，名“骊山汤”“神女汤”，成为沐浴治病的场所。唐太宗贞观十八年（644年）建汤泉宫；唐玄宗天宝六年（747年）命名为华清宫，成为唐玄宗与杨贵妃沐浴、住宿、游玩的场所。白居易《长恨歌》中的“春寒赐浴华清池，温泉水滑洗凝脂。侍儿扶起娇无力，始是新承恩泽时”为世人留下了一幅美丽的“贵妃出浴图”。

②湖南灰汤：始用于2000多年前，东汉三国西蜀宰相蒋琬曾到此观泉、饮马，后人曾在此建有饮马遗址。

③云南安宁温泉：东汉（公元25—220年）时即已发现，明代学者杨慎（公元1488—1559年）为温泉题名“天下第一汤”。

④江苏南京汤山温泉：早在1500年前的南北朝时期已开始用于沐浴。

⑤重庆北温泉：泉源处建温泉寺，始于公元423年。

⑥辽宁鞍山汤岗子：唐代被发现，称汤岗子。

⑦湖北应城汤池：唐代大诗人李白曾写下“神女殁幽静，汤池流大川”的诗句。

⑧安徽半汤温泉：隋唐时期开始利用，县志记载“半汤温泉在汤山之南麓，昔人以石池可浴”。

⑨湖北咸宁温泉：据传宋仁宗赵祯曾在此沐浴，县志记载开发利用始于明天顺五年（公元1461年）。

⑩北京小汤山温泉：《大元一统志》上即有记载，明代曾在主泉口周围修建汉白玉围栏。《燕都名山游记》记载，乾隆修建行宫时，修浴室，帝后常来此沐浴。

我国宝贵的温泉资源在古代仅仅为封建帝王、皇亲国戚、达官贵人所享用，温泉因帝王而闻名，帝王因温泉而更神清气爽，温泉与帝王的故事，成为了中国古代温泉文化的主流。

3.2.1.2 新中国成立后我国温泉旅游地的发展

中国历史上对温泉的开发利用主要是对天然露天温泉的直接利用，主要用于医疗和洗浴方面。开发利用较早的著名温泉有陕西西安华清池、湖南灰汤、云南安宁温泉、江苏南京汤山温泉、重庆北温泉、辽宁鞍山汤岗子温泉、湖北应池汤泉和咸宁温泉、安徽半汤温泉、北京小汤山温泉等。

温泉资源是一种普遍的社会资源,但真正有目的地对温泉资源进行开发与利用并使之服务于大众,还是在中华人民共和国成立以后,新中国成立前全国尚无一所温泉疗养院(王立民、安克士,1993)。王艳平、山村顺次(2002)把我国温泉资源开发利用形式划分为三个时期:20 世纪 50 年代为温泉疗养院建设兴盛时期;20 世纪 70 年代为温泉资源大普查时期;改革开放后为温泉地向保养、休养、旅游、娱乐的转化时期。王华、彭华等(2004)则认为我国温泉旅游真正的发展是在改革开放后,经历了第一代温泉旅游度假区(改革开放后到 20 世纪 90 年代中期)和第二代温泉旅游度假区(20 世纪 90 年代后至今)。而黄向、徐文雄(2005)则把我国温泉旅游地发展划分为改革开放前和改革开放后两个发展阶段,并将改革开放后发展阶段细分为室内温泉和露天温泉两个小阶段。本文综合前人研究成果,结合我国温泉旅游地温泉产品的供给类型及形式,将我国温泉旅游地的发展划分为四个时期。

(1)新中国成立后到改革开放前

以温泉疗养院为主的发展时期。新中国成立后,本着为人民大众服务的宗旨,政府机关、大型厂矿企业、部队在全国范围建立了上百个冠以“温泉疗养院”等名称的温泉疗养设施,主要接待战后伤员疗养和公费医疗人员等(王立民、安克士,1993),如辽宁省的丹东五龙背温泉、营口熊岳温泉、鞍山汤岗子温泉、湖北咸宁温泉等。同时,各地分散建设了一批以接待高级干部为目的的温泉疗养院,其设施相对于工人温泉疗养院要好些,如南京汤山温泉、广东从化温泉。由于缺乏市场经济条件,人们对温泉的需求仅仅局限于疗养。温泉疗养消费绝大部分属于公费形式,温泉开发注重的是温泉“疗”的方面。此时的温泉疗养地功能单一,在设施上单纯为了“泡”温泉而设计,建设上表现为温泉室内化,在气氛上更多偏向于医院。疗养院的客源是规模基本固定的群体,各部门所属的疗养院的客源几乎只能局限于本部门(黄向、徐文雄,2005)。

(2)20 世纪 80 年代初期至 20 世纪 90 年代中期

以室内温泉为主的发展时期。改革开放后,伴随着医疗制度的改革和旅游业的发展,利用公费温泉进行治疗的患者大幅度减少,温泉地开始对外开放,开始由疗养功能向休闲度假功能发展。一方面,既存的温泉疗养院开始采取多种方式经营的路子接待大众游客:一是设立健康疗养部门接待旅游者,如辽宁省熊岳温泉疗养院、大连市安波温泉疗养院都设立了观光接待部门;二是设立旅馆式的高级病房以接待休闲度假游客,如辽宁鞍山汤岗子温泉疗养院;三是开设综合门诊加强普通医院治疗机能(王艳平、山村顺次,2002)。

另一方面,作为改革开放前沿阵地的广东,随着经济迅速发展,为满足接待外宾的需要以及省内日益增长的旅游需求,广东省的一些温泉地相继得到开发利用,主要以温泉酒店的形式,向全社会开放,产品档次和服务水平均有了较大提高,并初步形成了一批温泉旅游度假区,如广州从化温泉、新兴龙山温泉、中山中山温泉、清远银盏温泉、梅州丰顺温泉等。我国真正意义上的第一代温泉旅游度假区开始出现。

但总体来看，此时的温泉旅游地的主要特点为规模小、面向高消费阶层，在建设上表现为温泉室内化、硬件别墅化，旅游活动项目雷同，不注重景观化环境的营造，基本上是“游泳池 + 澡堂子”或“温泉酒店集合体”的形式（王华、彭华等，2004），温泉产品均比较注重疗养保健功能，较少关注游客的环境体验，温泉产品尚且停留在室内温泉阶段。

(3)20 世纪 90 年代中期至本世纪初期

以大型露天温泉池为主要标志。1997 年广东恩平金山温泉的开业拉开了我国大规模综合开发温泉旅游资源的帷幕。这一阶段的温泉在继续保留温泉的保健功能的同时，更加关注温泉游客的环境体验，注重突出休闲环境氛围，将温泉水由室内引到室外，开创性地建设大型露天温泉池（在北方地区以室内外相结合的模式），将温泉池与山水园林环境相融合，营造原生态的温泉沐浴环境。新兴温泉地具有以下特点：其一，温泉地投资规模大，风格多样化；其二，旅游设施和旅游项目配套齐全、档次高，产品功能由单一的疗养保健转化为集休闲、保健、观光、会议等多功能于一身的复合型功能；其三，旅游者的多样化，温泉旅游者从专门化、特殊化的消费群体向大众化发展；其四，旅游开发投资模式的多样性，有国有资本、民营资本、外商独资、中外合资等多种投资开发模式（王华、彭华等，2004）。这一时期以广东省温泉旅游地的开发建设最具代表性，如恩平金山温泉、清新温矿泉、珠海御温泉、恩平帝都温泉等。同时，这一阶段广东温泉旅游地以创新的产品设计理念和高水平的服务奠定了其在中国温泉行业的市场地位。

(4)21 世纪初以来

以主题温泉为主的发展时期。自 21 世纪初以来，随着温泉开发热的兴起以及温泉消费市场的日趋成熟，一些地区温泉的产品同质化问题日趋明显，温泉旅游地竞争压力不断加大。新的温泉旅游地开发建设开始注重将文化、活动、娱乐等主题元素融入到温泉产品设计中，出现决胜在温泉之外的“温泉 + X”开发模式，注重“X”的主题选择和开发内容，丰富温泉旅游地的旅游体验，温泉产品开始向主题化方向发展。在这一阶段的温泉产品开发中，温泉的疗养保健功能被弱化，注入了更多参与性的活动项目，在功能设计上转向更多地追求为游客提供多样的主题旅游活动体验，温泉成为配套性的旅游产品。同时，更加重视温泉环境的主题化设计和主题项目的设施配套，以突出自身的主题风格与特色，增强市场的吸引力。如 2002 年建成开业的广东江门锦江温泉以“动感温泉”为主题，打破了“静态泡温泉”的模式，将水上乐园的冲浪、漂流、水上球类等活动项目引入到露天温泉中，大大丰富了温泉产品的参与性，受到市场的欢迎。北京九华山庄以“温泉 + 会议”的开发模式，打造以“会议”为主题项目的温泉度假村，获得市场高度认可。其他代表性的温泉有北京的温都水城、江门富都飘雪温泉、清远森波拉火山温泉等。

最近几年来，我国温泉旅游地开发建设出现了一些新的发展动向。一是综合型的发展动向，以温泉为核心，发展多元产品、多重功能的温泉旅游综合体。这类产品将温泉度假、景点观光、主题娱乐、旅游地产、休闲购物等多重功能融为一体，形成一个复合型的旅游地，如江门古兜温泉、珠海海泉湾、青岛海泉湾等。二是高端化的发展动向。随着度假旅游市场需求的不断升温，一些大型投资集团开始介入温泉旅游地建设，主要面向高端度假市场的豪华型度假温泉旅游地，配套高端度假酒店、会所以及大规模养生度假地产，如广东河源御临门温泉度假村、广州增城锦绣香江温泉、峨眉山七里坪温泉、海南海口观澜湖温泉、天津珠江帝景温泉等。三是精品化的发展动向，即与SPA紧密结合，以精致型、小型化、连锁化的模式发展，注重品牌的影响力，在功能上突出养生休闲、康体健身，如云南柏联SPA、南京香樟华平、悦榕庄、天沐温泉等。

3.2.2 我国温泉旅游地发展现状

3.2.2.1 我国温泉旅游资源概况

我国是多温泉国家，温泉资源非常丰富。据1996年统计①，全国已勘查的温泉地热点（田）有738处，其中进行过勘探的有43处，详查的83处，普查及区域调查的612处，探明各级可开采地热水总量为247.016万m^3/d，我国地热资源潜力接近全球的8%，地热资源遍布全国各地。据估算，中国深度2000米以内的地热资源所含的热能相当于2500万亿吨标准煤，初步估计可以开发其中的500亿吨。就目前经勘查可利用的温泉地热资源而论，以中国西南地区最为丰富，占全国勘查探明总量的一半以上；其次是华北和中南地区，而以东北、西北地区最少。全国除上海、宁夏两市（区）外，都有可供开发利用的温泉地热资源分布，温泉地热资源最丰富的是西藏自治区，其次是云南、广东、河北、天津、台湾、福建等（表3－2）。

从天然温泉露头数量来看，全国已发现天然露头的温泉数量有3000多处②，主要分布在西部地区，中部地区分布较少。温泉资源点最多的为云南省，其次为西藏、四川、广东、福建、湖南等。按温泉分布密度（10 000平方千米内的温泉数）排列，大于或等于10的前5位省份分别为台湾（19.2）、云南（15.9）、广东（14.3）、福建（14.1）和海南（10）（图3－1）。

我国温泉主要以中、低温温泉地热资源为主，中低温地热资源分布广泛，几乎遍布全国各地，主要分布于松辽平原、黄淮海平原、江汉平原、山东半岛和东南沿海地区，其主要热储层为厚度数百米至数千米的第三系砂岩、砂砾岩，温度在40～80℃。全国已经过勘查的温泉地热田的平均温度约为55.5℃，其中西藏最高，达88.6℃，台湾次之，为84.4℃，湖南最低，为37.7℃。

表3－2 中国各省（自治区、直辖市）温泉地热资源情况统计表

Table 3－2 Information of hot springs resources in China provinces

地区	天然露头（个）	平均温度（℃）	可开采水量（m^3/d）	全国排名	地区	天然露头（个）	平均温度（℃）	可开采水量（m^3/d）	全国排名
北京	3	52.4	27 226	12	湖南	116	37.7	101 062	11
天津	6	77.6	136 181	5	广东	240	70.0	428 032	3
河北	17	59.7	218 330	4	广西	33	50.2	21 493	18

① 数据来源：1996年地质矿产部矿产资源储量管理局内部统计资料。

② 中国天然露头的温泉数至今还没有一个统一的数字，据《中国地热资源开发利用规划（1992）》，全国共有温泉3136处，而《中国地热资源规划（1996）》统计的总数则为3150处。

续表

地区	天然露头（个）	平均温度（℃）	可开采水量（m^3/d）	全国排名	地区	天然露头（个）	平均温度（℃）	可开采水量（m^3/d）	全国排名
山西	21	44.0	62 280	15	海南	31	60.9	37 663	13
内蒙古	5	58.4	3717	27	四川	363	74.1	12 946	20
辽宁	34	56.5	65 783	9	重庆	26	39.5	23 952	21
吉林	5	53.4	7977	24	贵州	57	43.5	13470	25
黑龙江	0	38.8	630	30	云南	908	51.6	440 956	2
江苏	11	57.3	19 893	23	西藏	672	88.6	210 158	1
浙江	2	42.5	5522	28	陕西	15	51.6	204 715	8
安徽	17	47.0	13012	22	甘肃	14	44.0	12 983	26
福建	189	64.9	147 064	7	青海	73	68.0	2225	29
江西	85	43.8	62 522	14	新疆	88	52.2	25 696	19
山东	18	56.4	25 568	16	台湾	19	84.4	31 061	6
河南	21	49.9	35 270	17	合计	3136	55.5	2 470 162	-
湖北	47	46.5	72 775	10					

数据来源：1996 年地质矿产部矿产资源储量管理局内部统计资料。

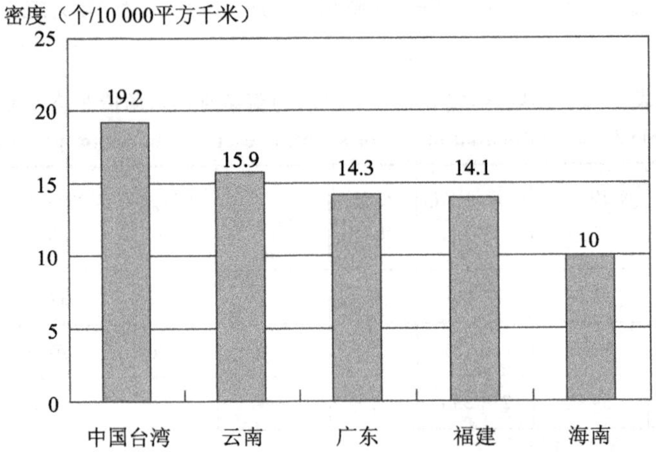

图 3－1　我国温泉资源点分布密度排序（引自李亚洲等）

Fig. 3－1　Rank of the distribution density of hot springs pots in China

3.2.2.2 我国温泉旅游地发展现状

近十多年来，我国温泉旅游地如雨后春笋般在全国范围内涌现。据不完全统计（港澳台未纳入统计范围),全国31个省、市、自治区中仅上海市没有温泉旅游地,其余各省市均不同程度地对本省市的温泉资源进行了开发利用。我国温泉旅游资源的开发利用主要集中在温泉资源较丰富、经济发展较好、旅游业发达的省市,如广东、北京、江苏、海南、云南、台湾等,特别是广东省,温泉资源储量和经济发展水平均位于全国前列,温泉旅游地的发展亦明显处于全国领先地位(表3-3)。

近年来,全国很多省区大力推进温泉旅游开发建设,大有赶超广东省之势。2008年山东省为了高水平开发省内温泉旅游产品,推动特色休闲度假旅游发展,在全国率先编制省域温泉旅游发展规划——《山东省温泉度假旅游专项规划》。随后,云南省也编制完成《云南省温泉旅游产品发展规划(2010—2020)》,明确了云南省温泉旅游的发展方向,提出创建世界级温泉旅游区,逐步形成昆明、玉溪地区集中成片开发、其他地市呈点状开发的格局,促进云南旅游由观光旅游向休闲度假旅游的转型升级,使温泉旅游成为云南旅游"二次创业"的一个引爆点。福建省在《福建省温泉旅游发展规划(2011—2020)》中提出"一带优先、双核驱动、四大组团"的发展布局,通过九大主题形象、43个重点项目的建设,发展"闽式温泉"品牌,打造"一市一品",把福建省建设成为国际知名的温泉旅游目的地。辽宁省还专门成立全省温泉旅游开发建设领导小组,出台《关于加快发展温泉旅游的意见》,明确提出通过加快建设10个温泉旅游聚集区和50个温泉旅游小镇,培育一批温泉旅游特色名镇,推出一批温泉旅游精品,打造全国温泉第一大省。《江西省温泉旅游发展规划(2011—2020)》提出通过建设2个温泉旅游度假示范区、8个温泉旅游度假区、14个温泉旅游特色镇、20个重点温泉旅游度假村,将江西建设成为全国著名的温泉休闲度假旅游胜地、温泉旅游产业强省,使温泉休闲度假旅游成为江西旅游的新亮点和国民经济新的增长点。《陕西省温泉旅游提升规划(2011—2020)》提出采取逐层递进的方式,以秦岭温泉带为支撑,以大西安温泉旅游区为核心,宝鸡、渭南、榆林、汉中四大温泉旅游圈共同加力,形成陕西温泉旅游业发展新格局,引导陕西温泉旅游综合实力跨越式发展,推动陕西温泉走向世界。2012年底,《海南省温泉旅游发展总体规划》也编制完成,提出构建"一核、三带、五板块、四大温泉旅游产业集聚区、十二大精品温泉度假区"空间布局,建设国际一流热带海岛温泉旅游度假目的地。重庆市也非常重视温泉旅游地开发建设,积极实施"五方十泉"和"一圈百泉"发展战略,逐步构建出特色鲜明、种类齐全、品质高档的温泉旅游精品,形成区域竞争优势显著的温泉旅游产业集群。2012年10月,重庆市被世界温泉及气候养生联合会授予全球首个"世界温泉之都"的称号。此外,各温泉资源丰富的地、市、县也相继提出和制定适应本地情况和特色的温泉旅游发展战略及规划。目前,全国温泉旅游地开发与建设正掀起高潮,而且今后一段时间内将持续升温。

目前,我国建设了众多融独特地方文化、良好自然风光和优美景观环境为一体的新型温泉旅游地,并且相当一部分温泉旅游地已经发展成熟,形成一批国家级高品质的旅游景区。截止到2012年,我国温泉类旅游景区(点)中,有53处被评定为国家A级景区,其中国家5A旅游景区有1处——西安市华清池景区;国家4A旅游景区32处,如北京龙脉温泉度假村、巢湖市金孔雀温泉旅游度假村、厦门日月谷温泉主题公园、庐山天沐温泉度假村、青岛市天泰温泉度假区、湖北汤池温泉旅游景区、张家界万福温泉国际旅游度假区、广州从化碧水湾温泉度假村、新会古兜温泉旅游度假村、南宁九曲湾温泉景区、重庆海兰云天温泉度假区等;国家3A级的8处,2A级的12处①。

表3-3 中国各省(自治区、直辖市)温泉旅游地发展情况

Table 3-3 Information of hot springs resorts in China provinces

地区名称	温泉旅游地数(处)②	温泉旅游接待总人次(万人次)③	温泉旅游总收入(亿元)④	代表性温泉旅游地
北京	64	626.99	95.56	温都水城、九华山庄
天津	6	375.06	46.33	东丽湖温泉、帝景温泉
河北	17	200.45	11.32	华莹白鹿、承德热河温泉
山西	7	215.10	16.95	运城瑶池、忻州顿村温泉
内蒙古	7	97.01	13.56	宁城热水、阿尔山海神圣泉
辽宁	26	727.47	63.21	熊岳温泉、汤岗子温泉
吉林	8	150.08	14.84	长白山温泉、雁鸣湖温泉
黑龙江	8	188.49	12.05	大庆浪淘沙温泉、林甸温泉
江苏	34	297.94	36.52	南京汤山温泉、东海温泉
浙江	13	230.13	24.15	武义溪里、宁海森林温泉
安徽	12	245.62	17.98	金孔雀温泉、巢湖半汤温泉
福建	20	311.81	35.72	青云山御温泉、日月谷温泉
江西	10	187.89	12.97	庐山西海温泉、明月山温泉
山东	28	412.31	34.66	青岛即墨海泉湾、招远温泉
河南	22	615.54	48.93	许昌花都温泉、石人山温泉
湖北	34	731.32	46.12	咸宁太乙温泉、汤池温泉
湖南	23	496.06	32.93	灰汤紫龙湾温泉、江垭温泉
广东	125	1790.81	201.40	御温泉、海泉湾、碧水湾
广西	13	503.23	27.16	嘉和城温泉谷、龙胜温泉
海南	38	150.54	14.05	海口观澜湖、三亚南田温泉
四川	24	792.63	49.24	海螺沟温泉、花水湾温泉

① 数据来源:根据国家旅游局公布的数据统计,截至2011年底。

② 数据来源:温泉在线(http://www.chinabak.com/)和泡泡温泉旅游网(http://www.popowq.com),经作者整理核实。

③ 数据来源:中国旅游协会温泉旅游分会.中国温泉旅游产业发展报告(2011).

④ 数据来源:中国旅游协会温泉旅游分会.中国温泉旅游产业发展报告(2011).

续表

地区名称	温泉旅游地数(处)	温泉旅游接待总人次(万人次)	温泉旅游总收入(亿元)	代表性温泉旅游地
重庆	30	1001.65	55.69	重庆北温泉、中央半岛温泉
贵州	18	587.11	46.82	保利国际温泉、息烽温泉
云南	31	275.05	16.88	柏联 SPA、安宁、腾冲热海
西藏	14	39.24	3.94	沃卡、羊八井、拉孜温泉
陕西	14	387.18	25.60	华清池、海泉湾温泉世界
甘肃	6	35.58	1.96	街亭温泉、武山矿泉疗养院
新疆	13	68.90	6.40	博格达尔温泉、阿尔夏提温泉
中国台湾	318	–	–	北投温泉、阳明山温泉
合计	983	–	–	

随着温泉旅游市场化程度越来越高,温泉旅游地之间的竞争更加激烈,我国温泉旅游地逐渐向产业化方向发展。目前,一些温泉旅游地已经改变了原来单一洗浴、疗养的功能,兼有观光、度假、休闲、娱乐等功能,并日趋完善。不少温泉旅游产业发达的地区还依托温泉旅游资源,培育具有当地特色,以休闲、度假为主体的地方旅游支柱产业,延伸产业链,生产附属产品,带动地方经济发展,获取综合效益。总体来看,目前我国的温泉旅游开发主要有观光娱乐式、康体保健式、主题度假式、科普教育式和综合开发式等五种开发形式。

3.3 国外温泉旅游地发展经验与启示

3.3.1 国外温泉旅游地发展经验

国外温泉旅游地发展历史悠久,在温泉地的开发建设与管理方面积累了较多的成功经验,对中国温泉旅游地的发展具有较强的借鉴意义。

3.3.1.1 欧洲温泉旅游地发展经验

纵观欧洲温泉旅游地发展历程及现状,其发展经验可归纳为以下几个方面:

①深入挖掘温泉医疗价值。欧洲温泉经久不衰与注重温泉医疗价值的挖掘分不开,经营者把温泉疗养与社会医疗保险制度紧密结合,形成庞大而稳定的客源市场。

②塑造鲜明的温泉旅游品牌。欧洲温泉旅游地在长期开发建设中始终注重温泉品牌的塑造,一个深刻易记的主题品牌往往成为其传播美誉的优良途径,并且温泉旅游地的成功开发会带动整个城市的旅游业,从而推动品牌发展。

③挖掘历史价值和名人效应。独特的人文气息为温泉增添了厚重的文化底蕴,也提高了温泉的价值,形成独特的吸引力。如英国的巴斯温泉挖掘的罗马为主题,打造系列温泉

衍生产品。

④与其他旅游资源形成合力。许多欧洲度假胜地都将温泉与城市特色文化或者其他知名品牌旅游活动整合开发,相互推动,形成独具特色的系列产品。如在奥地利温泉与音乐节的联合开发,瑞士温泉和滑雪的整合开发等。

⑤延伸温泉旅游产业链。许多著名温泉地依托自身品牌拓展温泉产业链,注重温泉衍生产品的开发,如温泉矿泉水、温泉化妆品、温泉泡浴设备设施等开发,一方面增加了营业收入,另一方面也扩大了温泉地本身的品牌影响力,甚至成为吸引游客的重要吸引物,典型例子如法国四大药妆的开发。

3.3.1.2 北美温泉旅游地发展经验

纵观美国、加拿大温泉旅游地发展历程及现状,其发展经验可归纳为以下几点:

①温泉医疗与休闲度假融合发展。美国、加拿大等温泉旅游地一直注重温泉本身的医疗价值和休闲度假功能的融合发展,一是适应早期欧洲移民的温泉消费习惯,二是使温泉旅游地成为人们日常寻求放松和休闲的理想场所。

②与自然环境充分协调。与欧洲注重文化建设不同,北美温泉旅游地大都建设在环境优良、风景优美的地带,注重温泉水质和环境,强调温泉度假与自然景区相结合,以生态型温泉旅游地为主。

③温泉国家公园的建设。作为公共资源的温泉更应为公众提供更多服务价值,温泉国家公园提供了一种较为成熟、可行的开发建设模式。

3.3.1.3 日本温泉旅游地发展经验

在亚洲,日本温泉最具代表性,开发历史也最为悠久,其发展经验可归纳为:

①注重温泉文化的培育。日本温泉经久不衰的根本原因是形成了独特的温泉文化,泡汤已成为人们日常化的生活方式。这与日本温泉一直以来注重温泉的健康保养功能分不开,日本政府也通过制定休憩法和建设国民保养温泉地来推广温泉文化。

②注重与传统文化融合。日本温泉旅游地非常注重与传统文化的融合发展,大力挖掘民间美食文化、节庆活动、民俗风情等传统文化,举行各种文化活动、温泉节等,形成各地具有特色的温泉品牌,吸引世界各地的游客前往旅游。

③注重相关设施配套。日本温泉旅游地非常注重相关设施配套,交通设施、各类温泉旅馆、文化设施(博物馆、艺术馆等)、丰富的旅游活动项目(高尔夫、骑马、自行车运动等)配套齐全,形成风景优美的区域综合型休闲度假胜地。

④注重细节和服务质量。日本温泉旅游地非常注重温泉池、景观小品、文化元素等细节的挖掘,提供更衣、洗浴、泡汤、餐饮、住宿等高质量的服务,让游客意犹未尽,流连忘返。

⑤健全法律法规,强化规范管理。日本在1948年就制定了《温泉法》,明确规定温泉资源应统一管理、统一开采、统一分配,有效促进了温泉旅游地的有序发展。此外,日本还成立了温泉协会等来管理泉水开采、温泉分配等相关事宜,配合都市景观条例规范温泉旅游地建筑物立面、色彩等。

3.3.2 对我国温泉旅游地发展的启示

国外温泉旅游经过长时间的发展,许多成功的经验能给我国温泉旅游地以及广东省温泉旅游地的发展、建设、营销与管理以重要启示。

①健全法律法规，严格温泉资源管理。我国要尽快制定《温泉法》及相关法律法规，严格保护温泉资源，促进温泉资源的科学利用，合理开发，保障温泉旅游地的可持续发展。

②注重温泉疗养功能与休闲娱乐功能的平衡发展。我国当前以休闲、娱乐为主的温泉旅游地开发应重视温泉疗养、保养价值的挖掘与产品开发，以适应未来温泉旅游需求的变化。

③重视温泉文化的培育。深入挖掘我国各地独具特色、深厚的文化内涵，培育与其人文风情相适应的特色温泉文化，形成各地具有特色的温泉品牌，增强温泉旅游地的吸引力。

④加强温泉旅游地开发创新。不断开发创新温泉旅游地，营造高质量的景观环境，提供多样化、个性化的温泉旅游产品和舒适周到的旅游服务，以满足日益变化的市场需求。

⑤拓展温泉产业链条。不断拓展温泉产业链条，构建完善温泉旅游产品体系，提升游客消费水平。

⑥强化旅游基础设施配套。除温泉设施建设外，加强与周边景区旅游资源的整合，加强区域休闲游憩设施、交通设施及小城镇建设，形成综合型休闲旅游地，促进区域经济发展。

3.4 本章小结

他山之石，可以攻玉。鉴于国外温泉旅游发展的悠久历史与经验和当前我国温泉旅游的发展热潮，首先，本章分析和探讨了国外温泉旅游地的发展历程及现状，并重点对欧洲的德国、法国、匈牙利，北美的美国、加拿大和亚洲的日本、韩国等温泉旅游地的发展进行了分析。其次，对我国温泉旅游地的发展历程、资源概况以及开发利用进行了系统分析与阐述。最后，归纳总结欧洲、北美、日本等发达地区温泉旅游地的发展经验，从中获得对我国温泉旅游地发展的启示。

第四章 广东省温泉旅游地发展条件

本章主要概述和分析广东省温泉旅游地发展的综合条件，主要包括区域自然环境、社会、经济条件，温泉资源条件以及发展机遇与挑战等，为后续章节的分析研究提供相关背景支撑。

4.1 区域自然环境与社会、经济条件

区域自然环境与社会、经济条件是温泉旅游地发展的重要支撑，其发展状况对温泉旅游地可持续发展至关重要。

4.1.1 区域自然环境概况

4.1.1.1 地理区位

广东省地处中国大陆最南部。东邻福建，北接江西、湖南，西连广西，南临南海，珠江口东西两侧分别与香港、澳门特别行政区接壤，西南部的雷州半岛隔琼州海峡与海南省相望。全境位于北纬20°13′~25°31′和东经109°39′~117°19′。全省陆地面积为17.98万平方千米，约占全国陆地面积的1.87%；其中岛屿面积1592.7平方千米，约占全省陆地面积的0.89%，另有明礁和干出礁1631个。全省大陆岸线长3368.1千米。按照《联合国海洋公约》关于领海、大陆架及专属经济区归沿岸国家管辖的规定，全省海域总面积41.9万平方千米①。

4.1.1.2 地形地貌

广东省地貌类型复杂多样，有山地、丘陵、台地和平原，其面积分别占全省土地总面积的33.7%、24.9%、14.2%和21.7%，河流和湖泊等只占全省土地总面积的5.5%②。地势总体北高南低，北部多为山地和高丘陵，最高峰石坑崆海拔1902米，位于阳山、乳源与湖南省的交界处；南部则为平原和台地。全省山脉大多与地质构造的走向一致，以北东－南西走向居多；平原以珠江三角洲平原最大，潮汕平原次之，此外还有高要、清远、杨村和惠阳等冲积平原；台地以雷州半岛－电白－阳江一带和海丰－潮阳一带分布较多。构成各类地貌的基岩岩石以花岗岩最为普遍，还有景色奇特的红色岩系地貌，如著名的丹霞山、金鸡岭等；沿海数量众多的优质沙滩以及雷州半岛西南岸的珊瑚礁，也是十分重要的地貌旅游资源。沿海沿河地区多为第四纪沉积层，是构成耕地资源的物质基础。

4.1.1.3 气候水文

广东属于东亚季风区，从北向南分别为中亚热带、南亚热带和热带气候，是全国光、热

---

① 数据来源：《广东省统计年鉴(2012)》。

② 数据来源：《广东省统计年鉴(2012)》。

和水资源最丰富的地区之一。从北向南,年平均气温为 19～24℃,平均日照时数为 1745.8 小时,年平均气温 22.3℃,1 月平均气温为 16～19℃,7 月平均气温为 28～29℃。年平均降水量为 1300～2500 毫米,全省平均为 1777 毫米。降雨的空间分布基本上也呈南高北低的趋势。全省大小河流 2000 多条,以珠江流域(东江、西江、北江和珠江三角洲)及独流入海的韩江流域和粤东沿海、粤西沿海诸河为主,集水面积占全省面积的 99.8%。①

4.1.1.4 自然资源与环境状况

广东非常重视对自然资源和环境的保护,重视绿化荒山,提高森林覆盖率,改善生态环境。全省森林覆盖率达到 57.3%,共有野生维管束植物 280 科、1645 属、7055 种,分别占全国总数的 76.9%、51.7% 和 26.0%。另有栽培植物 633 种,分隶于 111 科、361 属。香蕉、荔枝、龙眼和菠萝是岭南四大名果,经济价值可观。至 2011 年,全省建立自然保护区 369 个、森林公园 418 处、国家地质公园 8 个、地质遗迹保护区 9 个。②

2011 年,全省环境质量总体保持稳定,21 个地级以上城市空气质量均达到国家二级标准,建成污水处理厂 348 座,城市污水日处理能力达到 1988.3 万吨,增长 14.3%;城市生活垃圾无害化处理率达 75% 左右,提高 5 个百分点。城市人均公园绿地面积 13.3 平方米,增加 0.8 平方米。绝大部分城市饮用水源水质达标。主要大江大河干流和部分支流以及珠三角河网区干流水道水质总体良好,部分流经城市江段和水量较小的支流受到重度污染。近岸海域水质总体良好,大部分海域满足环境功能区划水质要求。城市区域和道路交通声环境总体较好。

总体来看,广东优良的地理区位、自然资源、气候特征、生态环境为广东省温泉旅游地的发展提供了良好的自然与环境条件。

4.1.2 区域社会发展概况

4.1.2.1 行政区划

广东省辖 21 个省辖市,其中副省级城市 2 个(广州、深圳),地级市 19 个,划分为珠三角、粤东、粤西和粤北四个区域。珠三角:广州、深圳、佛山、东莞、惠州、江门、中山、珠海以及肇庆;粤东:主要指潮州、汕头、揭阳和汕尾,梅州和河源也通常划归粤东;粤西:云浮、茂名、阳江、湛江;粤北:清远、韶关。

4.1.2.2 人口资源

人口资源是潜在旅游客源市场,其规模、特征及空间分布情况对温泉旅游地布局与发展具有重要的影响。2011 年广东省常住人口 10 505 万人,是我国常住人口最多的省区,比排第二位的山东多 851 万人。其中珠江三角洲区域 9 个市人口占全省常住人口的 53.8%,东翼 4 个市占 16.2%,西翼 3 个市占 14.6%,山区 5 个市占 15.4%。常住人口位居前列的为广州市 1275 万人、深圳市 1047 万人、东莞市 825 万人、佛山市 723 万人,城镇化水平都在 80% 以上。全省常住人口中城镇人口有 6986 万人,占 66.5%,大大高于全国 49.7% 的平均水平。人口年龄结构较明显地表现出“两头低,中间高”的特点,即少年儿童人口和老年

① 数据来源:根据《广东省统计年鉴(2012)》整理。
② 数据来源:根据《广东省统计年鉴(2012)》整理

人口所占的比例较低，而劳动年龄人口比例较高，低于同期全国平均水平（8.87%）[①]。

广东是中国著名的侨乡，祖籍广东的港澳同胞约600万人，华侨、华人约2200万人，约占全国的2/3，主要集中在泰国、马来西亚、印度尼西亚、越南、新加坡、美国、加拿大、法国、英国和澳大利亚等地[②]，这些国家也是温泉旅游地重要的客源市场。

4.1.2.3 历史人文

广东具有历史悠久而又独具特色的文化，在语言风俗、历史文化等方面都有着独特一面，主要有广府文化、客家文化、潮州文化三大块。广雕、广彩、广绣驰名中外，粤菜即广东菜，包括广府菜、客家菜、潮州菜，为全国八大菜系之一，天下闻名。广东历史人文资源丰厚，历史名人荟萃。海洋文化遗产、华侨文物、革命文物、名人资源等独具特色，国家级历史文化名城、名镇、名村数量在全国名列前茅，非物质文化遗产相当可观。如南越王墓、“南海一号”宋代沉船、开平市碉楼群、黄埔军校旧址等。文化是旅游的灵魂，广东丰富的历史、民俗文化资源为温泉旅游地特色化、内涵化发展提供了良好条件。

4.1.2.4 交通条件

广东水陆交通便利，海、陆、空交通运输网四通八达。广东拥有中国三大航空枢纽机场之一的广州白云国际机场以及深圳、珠海、揭阳、湛江、梅州等民用航空机场，是中国大陆机场分布密度最高的区域。广东与福建、广西、湖南、海南等省（自治区）均有高速公路、铁路联通。京广、广深港、厦深、贵广、南广和广东西部沿海高速铁路等已通车或即将建成，广珠轻轨、广佛肇轻轨、穗莞深轻轨等省际轨道交通正在加快建设，区域快速轨道交通网络逐步形成。2011年末公路通车里程19.07万千米，其中高速公路里程5049千米，基本形成以珠江三角洲为中心，联结港澳、以沿海为扇形面向山区和内陆省份辐射的高速公路网络。广东汽车保有量巨大，2011年末全省民用汽车保有量912.10万辆，比上年末增长16.4%；其中私人汽车746.21万辆，增长18.6%。民用轿车保有量500.24万辆，增长19.0%；其中私人轿车456.59万辆，增长20.0%。[③]

4.1.3 区域经济发展概况

4.1.3.1 经济发展水平

1978年以来，广东在全国率先实行改革开放政策，促进了经济社会快速协调发展，已成为中国经济最发达、最具市场活力和投资吸引力的地区之一，经济总量连续24年位列全国第一。2011年，全省实现地区生产总值（GDP）53 210.28亿元，增长10.0%；人均地区生产总值（GDP）50 807元，增长8.0%，按年平均汇率折算达7819美元，跨入中上等收入国家或地区水平，城镇居民人均可支配收入26 897.48元，增长12.6%。全省社会消费品零售总额20 246.72亿元，比上年增长16.3%，人均消费性支出20 251.82元，比上年增长9.5%。其中城镇消费品零售额17 348.9亿元，增长16.4%；农村消费品零售额2897.82亿元，增长15.4%（表4－1）。[④]

---

① 数据来源：根据《广东省统计年鉴（2012）》整理。

② 数据来源：根据《广东省统计年鉴（2012）》整理。

③ 数据来源：根据《广东省统计年鉴（2012）》整理。

④ 数据来源：根据《广东省统计年鉴（2012）》整理。

表 4－1 广东省社会经济发展情况(2000—2011 年)

Table 4－1 Basic statistics of social and economy of Guangdong province(2000—2011)

年份	年末常住人口数(万人)	地区生产总值(GDP)		人均 GDP		城镇人口比例(%)	城镇居民人均可支配收入		人均消费性支出	
		值(亿元)	增速(%)	值(元)	增速(%)		值(元)	增速(%)	值(元)	增速(%)
2000	8650.03	10 741.25	11.5	12 736	7.1	55.0	9761.57	7.0	8016.91	6.6
2001	8736.32	12 039.25	10.5	13 852	7.2	–	10 415.19	6.7	8099.63	1.0
2002	8842.08	13 502.42	12.4	15 365	11.1	–	11 137.20	9.1	8988.48	11.0
2003	8962.69	15 844.64	14.8	17 798	13.4	–	12 380.40	11.2	9636.24	7.2
2004	9112.95	18 864.62	14.8	20 876	13.1	–	13 627.65	10.1	10 694.79	11.0
2005	9194.00	22 557.37	14.1	24 647	12.7	60.7	14 769.94	8.4	11 809.87	10.4
2006	9304.00	26 587.76	14.8	28 534	12.8	63.0	16 015.58	8.4	12 432.22	5.3
2007	9449.00	31 777.01	14.9	33 272	12.1	63.1	17 699.30	10.5	14 336.87	15.3
2008	9893.48	36 796.71	10.4	37 638	7.9	63.4	19 732.86	11.5	15 527.97	8.3
2009	10 130.19	39 482.56	9.7	39 436	7.1	63.4	21 574.72	9.3	16 857.51	8.6
2010	10 440.94	46 013.06	12.4	44 736	9.5	66.2	23 897.80	10.8	18 489.53	9.7
2011	10 505.00	53 210.28	10.0	50 807	8.0	66.5	26 897.48	12.6	20 251.82	9.5

数据来源:根据 2001—2012 年的《广东省统计年鉴》整理。

从区域经济发展情况来看(表 4－2),珠三角区域经济最为发达,地区生产总值位居前列的广州市 12 423.44 亿元,深圳市 11 505.53 亿元、佛山市 6210.23 亿元、东莞市 4735.39 亿元。

表 4－2 广东省各地市社会经济发展情况(2011 年)

Table 4－2 Basic statistics of social and economy in different cities in Guangdong(2011)

区划名称	年末常住人口(万人)	城镇人口比例(%)	地区生产总值(GDP)		人均 GDP(元)		城镇居民人均可支配收入		人均消费性支出	
			值(亿元)	增速(%)	值(元)	增速(%)	值(元)	增速(%)	值(元)	增速(%)
广东省	10 505.000	66.5	53 210.28	10.0	50 807	8.0	26 897.48	12.6	20 251.82	9.5
广州	1275.14	84.13	12 423.44	11.3	97 588	7.5	34 438.08	12.3	28 209.74	12.8
深圳	1046.74	100.00	11 505.53	10.0	11 0421	7.3	36 505.04	12.7	24 080.03	5.6

续表

区划名称	年末常住人口(万人)	城镇人口比例(%)	地区生产总值(GDP)		人均 GDP(元)		城镇居民人均可支配收入		人均消费性支出	
			值(亿元)	增速(%)	值(元)	增速(%)	值(元)	增速(%)	值(元)	增速(%)
珠海	156.76	87.80	1404.93	11.3	89 794	10.3	28 730.69	13.2	21 162.14	3.9
汕头	541.71	69.34	1275.74	12.0	23 596	9.9	17 473.89	15.1	15 746.22	19.1
佛山	723.10	94.86	6210.23	11.4	86 073	8.6	30 717.99	12.7	23 782.18	8.1
韶关	285.00	52.77	816.81	12.1	28760	12.1	20 328.83	12.8	14 396.78	11.5
河源	298.18	40.18	579.29	13.1	19 505	11.0	14 737.01	11.8	9 816.9	17.3
梅州	426.81	43.27	707.54	13.6	16 623	12.4	16 761.06	13.8	12 554.79	14.0
惠州	463.36	62.19	2093.08	14.6	45 331	11.1	26 608.94	12.9	20 602.58	4.4
汕尾	295.50	54.55	550.55	14.0	18 682	13.5	15 751.37	13.2	11 983.42	19.7
东莞	825.48	88.60	4735.39	8.0	57 470	5.4	39 512.65	10.7	27 495.23	6.8
中山	314.23	87.87	2193.20	13.1	70 014	9.9	27 699.71	9.2	20 518.95	9.0
江门	446.55	62.80	1830.64	13.0	41 062	1.7	23 923.63	13.1	17 076.26	9.7
阳江	244.49	46.97	766.82	14.9	31 491	13.2	16 878.19	15.3	11 765.37	12.8
湛江	706.92	37.26	1700.23	13.0	24 163	11.9	17 583.62	14.9	14 055.00	18.9
茂名	588.26	35.92	1745.31	10.8	29 811	10.7	16 113.39	12.2	13 161.83	29.3
肇庆	395.14	42.45	1324.41	14.7	33 642	13.0	19 039.65	13.1	14 019.89	15.3
清远	373.80	47.65	1003.03	8.3	26 957	7.4	17 667.53	12.1	11 286.82	6.5
潮州	268.37	63.15	647.22	13.0	24 169	1.8	15 664.31	14.6	14 096.76	18.2
揭阳	591.54	47.60	1225.86	14.6	20 780	13.6	16 878.89	13.2	13 269.40	9.1
云浮	237.92	37.17	481.37	14.3	20 302	13.2	16 090.48	10.1	12 375.75	17.5

数据来源:根据《广东省统计年鉴(2012)》整理。

广东省高度发达的社会经济水平、较高的社会消费水平为广东省温泉旅游地的发展提供了强大的经济支撑和广阔的市场空间。

4.1.3.2 旅游业发展水平

近十年来,广东旅游业总体保持快速发展态势,综合实力不断增强,主要旅游经济指标名列全国前茅(表4-3)。2011年,全省旅游接待总人数达到24 377.16万人次,自2000年来年均增长 11.1%，其中“十一五”期间的年平均增长率达 11.9%；实现旅游总收入 4835.27 亿元，自 2000 年来年均增长 13.9%，其中“十一五”期间的年平均增长率达15.1%。从客源结构和收入构成来看，国内旅游者占比达 85%，入境旅游者仅约占 15%；而国内旅游收入所占比重越来越大，达到 78%。截至 2011 年底，全省共有旅行社 1349 家；星级酒店 1156 家，其中五星级酒店 102 家；大型旅游景区景点 300 多个，其中 5A 级 7 个、4A 级 94 个，世界遗产 2 处。①

表 4-3 广东省旅游业发展情况（2000—2011 年）

Table 4-3 Basic statistics of tourism development in Guangdong (2000—2011)

年份	旅游总收入（亿元）				旅游接待总人数（万人次）			
	合计	增速（%）	旅游外汇收入（万美元）	国内旅游收入	合计	增速（%）	入境过夜游客	国内游客
2000	1149.95	15.4	41.12	809.87	7662.95	10.9	1198.94	6464.01
2001	1263.09	9.8	44.5	895.01	8484.21	10.7	1292.38	7191.83
2002	1467.08	16.2	50.91	1046.06	9457.74	11.5	1394.48	8063.26
2003	1338.11	-8.8	42.67	985.19	8688.85	-8.1	1187.27	7501.59
2004	1664.05	24.4	53.78	1219.09	10 508.39	20.9	1540.97	8967.42
2005	1882.60	13.1	63.97	1353.54	11 566.62	10.1	1792.98	9773.64
2006	2120.10	12.6	75.33	1519.74	12 811.25	10.8	2021.92	10 789.33
2007	2455.06	15.8	87.04	1791.81	14 548.38	13.6	2330.32	12 218.06
2008	2668.00	8.7	91.78	2029.93	16 181.39	11.2	2607.05	13 574.34
2009	3068.39	15.0	100.28	2383.47	18 193.55	12.4	2738.01	15 455.54
2010	3809.44	24.2	124.32	2964.59	21 319.72	17.2	3145.90	18 173.82
2011	4835.27	26.9	139.06	3931.71	24 377.16	14.5	3309.63	21 067.52

资料来源：根据广东省旅游局统计数据整理。

从广东区域旅游市场来看（表 4-4），目前广东旅游业收入和旅游接待人数都主要集中在珠三角区域，且以广州、深圳、珠海等为主，但粤北、粤东地区增长速度普遍高于全省平均水平，特别是韶关、梅州、清远等地近年来发展迅速，未来旅游业发展潜力巨大。

① 根据《广东旅游统计年鉴（2012）》整理。

表 4－4　2011 年广东省各地市旅游业发展基本情况

Table 4－4　Basic statistics of tourism development in Guangdong(2011)

区划名称	旅游总收入(亿元)				旅游接待总人数(万人次)			
	合计	增速(%)	旅游外汇收入(万美元)	国内旅游收入	合计	增速(%)	入境游客	国内游客
广东省	4835.27	26.9	139.06	3931.71	24 377.16	14.5	3309.63	21 067.52
广州	1630.80	29.9	48.51	1315.47	4594.85	11.9	778.69	3816.16
深圳	737.32	17.3	37.43	494.00	3732.53	13.6	1104.55	2627.98
珠海	222.83	1.6	10.66	153.51	1535.68	11.2	320.84	1214.84
汕头	104.42	18.0	0.51	101.12	903.84	15.6	14.06	889.78
佛山	296.46	28.2	9.72	233.25	980.65	13.2	125.13	855.52
韶关	129.60	21.3	0.64	125.42	910.55	9.4	18.47	892.08
河源	61.09	32.0	0.08	60.55	604.07	37.4	4.91	599.16
梅州	116.18	59.5	0.35	113.94	751.97	43.8	10.51	741.46
惠州	161.19	14.5	5.76	123.73	1188.63	10.7	174.68	1013.95
汕尾	57.95	36.8	0.11	57.25	442.23	33.8	3.73	438.50
东莞	249.37	30.3	9.09	190.25	1686.13	8.7	286.14	1399.99
中山	151.41	20.9	2.47	135.35	665.27	13.2	60.82	604.46
江门	154.43	28.6	6.01	115.33	1142.27	15.3	129.17	1013.11
阳江	66.35	55.5	0.21	64.98	461.35	48.7	5.60	455.74
湛江	92.92	42.3	0.36	90.56	923.60	50.8	14.23	909.38
茂名	84.41	17.5	0.13	83.59	362.64	18.3	2.30	360.34
肇庆	142.32	38.5	3.27	121.06	1262.56	19.6	158.87	1103.69
清远	161.51	48.9	1.17	153.88	780.31	17.0	35.99	744.33
潮州	63.48	17.1	1.98	50.64	404.29	13.0	43.56	360.73
揭阳	64.79	36.3	0.27	63.05	440.31	19.6	8.01	432.30
云浮	86.44	77.6	0.26	84.78	603.39	32.4	9.36	594.03

数据来源:根据广东省旅游局统计数据整理。

目前,广东省正大力发展休闲度假旅游产品,已初步形成了都市旅游、主题公园、会展旅游、高尔夫、温泉旅游等几大品牌休闲度假旅游产品。同时,《广东省旅游发展规划纲要2011—2020》也指出广东旅游业要在巩固发展观光旅游的基础上,丰富提升观光旅游产品,大力开发休闲度假旅游产品,重点推进商务会展旅游产品。多元开发滨海旅游、温泉旅游、岭南文化体验、红色旅游、都市旅游、森林生态旅游、美食旅游、康体养生旅游、工业旅游、高端度假、修学旅游、乡村旅游等十二大专项旅游产品。可见,温泉旅游将继续成为广东旅游业发展重要组成部分,发展前景广阔。

4.2 温泉资源条件

4.2.1 温泉资源总体条件

根据广东省国土资源部门的统计①,目前广东全省已发现温泉317处,其中温泉自流点281处,隐伏地热区36处,总可开采温泉水资源量33.984亿 m^3/a,日可开采总量约969万 m^3/天,数量上仅次于西藏、云南,居全国第三位。目前,广东省恩平市、清远市、阳江市、惠州龙门县等凭借各自独特的资源优势、对温泉资源保护的突出贡献和温泉旅游地综合开发成果相继获得了“中国温泉之乡”的美誉。

4.2.2 温泉资源空间分布特征

4.2.2.1 带状分布

根据近十多年来广东地质研究成果,广东的温泉地热资源比较严格地受新华夏和华夏构造体系与北西向断裂构造控制,北北东、北东向断裂构造与北西向断裂构造交汇处往往是温泉富集和出露地带,并且温度高、水量大。

广东主要的深断裂(指延长100~1000千米)主要有吴川—四会深断裂带、恩平—新丰深断裂带、莲花山深断裂带(大埔—丰顺—海丰—宝安)、潮安—普宁深断裂带、汕头—惠来深断裂带、高要—惠来深断裂带、信宜—廉江大断裂(延长约100千米)、紫金—博罗大断裂、河婆—惠来大断裂、广州—从化大断裂,等等。广东85%的温泉均分布在这些断裂与北西向次一级断裂的交汇地带且呈带状分布,在每条带中,又呈等距离分布(李德荣,2005)。

4.2.2.2 空间分布广泛

从区域空间分布来看,除东莞市外,全省20个地级市中均发现有温泉资源点分布,空间分布广泛(图4-1)。珠三角地区主要分布在广州三元里、从化、龙门、中山及珠海斗门等地;粤东地区主要分布在丰顺、东山湖、普宁、潮安等地;粤西主要分布在恩平、吴川、阳江、电白等地;粤北主要分布在韶关的枫湾、曲江、小坑及清远的佛冈、英德等地。

---

① 数据来源:广东省国土资源厅.广东省地下热水资源勘查开发利用与保护规划(2011—2015).

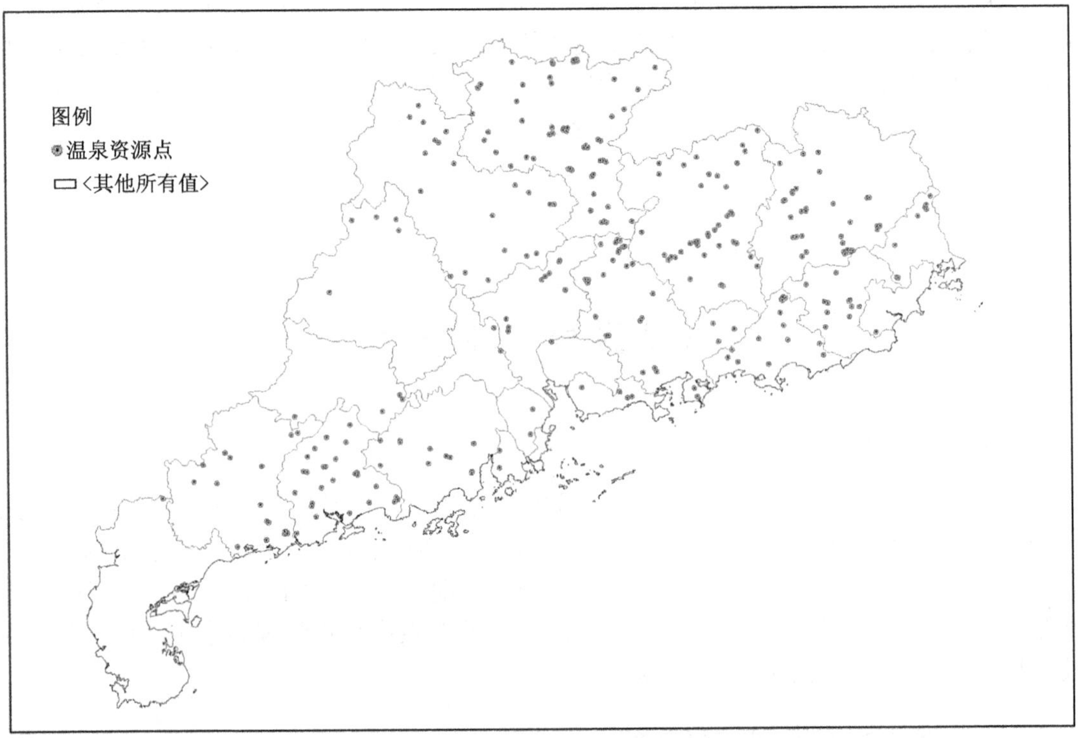

图 4－1　广东省温泉资源点分布图

Fig. 4－1　Distribution map of hot springs resource points in Guangdong

4.2.2.3 地区分布不均

但从温泉点数量和地下热水资源储量来看，各地市则分布极不均匀，差异十分明显。从温泉资源点数量分布来看，韶关最多，为 54 处。其次河源 41 处、梅州 36 处、清远 27 处、惠州 25 处、阳江 22 处、湛江 19 处、茂名 18 处、广州和江门都为 10 处（图 4－2）。

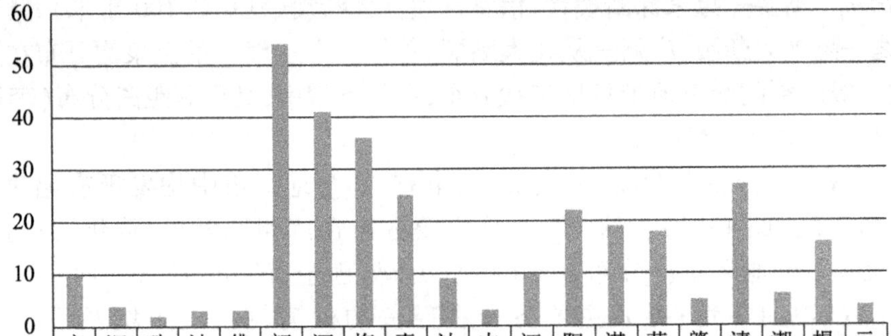

	广州	深圳	珠海	汕头	佛山	韶关	河源	梅州	惠州	汕尾	中山	江门	阳江	湛江	茂名	肇庆	清远	潮州	揭阳	云浮
■温泉点数	10	4	2	3	3	54	41	36	25	9	3	10	22	19	18	5	27	6	16	4

图 4－2　广东省各地市温泉资源点情况

Fig. 4－2　Hot springs resources points of different cities in Guangdong

而从温泉水资源储量来看，湛江市的温泉水资源储量巨大，占全省可开采总量的95.82%，排名前列的还有茂名、梅州、韶关、清远、惠州、江门、河源、阳江、广州等市（表4－5）。

表4－5 广东省各地市温泉水资源储量统计表

Table 4－5 Hot springs reserves in different cities in Guangdong

地市	可开采量（m^3/d）	占全省比例	排名	地市	可开采量（m^3/d）	占全省比例	排名
湛江	9 282 702	95.817%	1	汕尾	10 733	0.111%	11
茂名	125 916	1.300%	2	珠海	7000	0.072%	12
梅州	50 646	0.523%	3	云浮	5902	0.061%	13
韶关	37 395	0.386%	4	揭西	4803	0.050%	14
清远	31 493	0.325%	5	佛山	4186	0.043%	15
惠州	28 827	0.298%	6	中山	3520	0.036%	16
江门	28 367	0.293%	7	潮州	2992	0.031%	17
河源	24 237	0.250%	8	肇庆	1594	0.016%	18
阳江	18 967	0.196%	9	汕头	693	0.007%	19
广州	17 363	0.179%	10	深圳	576	0.006%	20

数据来源：根据《广东省地下热水资源勘查开发利用与保护规划（2011—2015）》整理。

4.2.3 温泉资源类型特征

4.2.3.1 温度特征

广东省温泉水的出水温度以中高温为主，超过75%的温泉点水温在34℃到80℃，非常适合开展休闲度假、疗养、保健等活动。其中低温温泉（25～34℃）53处，中温温泉（34～45℃）67处，中高温温泉（45～80℃）180处，高温温泉（80～100℃）16处，沸泉（＞100℃）1处①（表4－6）。其温度变化规律表现为由西往东、由北往南从25℃到103℃逐渐升高，其中潮安东山湖水温103℃为全省最高。

表4－6 广东省温泉资源主要温度类型

Table 4－6 Types of classifying hot springs points by temperature in Guangdong

温泉点温度类型	数 量（处）	占全省比例
低温温泉（25～34℃）	53	16.72%
中温温泉（34～45℃）	67	21.14%
中高温温泉（45～80℃）	180	56.78%
高温温泉（80～100℃）	16	5.05%
沸泉（＞100℃）	1	0.31%
总 计	317	100.00%

① 数据来源：根据《广东省地下热水资源勘查开发利用与保护规划（2011—2015）》整理。

4.2.3.2 水质类型特征

从水化学特征来看,广东温泉水中普遍含氟和偏硅酸,部分含氡,其中以重碳酸盐泉为主,氯化物泉、硅酸泉、氡泉、硫酸盐泉、碳酸盐泉次之,具有较高的疗养保健价值。但不同区域其水质类型分布有较大差异(图4-3):重碳酸盐泉分布最广,在全省各地几乎都有分布;氯化物泉主要分布在沿海地区;硫酸盐泉主要分布在粤北的韶关等地;而碳酸盐泉则主要分布在粤东的河源、梅州等地。

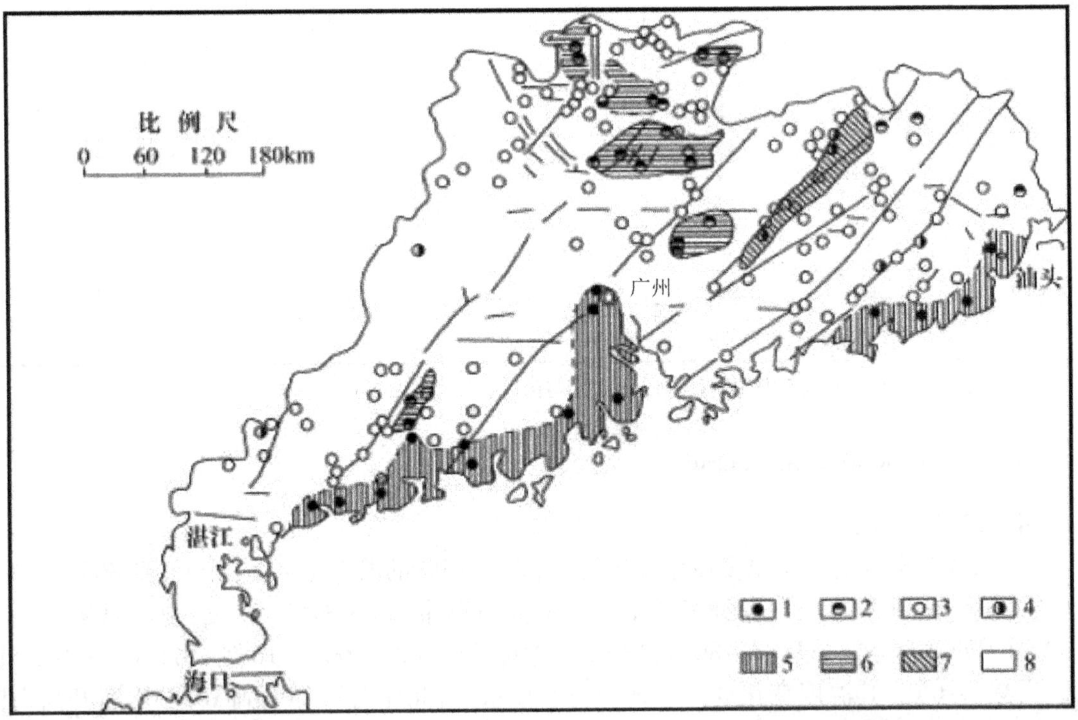

1—氯化钠型热泉;2—硫酸盐型热泉;3—重碳酸盐型热泉;4—含游离二氧化碳高于100 mg/L的矿泉;5—氯化钠型水带;6—硫酸盐型水带;7—碳酸水带;8—广泛分布的重碳酸盐水带

图4-3 广东省温泉资源水质类型分布略图(朱长生,2004,有改动)

Fig. 4-3 Distribution map of hot springs points by chemistry quality in Guangdong

4.2.4 温泉资源利用现状

4.2.4.1 总体利用现状

广东温泉资源开发利用历史悠久,主要利用形式包括温泉地热发电、水产养殖、医疗保健、洗浴、矿泉水生产以及农业利用等方面。1970年丰顺邓屋温泉建成我国第一座温泉地热发电站,目前还在继续使用。而在湛江、潮州等地,温泉水被用来养殖甲鱼、鳗鱼、罗非鱼等。不过以温泉泡浴、养生保健为主的温泉旅游开发仍是目前广东温泉资源开发利用的主要形式。截至2011年底,广东省开发利用的温泉已达200处,约占全省温泉点总数的2/3。

除东莞市外，全省20个地级市均开发建设有温泉旅游景区(点)，可供接待、有一定规模的温泉旅游景区(点)有125处，以温泉为核心的温泉旅游业已成为广东旅游品牌之一，“温泉经济”已经成为广东省旅游经济新的增长亮点。

4.2.4.2 温泉资源开采利用情况

根据2011年全省范围内46家代表性温泉旅游地的统计情况，46家温泉旅游地的温泉水资源日最大可开采量合计约为109 000吨，占全省温泉水资源可开采总量的1.12%。从开采量数据来看，全省温泉水资源的开发还处于一个很低的开采利用水平，开发潜力巨大。但从各地市的温泉水资源开采利用水平来看，则存在严重的不均衡，一些地区尚未得到有效开发利用，而一些地区已经处于过度开采状态。

本文根据广东省各地市温泉储量数据(表4-5)，结合46家代表性温泉旅游地的温泉水资源的日最大可开采量情况，对全省各地市的温泉水资源开采利用水平进行评估。具体评估方法：将各地市典型温泉旅游地的温泉水资源日最大可开采量数据与各地市温泉水资源储量数据的比值作为开采度指标(R＝日温泉水用量/日最大可开采量)，把全省各地市分别划分为低度开采区、适度开采区和高度开采区三类区域，具体划分标准及结果见表4-7。

表4-7 广东省各地市温泉资源开采水平评估表

Table 4-7 Exploitation levels of hot springs in different cities in Guangdong

低度开采区(R<0.3)	适度开采区(0.3≤R<0.8)	高度开采区(0.8≤R)
湛江(0.0002)	汕头(0.3608)	河源(0.8623)
茂名(0.0079)	惠州(0.4683)	龙门(1.3260)
揭阳(0.0625)	清远(0.5081)	潮州(1.0027)
梅州(0.0948)	云浮(0.5227)	
中山(0.1136)	江门(0.6139)	
韶关(0.1225)	肇庆(0.6274)	
阳江(0.2736)	广州(0.6562)	从化(0.9122)、增城(1.3011)
全省(0.0113)	珠海(0.7714)	

注：深圳、东莞、佛山缺温泉旅游地水资源统计数据。

根据温泉水资源开采度指标评估结果，广东省温泉水资源总体上处于很低的开采利用水平，未来开发潜力巨大，而从各地市来看，则存在严重不均衡。全省有7个地市处于低度开采水平，粤西湛江、茂名等地的温泉资源远未得到充分利用；粤东梅州市的温泉资源开发利用也处于起步阶段，这类地区温泉旅游的开发具有巨大的发展空间和潜力。

惠州、清远、江门、肇庆、广州、珠海、云浮、汕头等地属于适度开采区，温泉水资源的开采利用已经比较充分，个别地区如广州的从化、增城以及惠州的龙门等已处于过度开发状态。这类地区温泉资源进一步开发的空间十分有限，未来应着重从内部挖掘潜力，走内涵式发展道路。

河源、潮州等地属于高度开采区，温泉水资源的开采利用整体上已处于超负荷状态，在没有增加新的探明温泉矿点之前，不宜再新增温泉旅游景区，未来应加强温泉水资源的节约使用，促进温泉旅游地的可持续发展。

4.3 发展机遇

近年来，随着我国改革开放不断深化、社会经济的快速发展和人民生活水平的不断提高，旅游市场不断发展变化，广东省温泉旅游地开发建设和可持续发展迎来重大机遇。

(1)旅游消费进入大众化时代，休闲度假成为旅游消费的主流趋势

近几年来，随着中国国民经济持续快速发展和人民收入水平提高，人们对精神文化的需求进一步提升，居民消费将向更高层次发展，而旅游消费将成为大众消费的一个重要载体。据世界旅游组织研究表明，旅游行业一般要经历“观光旅游—休闲旅游—度假旅游”三个发展阶段，当人均 GDP 达到 2000 美元时，休闲旅游将获得快速发展，当人均 GDP 达到 3000 美元时，旅游需求出现爆发性需求，旅游业态将以度假旅游为主，当人均 GDP 达到 5000 美元时，则步入成熟的度假旅游发展阶段，休闲旅游和消费能力日益增强并出现多元化发展趋势。

2011 年，广东省国民生产总值已超 5 万亿元，人均国民生产总值达 50 500 元，按年平均汇率折算为 7819 美元，以世界银行制定的标准，广东已迈入中上等收入地区行列。而且，随着《国民旅游休闲纲要(2013—2020)》的颁布实施，带薪休假制度的逐步落实，社会保障体系不断完善，居民的旅游观念日趋成熟，旅游休闲将成为广东居民生活的重要组成部分，旅游消费将逐步成为刚性需求，进入“全民旅游”时代。而随着广东省居民生活水平的不断提高以及家庭汽车的日益普及，居民出游习惯将以短途休闲度假游为主导，散客旅游多于团队旅游、短线旅游多于长线旅游的趋势加强，假日休闲成为广东居民的基本消费需求。温泉旅游将继续扮演广东休闲度假旅游产品的主要角色，成为广东居民的重要选择，这为广东温泉旅游地持续发展提供了广阔的市场空间。

(2)全国旅游综合改革示范区建设为广东省温泉旅游地创新发展提供了政策条件

2008 年 11 月，广东省委省政府公布了《关于加快广东旅游业改革与发展建设旅游强省的决定》。《决定》提出将广东建设成为“全国旅游综合改革示范区”，鼓励在部分领域、部分地区“先行先试”，为全国旅游业改革发展探路。目前，广东省旅游业的综合改革试验工作正在逐步推进，温泉旅游业作为广东旅游业的一个优势行业，具有行业范围集中、行业特色鲜明的特点，可以作为广东省旅游综合改革的试验区率先突破。

(3)珠三角一体化为广东省温泉旅游地加快发展提供了客源市场条件

2008 年 1 月，国务院颁布了《珠江三角洲地区改革发展规划纲要(2008—2020 年)》，提出了促进珠江三角洲地区社会经济一体化发展，以及进一步加强与中国香港、澳门、台湾地区相关领域的合作，到 2020 年把珠江三角洲地区建成粤港澳三地分工合作、优势互补、全球最具核心竞争力的大都市圈之一。《纲要》的实施使粤港澳之间的经济联系更为紧密，交通联系进一步便利，珠江三角洲地区客源市场将日益融为一个整体，旅游消费需求将会更加有效释放，有利于温泉旅游地客源市场的进一步开拓。

(4)旅游产业园区建设为广东省温泉旅游地融合发展提供了先行条件

近年来,国家旅游局以及广东省政府积极推进旅游产业园的试点和建设工作,并且在政策制定、资金扶持方面向旅游产业园倾斜,鼓励先行先试。旅游产业园作为新型旅游产业形态,通过与商业、旅游地产、休闲、时尚等关联行业的不断融合来拓宽价值链、服务链和产业链,使传统旅游业开始新一轮的转型升级。旅游产业园的发展也为广东温泉旅游的发展指明方向,在广东省建立以温泉为主题的旅游产业园,必将推动广东温泉旅游产业集聚化、精品化、国际化、多元化,在新的起点上实现新的跨越,从而加快推动广东温泉旅游地的创新发展。

4.4 本章小结

本章综合分析了广东温泉旅游地的发展条件,是广东省温泉旅游地可持续发展研究的基础。

首先,概述了广东省温泉旅游地发展的区域自然环境、社会发展与经济发展条件,这是广东省温泉旅游地可持续发展的重要支撑条件。广东省优良的地理区位、自然资源、气候特征、生态环境为其温泉旅游地可持续发展提供了良好的条件。广东巨大的人口规模和华侨资源为温泉旅游地发展提供了重要的客源市场条件;广东丰富的历史、民俗文化资源为温泉旅游地特色化、内涵化发展提供了良好条件;广东高度发达的社会经济水平和较高的社会消费水平为广东省温泉旅游地的发展提供了强大的经济支撑和广阔的市场前景。

其次,从总体条件、空间分布特征、资源类型特征和开发利用现状等方面分析研究了广东省的温泉资源条件。广东温泉资源丰富、储量大,但空间分布广泛,地区分布不均;温泉水以中高温为主,超过75%的温泉点水温在34℃到80℃,非常适合开展休闲度假、疗养、保健型等活动;温泉水中普遍含氟和偏硅酸,部分含氡,具有较高的疗养保健价值;广东温泉资源开发利用历史悠久,温泉旅游地发展规模全国领先,但全省温泉水资源的开发还处于一个很低的开采利用水平,开发潜力巨大,地区间温泉水资源开采利用存在严重的不均衡,一些地区尚未得到有效开发利用,而一些地区已经处于过度开采状态。

最后,分析探讨了广东省温泉旅游地面临的发展机遇。

第五章 广东省温泉旅游地发展现状

对温泉旅游地发展现状的研究是深入研究其可持续发展的重要基础和前提条件。本章将重点从发展历程、总体现状、客源市场、空间结构、演化发展进程与特征等方面深入研究广东省温泉旅游地的发展现状，并以此为基础探讨广东省温泉旅游地可持续发展面临的主要矛盾，为后文的研究提供重要的现实基础。

本文所研究的温泉旅游地数据以广东省温泉行业协会最新统计数据为基础，并经笔者实地调研、网络查询和电话核查确认，截至2011年底，广东省有温泉旅游地125处，除东莞市外，各地级市均有分布，具体情况见附录A，其中46处温泉旅游地为本文研究的主要对象，具体见表5-1。

表5-1 本文主要研究的46处温泉旅游地

Table 5-1 The main research objects of the 46 hot springs resorts in Guangdong

地区名称	数量	温泉旅游地名称（建成时间）
珠三角地区	22	从化碧水湾（2002）、从化仙沐园（2002）、广东温泉宾馆（1953）、崴格诗温泉（2008）、广州望谷温泉（2006）、金叶子温泉（2007）、锦绣香江温泉（2011）、珠海海泉湾（2006）、中山温泉宾馆（1980）、惠州海滨温泉（2007）、南昆山温泉（2005）、惠州中信汤泉（2005）、龙门地派温泉（2010）、尚天然温泉（2008）、龙门温泉（2002）、帝都温泉（2000）、古兜温泉（2001）、金山温泉（1997）、锦江温泉（2002）、富都温泉（2004）、康桥温泉（2007）、肇庆怀集温泉（2004）
粤北地区	7	奇洞温泉（2007）、清远聚龙湾（2006）、新银盏温泉（2003）、森波拉温泉（2008）、曹溪温泉（2001）、丽宫温泉（2010）、云天海温泉（2010）
粤东地区	8	莲花山温泉（2001）、东山湖温泉（2005）、盘龙湾温泉（2007）、天上人间温泉（2005）、龙源温泉（2005）、御临门温泉（2006）、热龙温泉（2005）、千江温泉（2003）
粤西地区	9	御水古温泉（2009）、信宜西江温泉（1999）、春都温泉（2003）、阳江温泉（2003）、咸水矿温泉（2006）、金水台温泉（2006）、青山绿水温泉（2006）、湛江海滨宾馆（2004）、杏磊湾温泉（2006）

在本章部分研究内容中，一些2008年后开发建成的温泉旅游地包括崴格诗温泉、锦绣香江温泉、龙门地派温泉、尚天然温泉、森波拉温泉、丽宫温泉、云天海温泉、御水古温泉等

不在研究范围内。

5.1 广东省温泉旅游地发展历程及演化特征

5.1.1 发展阶段划分

广东省温泉旅游地作为我国温泉旅游地的主要组成部分,其发展进程和特征与我国温泉旅游地的发展历程和特征大体相似,但具有其自身特点。由于广东具有得天独厚的温泉资源和气候条件,温泉旅游资源很早就得到了开发利用。早在建国初期,广东省政府即在从化温泉镇建设了广东温泉宾馆,成为最早期的国家级冬休疗养基地之一。1980 年 12 月,国内第一家中外合作酒店——中山温泉宾馆在中山建成开业,同时也成为当时国内温泉旅游接待的最高水平。改革开放以来随着广东省社会经济的迅猛增长,人们生活水平的迅速提高,温泉旅游产品随着度假旅游的兴起而快速发展,温泉度假村如雨后春笋在全省范围内快速发展起来,其产品与服务质量不断提高,成为广东旅游业的优势旅游产品,"泉在广东"已成为了广东旅游的一张闪亮名片。

回顾广东省温泉旅游业的发展历史,从早期开发的疗养院到后期的温泉度假村,广东温泉产品在充分利用广东气候资源优势和温泉品质优势的基础上,坚持以保健养生为主线,不断创新产品形式,始终引领全国温泉旅游产品开发潮流。从各个时期温泉旅游地的典型代表与产品特征来划分,将广东温泉旅游地开发建设细分为以下几个阶段:

(1)室内温泉发展阶段。这一阶段自 20 世纪 50 年代至 90 年代中期,总体来看,温泉旅游地规模不大,数量较少。改革开放前依托大城市及其温泉资源,以政府机关、工矿企业、部队等建立各种温泉疗养院为主,主要用于内部接待,目前保留下来的温泉旅游地数量较少,典型代表如从化温泉宾馆等。改革开放后,为满足接待外宾和日益增长的旅游需求,逐步建成了一批主要以温泉酒店为主,面向社会开放,档次和服务水平较高的温泉旅游地,如中山温泉、清远银盏温泉等。

(2)露天温泉发展阶段。这一阶段自 20 世纪 90 年代中期至本世纪初期。1997 年恩平金山温泉的开业拉开了广东大规模和综合建设温泉旅游地的帷幕,同时也开启了我国温泉从传统的室内温泉向露天温泉发展的时代。其主要特征是投资规模大,开创性地建设大型露天温泉池,旅游设施及项目配套齐全,注重环境营造,由单一的疗养保健转化为集休闲、保健、观光等多功能于一身,深受市场欢迎。从此,广东温泉以其创新的产品设计理念和高水平的服务奠定了其在广东旅游业和全国温泉行业中的品牌形象和市场地位。代表性的温泉旅游地有恩平金山温泉、帝都温泉、清新温矿泉、珠海御温泉等。

(3)主题温泉发展阶段。自 21 世纪初以来,在旅游业大发展的背景下,广东各地温泉旅游地开发建设热潮高涨,温泉旅游地在市场竞争不断加剧的形势下,向个性化、主题化方向发展,其主要特征是以主题性文化、活动、娱乐等元素为核心的"温泉 + X"开发模式。该模式注重"X"的主题选择,重视温泉环境的主题化设计和主题项目的设施配套,温泉成为配套性旅游产品,为游客提供多样性主题旅游活动体验。同时,更加重视温泉环境的主题化设计和主题项目的设施配套,以突出自身的主题风格与特色,增强市场的吸引力。南昆山温泉大观园、锦江温泉、飘雪温泉等是这一时期的典型代表。

(4)度假温泉发展阶段。近几年来,随着度假旅游需求不断升温及旅游地产的大发展,一些大型投资集团开始介入温泉旅游业,珠三角地区及其周边区域开始涌现一批配套高端的温泉度假酒店、度假别墅,以及面向高端消费群体的大型温泉旅游地。这类温泉旅游地将主要目标客源市场定位在以休闲度假为主的高端消费群体,依托雄厚的资金实力,以国际化理念和标准设计温泉旅游产品、度假设施及环境景观,将广东温泉旅游地提升到个性化、精品化、享受型的度假旅游消费层次,成为新一代温泉旅游地的代表。如御临门温泉、地派温泉、锦绣香江温泉、美林湖温泉等。

5.1.2 演化进程与特征

广东省温泉旅游地演化发展经历了室内温泉、露天温泉、主题温泉和度假温泉四个发展阶段。对各阶段(为研究方便,本文将其明确为具体时间)温泉旅游地的数量、发展及空间分布情况进行相关统计分析后(表5-2),发现其演化发展进程具有以下特征(图5-1):

表5-2 广东省温泉旅游地不同演化发展阶段空间分布统计

Table 5-2 Statistics of hot springs resorts in different stages in Guangdong

发展阶段	时 间	温泉旅游地数量(处)					新增温泉旅游地数量(处)				
		全省	珠三角	山区	粤东	粤西	全省	珠三角	山区	粤东	粤西
室内温泉	截至1996	7	4	3	0	0	-	-	-	-	-
露天温泉	截至2001	31	11	16	2	2	24	7	13	2	2
主题温泉	截至2006	83	29	39	4	11	52	18	23	2	9
度假温泉	截至2011	125	49	56	6	14	42	20	17	2	3

数据来源:笔者根据各地温泉旅游地发展实际情况进行统计、整理。

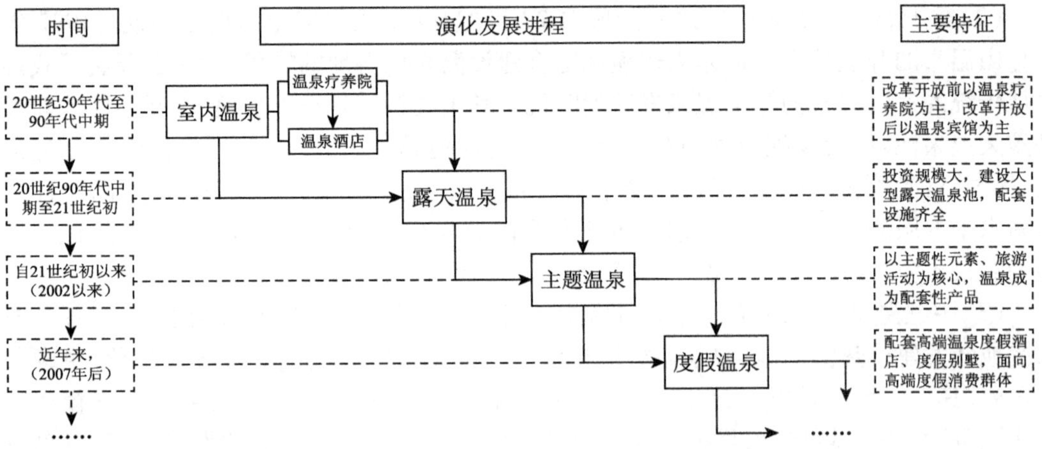

图5-1 广东省温泉旅游地演化发展进程图

Fig.5-1 Evolution process of hot springs resorts in Guangdong

①室内温泉阶段，缓慢发展。这一阶段温泉旅游地总体规模不大，数量较少，珠三角4处，粤北山区3处。改革开放前以温泉疗养院为主，改革开放后以温泉酒店为主。

②露天温泉阶段，快速发展。这一阶段温泉旅游地主要在江门、珠海、清远等珠三角地区或广州等周边区域快速发展，全省新增温泉旅游地24处，其中珠三角地区7处，粤北山区13处。

③主题温泉阶段，全面发展。这一阶段温泉旅游地在全省范围内大规模开发建设，进入全面发展阶段，全省各地新增温泉旅游地52处，其中珠三角地区18处，粤北山区23处，粤西地区9处，粤东地区2处。

④度假温泉阶段，巩固发展。这一时期全省新增温泉旅游地42处，其中珠三角区域20处，粤北山区17处，粤西地区3处，粤东地区2处，继续保持快速发展态势。

5.1.3 演化发展动力探讨

资源条件与区位条件是旅游度假地选址的两个重要因素（刘家明，2000）。王华、彭华（2004）指出温泉旅游地开发成功的前提是合理的区位选址，并主要受温泉资源综合素质、客源市场与交通条件和区域经济发展水平等3个必要条件和空间集聚与竞争、自然与人文景观环境等2个限制条件以及决策者行为影响。考察广东省温泉旅游地空间演化发展进程，发现其在主要受资源禀赋条件、客源市场条件的驱动影响的同时，受交通条件变革和旅游消费市场变化的驱动影响也较大。

5.1.3.1 资源禀赋驱动影响

温泉资源禀赋条件主要包括温泉资源的空间分布、温泉资源储量大小和温泉水质量的优劣。温泉资源禀赋条件对温泉旅游地演化发展的驱动影响主要体现在两个方面：一是温泉资源的禀赋条件是温泉旅游地空间演化发展的物质基础。没有温泉资源分布，温泉旅游地就无从发展（图5－2），温泉水资源储量较小，温泉旅游地就无法大规模发展，温泉水质量的优劣会影响温泉旅游产品的品质，而优质温泉资源点（水量丰富、水质较好）对温泉旅游地建设的选址有较强驱动影响，市场往往先去抢占优质资源进行开发。广东新时期的温泉旅游地最早从恩平发展起来，也主要是基于其优越的资源禀赋。二是温泉资源的空间分布的地域性和地带性特征往往成为推动温泉旅游地布局发展的关键。从目前广东省温泉旅游地的发展现状来看，温泉旅游地集中分布的区域往往是温泉资源分布富集的区域，特别是在以温泉度假地产为主的温泉旅游地的发展中显得尤为重要。可以预见，一些目前温泉资源过度开发的地区如河源、广州从化、增城和惠州龙门等，未来温泉旅游地的发展空间有限，而湛江、茂名、梅州等温泉资源开发利用正处在起步阶段的地区，未来温泉旅游地发展空间潜力巨大。

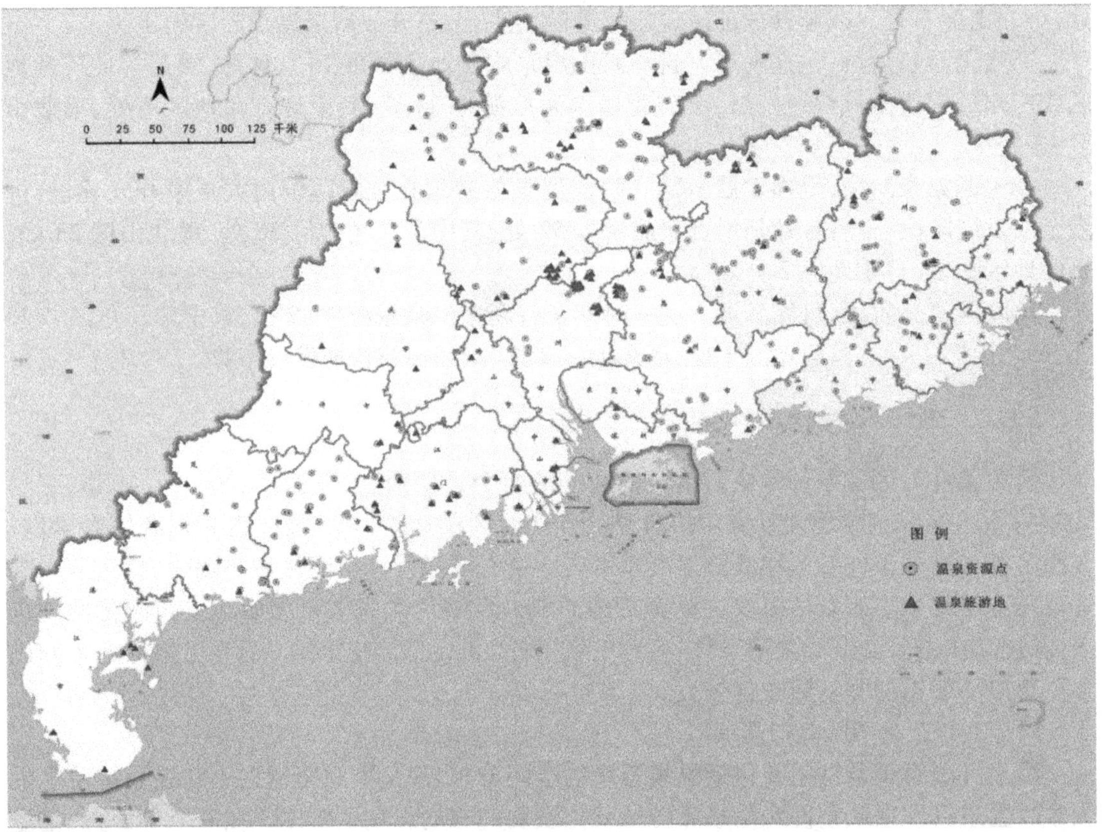

图 5-2 广东省温泉资源点与温泉旅游地空间分布图

Fig. 5-2 Distribution map of hot springs resource points and resorts in Guangdong

5.1.3.2 客源条件驱动影响

客源市场条件是推动温泉旅游地演化发展的根本动力,一般地,温泉旅游地的游客多来自于3小时交通半径范围内的客源市场。所以,温泉旅游地必然在经济发达、人口众多的大都市及其周边地区优先发展,以保证有良好的客源市场条件。2011年广东省温泉旅游地客源市场空间结构特征也证实了这一点,经济发达的珠三角地区占广东温泉旅游客源市场的80.2%以上,且主要集中在广州、深圳和东莞三市,占70.8%(详细研究结论见本章5.3.1)。事实上,以广州为圆心的200km半径范围内的珠三角及其周边地区的广州、清远、韶关、惠州、江门、河源等地,依托较为丰富的温泉资源一直以来成为广东省温泉旅游地发展的热点区域,全省75%以上的温泉旅游地集中分布于这一圈层中。而远离客源市场但温泉资源非常丰富的湛江、茂名、梅州等地区,温泉旅游地发展滞后,分布较少(图5-3)。

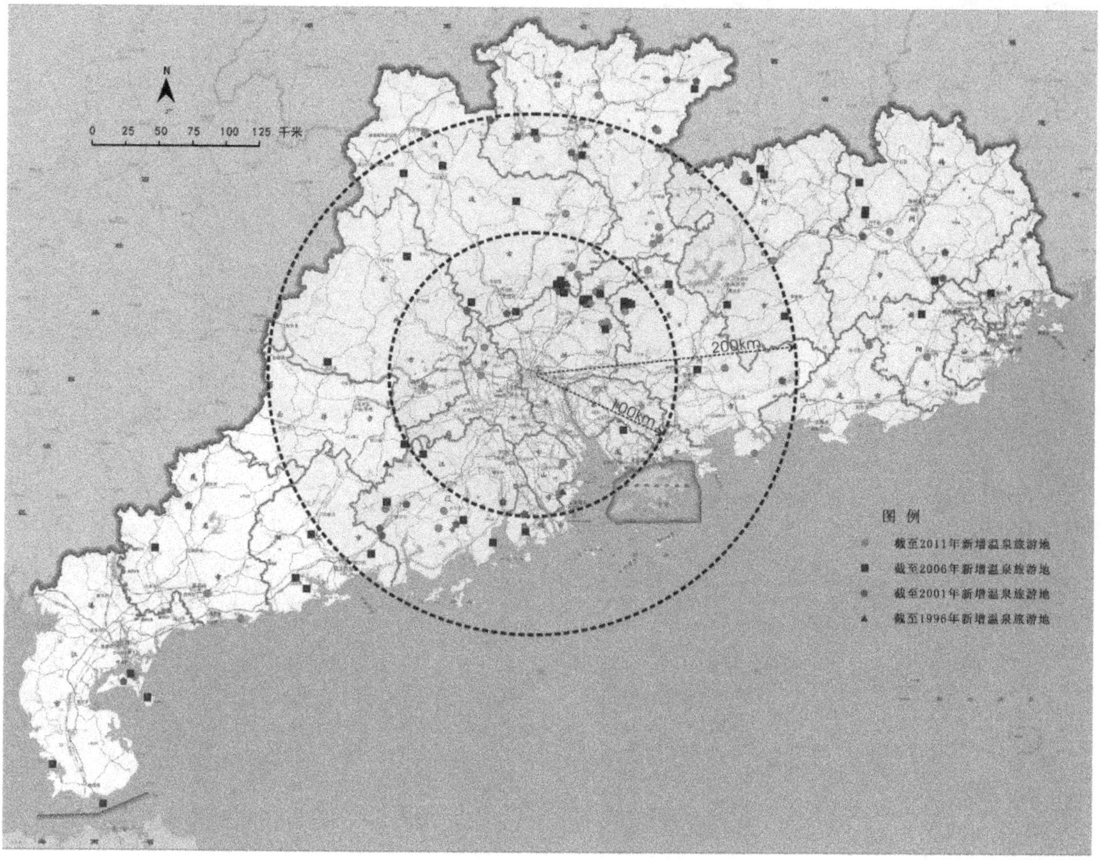

图 5－3　广东省温泉旅游地客源条件空间演化图

Fig. 5－3　Spatial evolution diagram of HSRs by market conditions in Guangdong

5.1.3.3 交通变革驱动影响

影响客源市场区位条件的主要因素包括空间距离、时间距离和消费成本，而这些又主要受交通条件的影响。温泉资源分布往往较为偏僻，可进入性条件较差，对温泉旅游地的开发建设制约较大。通过将不同阶段新增的温泉旅游地与广东省交通图叠置分析，发现广东省温泉旅游地沿交通干道演化发展十分明显（图 5－4）。首先，依托珠三角不断优化的高速公路网，形成以广州、深圳等为核心的环状空间聚集发展带。其次，近年来珠三角向周边辐射的多条高速公路相继建成，往北沿京珠、广清、大广高速，往西沿广湛、沿海高速，往东北沿广河、河梅、粤赣高速等成为温泉旅游地不断演化发展的主要方向，可见，交通变革对温泉旅游地演化发展影响重大。可以预见，随着交通条件的重大变革，全省高速公路、高铁、城轨等快速交通网络不断形成，湛江、茂名等粤西地区、韶关、清远等粤北地区和梅州、揭阳等粤东地区将迎来重大发展机遇，温泉旅游地将会大力发展，以优化全省温泉旅游地的空间格局。

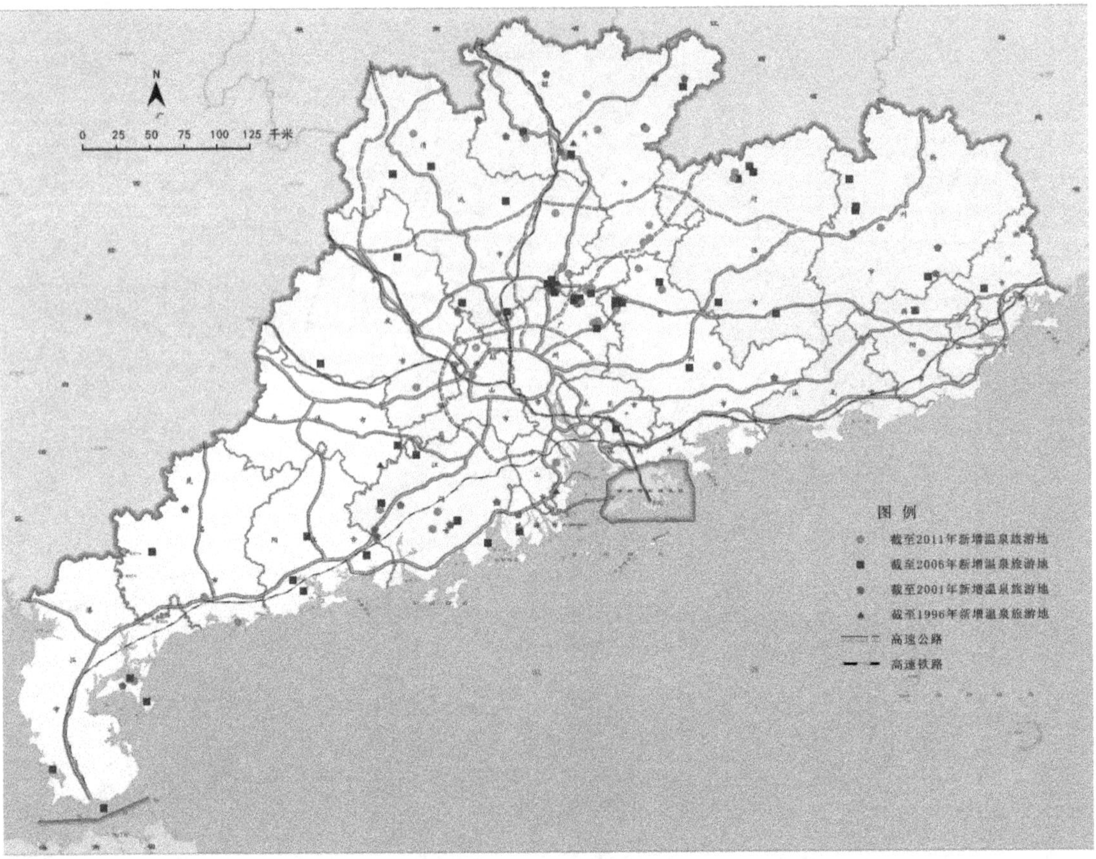

图 5-4 广东省温泉旅游地交通条件演化发展图

Fig. 5-4 Spatial evolution diagram of HSRs by traffic condition in Guangdong

5.1.3.4 市场变化驱动影响

市场变化对温泉旅游地演化发展影响较大。从室内温泉到露天温泉，从主题温泉到度假温泉，广东温泉旅游地是在不断适应旅游消费市场的变化中演化发展的。随着居民生活水平的不断提高、旅游消费观念的不断成熟、休假制度的不断完善，目前以大众化、综合型为主流的广东温泉旅游地将呈现个性化、精品化的发展趋势以适应温泉旅游消费市场需求多元化趋势：一是针对商务会议和度假市场日趋成熟，在珠三角及其周边地区开发建设高端会议度假型温泉旅游地。二是针对养生保健市场日益扩大，在珠三角外围开发建设精品养生型温泉旅游地。三是应对我国老年化社会发展趋势，重点在韶关、清远、河源、梅州等山区结合温泉、森林生态资源大力发展以珠三角地区为主要目标客源市场的养老疗养型温泉旅游地，在湛江、茂名、阳江、江门、汕尾等滨海地区结合温泉、滨海及暖冬气候资源大力发展以北方游客为主要目标客源市场的养老疗养型温泉旅游地。

5.2 广东省温泉旅游地总体发展现状

5.2.1 发展总体情况

5.2.1.1 总体规模

广东温泉旅游地自20世纪90年代中期以来得到迅猛发展，温泉旅游地总体规模不断扩大，现有温泉旅游地无论在数量、规模、质量，还是在服务和管理水平上处于全国领先水平。截至2011年底，广东已开发的温泉有200多处，具有一定规模的温泉旅游地125处，约占全国总数的四分之一（图5-5），被评为4A级旅游景区的有18家，占全国的一半以上。2011年广东省温泉旅游地（46处）共接待游客1494万人次，实现营业总收入31.25亿元，拉动旅游相关消费超过200亿元。

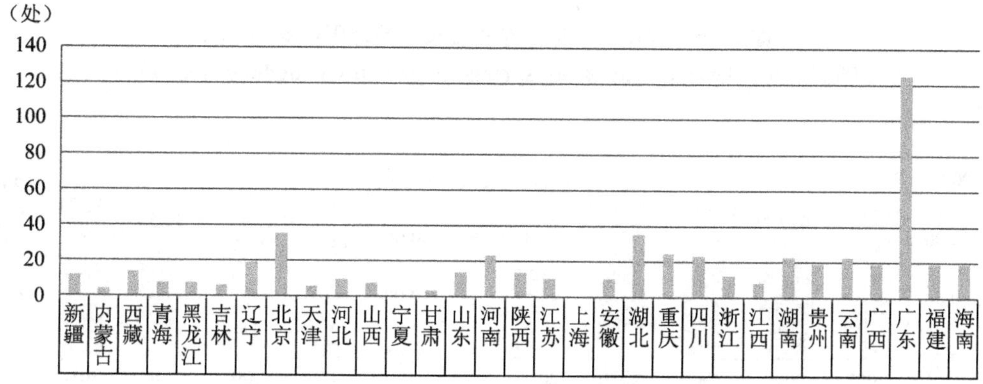

图5-5　中国部分省（自治区、直辖市）温泉旅游地情况

Fig.5-5　Development of hot springs resorts in different regions in China

5.2.1.2 发展速度

1997年，恩平金山温泉的开业拉开了广东大规模和综合开发温泉旅游资源的帷幕，从此广东温泉旅游业发展进入持续快速增长期，温泉旅游地数量不断增多，营业收入和游客接待量也不断增长。15年来，温泉旅游地数从1997年的9处，增加到2011年的125处，平均每年新增8处，其中2002、2005、2006、2007、2010年每年新增温泉旅游地达10处以上，增长速度惊人（图5-6）。

同时，广东省温泉旅游地（46处）营业总收入由2007年的15.76亿元增加到2011年的25.82亿元，年均年增长12.76%，增长速度也较快；游客接待量则由2007年的1081.76万人次增加到2011年的1234.17万人次，增长比较平稳（图5-7）。

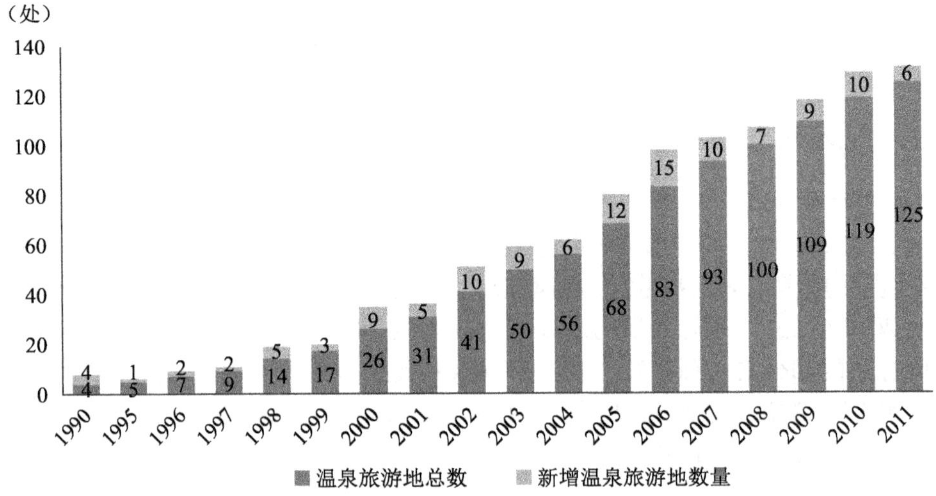

图 5-6　1990 年以来广东省温泉旅游地历年发展情况

Fig. 5-6　Development of hot springs resorts in Guangdong since 1990

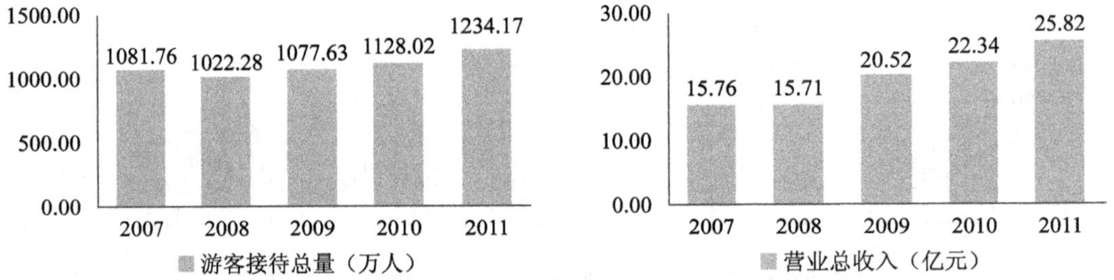

图 5-7　2007—2011 年广东省 46 处温泉旅游地营业收入及游客接待情况

Fig. 5-7　The operating revenue and tourists amounts of 46 HSRs in Guangdong

5.2.1.3 空间扩展

广东省温泉旅游地最早在广州从化等地发展，但改革开放以来，受旅游市场、资源布局、交通条件等多重因素的影响，广东温泉旅游地发展空间不断扩展。在 20 世纪 90 年代中期，主要在江门、珠海、清远等珠三角地区或广州等周边区域快速发展；21 世纪初，则在全省范围内大规模开发建设，截至 2011 年底，全省除东莞外，都有温泉旅游地发展。同时，一些温泉资源比较丰富且靠近广州、深圳、东莞等经济发达、人口众多的大都市的珠三角及周边地区的温泉旅游地，呈现区域集聚化发展格局，如龙门、佛冈、恩平、台山等县市。

5.2.1.4 接待设施

接待设施规模，特别是客房规模（房间数、床位数），是衡量温泉旅游地接待能力和经营产出能力的重要指标。2011 年，广东省 46 家温泉旅游地共拥有客房 16 238 间，床位数

26 372 张,平均客房 353 间,平均床位数 573 张,总体接待规模较大。其中,客房数超过 1000 间的 3 家,600 ~ 1000 间的 1 家,400 ~ 600 间的 10 家,200 ~ 400 间的 22 家,200 间以下的 10 家(表 5 - 3)。珠海海泉湾客房规模最大,达 5544 间,普宁盘龙湾客房规模最小,仅 51 间。同时,与日本等地的温泉旅游不同,广东温泉旅游地还非常注重以温泉为载体的相关配套设施建设,全省 46 家温泉旅游地配套如餐饮、会议、KTV、SPA 按摩、美容美发、标准泳池、水上游乐、高尔夫、网球场、拓展项目等相关设施的平均数量为 7.8 个,总体配套水平较高。

表 5 - 3 2011 年 46 处温泉旅游地客房规模比例构成

Table 5 - 3 Theproportions of the room's scale of 46 HSRs in Guangdong, 2011

客房数(间)	<200	200 ~ 400	400 ~ 600	600 ~ 1000	≥1000	合计
温泉旅游地(家)	10	22	10	1	3	46
所占比例	21.74%	47.83%	21.74%	2.17%	6.52%	100%

5.2.1.5 交通状况

受温泉形成的地质条件影响,温泉资源一般分布在较为偏远的地区,离主要客源地的距离较远,缺乏与客源地的便利的内外交通联系,温泉旅游地的交通可达性和可进入性有待改善。从广东省 46 处温泉旅游地的交通状况来看,温泉旅游地离主要客源地(广州、深圳)的平均距离为 176.8 千米,主要分布在珠三角及周边区域,但温泉旅游地离最近的高速公路出口的平均距离为 16.9 千米,表明其交通可达性一般。部分温泉旅游地离最近的高速公路出口的距离超过 40 千米,如龙门地派温泉、新丰云天海温泉、御临门温泉等,较大制约了温泉旅游地的发展。同时,不少温泉旅游地还存在"最后一公里"道路现象,旅游地的可进入性较差,这对以自驾车为主的温泉游客造成了较大影响。

5.2.1.6 环境条件

良好的自然生态、环境条件是旅游业发展和壮大的基础。总体来看,广东省 46 处温泉旅游地环境条件较为优越,空气质量水平全部达到国家一级标准,环境噪声绝大部分低于 50 分贝(昼间),低于国家 0 类声环境功能区(指康复疗养区等特别需要安静的区域)限值,只有部分紧邻高速公路的温泉旅游地的环境噪声较大,但也不超过 60 分贝(昼间),符合国家 2 类声环境功能区(指以商业金融、集市贸易为主要功能,或者居住、商业、工业混杂,需要维护住宅安静的区域,如惠州中信汤泉、清远新银盏温泉、从化碧水湾温泉等)。而从温泉旅游地自身环境建设来看,各温泉旅游地的废水达标排放率和垃圾处理率都很高,达到 90% 以上,多数达到 100%,表明各温泉旅游地充分认识到保护和营造优美的景观环境是温泉旅游地得以持续、健康发展的重要保障。

5.2.1.7 产业带动效应

温泉旅游已成为广东旅游业的重要组成部分,它不仅直接拉动了省内居民的度假旅游需求,带旺了广东冬季旅游的发展,而且推动了温泉旅游地所在地区社会经济的发展,产业带动效应不断增强。在一些温泉资源丰富的欠发达地区,温泉旅游已是其旅游或经济支柱。如江门恩平市、韶关曲江区、惠州龙门县、清远佛冈县等。2010 年，惠州龙门县接待温泉游客 113 万人次，约占全县游客接待总量的 26%；清远佛冈县接待温泉游客 162 万人次，约占全县游客接待总量的 63%，温泉旅游接待收入约占全县旅游收入的 82%。同时，温泉旅游地的发展还带动了当地的房地产、商业服务、餐饮住宿、交通信息等相关产业的快速发展，成为当地社会经济发展的重要推手。

5.2.1.8 就业促进效应

旅游业是劳动密集型产业，能为社会提供大量的就业岗位。温泉旅游业作为一个复合型行业，既提供温泉洗浴、住宿、餐饮等服务功能，还提供配套的温泉疗养、保健项目，甚至是高尔夫、滑草、保龄球等娱乐设施等。因此，一家温泉旅游地所需要的劳动力远多于同档次的酒店或景区。尤其是在欠发达地区，温泉旅游地在解决当地居民就业、促进农民增收方面做出了积极贡献。根据本次的抽样调查情况，2011 年广东省 46 处温泉旅游地在岗员工总人数为 16 950 人，其中本地员工为 10 731 人，本地员工比例为 63.31%，在一些经济欠发达地区如恩平帝都温泉、阳西咸水矿温泉、普宁盘龙湾温泉等本地员工比例超过 90%。统计研究发现，一家中等规模的温旅游地平均需要的员工为 425 人，吸纳本地员工 280 人，就业促进效应凸显。

5.2.2 经营现状研究

5.2.2.1 总体经营状况

2007—2011 年广东省温泉旅游地（46 处）的营业收入及游客接待量仍保持较好的增长态势，平均营业收入由 2007 年的 4147.83 万元增长到 2011 年的 6793.48 万元，平均游客接待量则由 2007 年的 28.47 万人次增长到 2011 年的 32.48 万人次，营业收入不断提高，游客接待量保持平稳增长，实现盈利的温泉比例由 52% 提高到 78%，经济效益不断提升（图 5－8），总体上经营状况较好，2008 年则受国际金融危机影响出现波动。与同期广东省的旅游业发展情况相比（图 5－9），在平均游客接待量上增长速度虽然滞后，但平均营业收入的增长速度保持大体一致，说明在不断新增的温泉旅游地，以及滨海旅游、森林山地旅游等不断发展的竞争压力下，广东省温泉旅游地不断增强其经营水平和效益水平，寻求从规模增长到效益增长的转变。

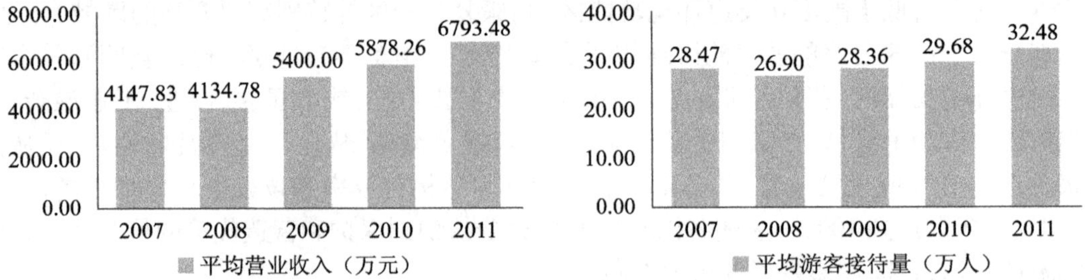

图 5－8　广东省温泉旅游地营业收入和游客接待情况

Fig. 5－8　Operating revenue and tourists amounts of HSRs in Guangdong

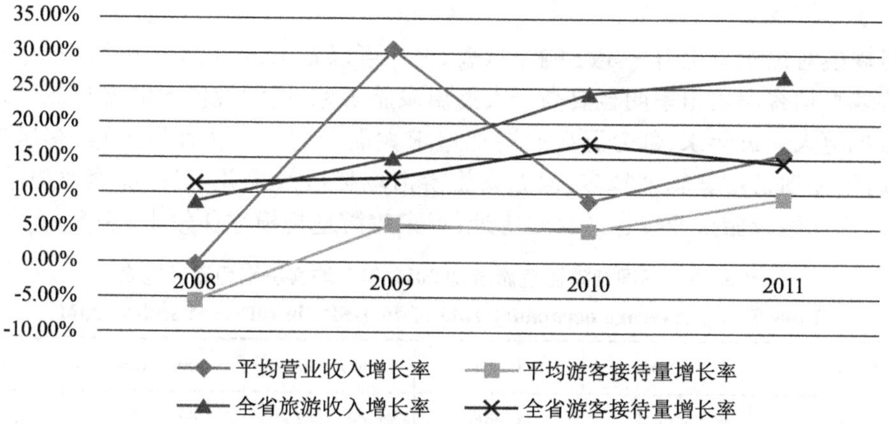

图 5-9 广东省温泉旅游地发展情况与广东省旅游业发展情况对比

Fig. 5-9 Comparison between the development of tourism and HSRs in Guangdong

5.2.2.2 客房出租率

从客房出租率指标来看，广东省温泉旅游地的年平均客房出租率近年来不断提升，从2007 年的 47.03% 提升到 2011 年的 53.15%，考虑到温泉旅游消费明显的淡旺季因素，这一指标处于良性水平，但个体差异较大。2011 年，46 处温泉旅游地客房出租率高于 50% 的有 30 处，占 65.23%，其中达到 80% 以上的有 4 处，最高的为从化碧水湾温泉，达 85%；而客房出租率低于 50% 的有 16 处，占 34.78%，其中低于 30% 的有 4 处，最低的为金山温泉，只有 25%（表 5-4）。

表 5-4 广东省 46 处温泉旅游地 2011 年平均客房出租率情况

Table 5-4 Average occupancy rate of 46 HSRs in Guangdong, 2011

客房出租率	20% ~30%	30% ~40%	40% ~50%	50% ~60%	60% ~70%	70% ~80%	80% 以上
温泉旅游地(处)	4	6	6	17	4	5	4
所占比例	8.70%	13.04%	13.04%	36.96%	8.70%	10.87%	8.70%

统计研究发现，不同区域、不同规模的温泉旅游地由于受区位、交通、产品档次、周边竞争压力等多种因素影响也表现出较大的差异性。广州、惠州、清远、河源、云浮、阳江等温泉旅游地靠近广州、深圳、东莞等主要客源市场，客房出租率相对较高，反映出区位与交通等因素对温泉客源产生的重要影响。江门、珠海等温泉旅游地因为产品老化、交通不便或客房规模过大等因素造成客房出租率较低。汕头、梅州、云浮由于周边地区温泉度假村数量较少，加上与周边景点的组合条件较好，客源竞争压力相对较小，客房出租率也较高（表 5-5）。

表 5-5 不同地区温泉旅游地 2011 年平均客房出租率情况

Table 5-5 Average occupancy rate of 46 HSRs in different regions, 2011

客房出租率	20% ~30%	30% ~40%	40% ~50%	50% ~60%	60% ~70%	70% 以上
地　区	茂名	韶关、中山、肇庆	珠海、湛江、江门	清远、惠州、河源、阳江、潮州	广州	汕头、梅州、云浮、

客房规模对出租率也有一定影响。从表5－6可以看出,400间以下客房的中小规模的温泉旅游地平均客房出租率明显要高于大型温泉旅游地,说明规模大的温泉旅游地面临的经营压力也更大。近年来,部分温泉旅游地追求大而全的综合化发展道路,客房规模不断扩大,旅游活动项目配套越来越多,但温泉旅游市场拓展效果并不好,如聚龙湾温泉、珠海海泉湾等,而在温泉旅游业发达的日本等地,温泉旅游地规模往往较小(表5－6)。

表5－6 不同规模温泉旅游地2011年平均客房出租率一览表

Table 5－6 Average occupancy rate of 46 HSRs in different scales, 2011

客房数(间)	<200	200～400	400～600	600～1000	≥1000
客房出租率	53.64%	54.96%	44.72%	44.58%	45.74%
所占比例	21.74%	47.83%	21.74%	2.17%	6.52%

5.2.2.3 消费结构

与日本与欧洲的温泉旅游不同,广东温泉旅游地在传统泡温泉的基础上,不断丰富康体娱乐项目和旅游活动项目,积极与康体运动、美容美体、商务会议、团队拓展以及高尔夫、漂流等结合,延伸消费链条,形成自身特色,拓展客源市场。同时,完善的配套设施促使广东温泉旅游景区在客房收入保持稳定的基础上,门票收入比例逐年下降,由2009年的22.76%下降到2011年的20.29%,而餐饮、娱乐和会议等收入相应逐渐提高,整体消费结构渐趋合理(图5－10)。

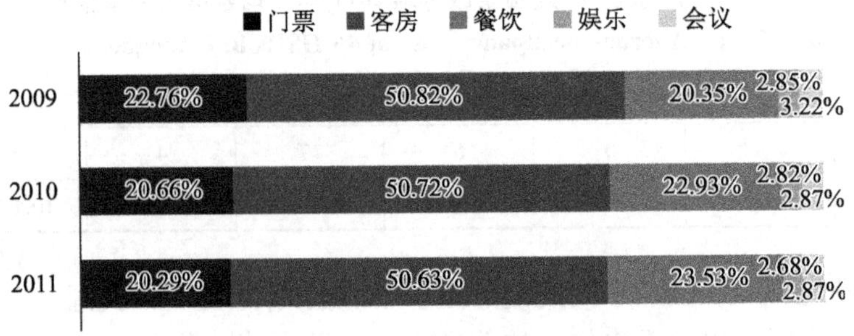

图5－10 广东省温泉旅游地消费结构

Fig.5－10 Consumption structure of HSRs in Guangdong

5.3 广东省温泉旅游地客源市场特征

客源市场是旅游业发展的生命线,关系到旅游地的兴衰(吴晋峰,2004)。温泉旅游地的发展,在有丰富温泉资源的基础上,更需要有不断增长的客源市场。本节主要从空间特征、时间特征、客源组织方式等方面对广东省温泉客源市场进行了研究,并利用百度指数(用户关注度)指标对潜在客源市场进行了分析预测。

为方便进行客源分析，按照广东省四大区域划分标准将现有温泉旅游地划分为珠三角温泉区（广州、深圳、珠海、佛山、中山、江门、东莞、肇庆和惠州）；粤东温泉区（河源、梅州、揭阳、潮州、汕头和汕尾）；粤西温泉区（云浮、阳江、茂名和湛江）以及粤北温泉区（清远、韶关）。客源地也相应分为珠三角客源市场、粤东客源市场、粤西客源市场以及粤北客源市场。

5.3.1 客源市场空间结构特征

旅游地客源市场空间结构是旅游地理结构的重要内容（张捷，1995），主要是以旅游者空间分布统计为基础的空间分布特征研究，其目的是揭示旅游地客源市场的空间结构、重要客源市场以及旅游客源市场的开拓方向（陆林，2002；保继刚，2002）。

5.3.1.1 全省温泉旅游地客源市场总体空间结构

（1）总体客源市场空间结构

从 2011 年广东省温泉旅游地（46 处）客源市场调研统计数据来看，广东省温泉旅游客源主要集中在广东省内，占 94.53%，港澳台占 3.41%，而省外及国外游客的比重非常低，分别只占 1.59% 和 0.47%（表 5－7），充分说明温泉旅游客源市场是典型的区域性客源市场，主要以 2～3 小时车程半径范围内的游客为主。

（2）省内客源市场空间结构

而在广东省内，温泉客源市场则主要集中在珠三角地区，占 80.16%；其次为粤西和粤东地区，分别为 8.71% 和 7.09%，份额基本相当；相比而言，粤北地区比重最小，仅占 4.04%（表 5－7）。

（3）珠三角地区客源市场空间结构

从珠三角地区细分来看，温泉客源市场主要集中于广州、深圳和东莞三市，占其总量的 73.55%，分别为 38.20%、21.89% 和 13.46%，是广东省温泉旅游地核心的客源输出市场；其次为佛山、珠海，占 9.59% 和 7.96%，为第二梯队客源市场；第三梯队的客源市场为中山和惠州地区，客源比重大致相当，略高于 3.00%，分别为 3.48% 和 3.02%；相对而言，肇庆和江门的客源比重最低，分别仅占 1.70% 和 0.70%（表 5－7）。

（4）港澳台客源市场空间结构

在广东省温泉旅游地的港澳台客源市场中，香港地区游客占比 72.41%，其游客比重远高于澳门地区和台湾地区，分别只占 18.97% 和 8.62%（表 5－7）。

表 5－7 广东省温泉旅游地客源市场空间结构

Table 5－7 Spatial structure of the tourist market in Guangdong

客源地	比 例	客源地	比 例	客源地	比 例
省内	94.53%	珠三角	80.16%	广州	38.20%
				深圳	21.89%
				东莞	13.46%
				佛山	9.59%

续表

<table>
<tr><th>客源地</th><th>比 例</th><th>客源地</th><th>比 例</th><th>客源地</th><th>比 例</th></tr>
<tr><td rowspan="8">省内</td><td rowspan="8">94.53%</td><td rowspan="5">珠三角</td><td rowspan="5">80.16%</td><td>中山</td><td>3.48%</td></tr>
<tr><td>珠海</td><td>7.96%</td></tr>
<tr><td>江门</td><td>0.70%</td></tr>
<tr><td>惠州</td><td>3.02%</td></tr>
<tr><td>肇庆</td><td>1.70%</td></tr>
<tr><td>粤北</td><td>4.04%</td><td>-</td><td>-</td></tr>
<tr><td>粤东</td><td>7.09%</td><td>-</td><td>-</td></tr>
<tr><td>粤西</td><td>8.71%</td><td>-</td><td>-</td></tr>
<tr><td>省外</td><td>1.59%</td><td>-</td><td>-</td><td>-</td><td>-</td></tr>
<tr><td rowspan="3">港澳台</td><td rowspan="3">3.41%</td><td>香港</td><td>72.41%</td><td>-</td><td>-</td></tr>
<tr><td>澳门</td><td>18.97%</td><td>-</td><td>-</td></tr>
<tr><td>台湾</td><td>8.62%</td><td>-</td><td>-</td></tr>
<tr><td>国外</td><td>0.47%</td><td>-</td><td>-</td><td>-</td><td>-</td></tr>
</table>

总体来看，当前广东省温泉旅游地客源市场主要以经济发达的珠三角地区为主，而经济发展水平高、城市常驻人口众多的广州、深圳、东莞等地又成为温泉旅游的主要客源输出市场。广东毗邻香港、澳门，温泉旅游地对香港、澳门的游客具有较强的吸引力，其中香港游客的比重最大。

5.3.1.2 区域温泉旅游地客源市场空间结构

(1)区域总体客源市场空间结构

当前，广东省内不同区域的温泉旅游地，其客源市场总体上仍然以广东省内市场为主，占比都超过90.00%；粤东地区温泉旅游地的省外客源市场略高于粤西地区，这与粤东地区经济相对发达，省外商务客流较多以及临近省份福建、江西等游客较多有关；而珠三角地区和粤北地区温泉旅游地的省外市场占比非常低，不足1.00%，；国外的游客主要集中在珠三角地区的温泉旅游地，但总体比重很小，仅为0.73%(表5－8)。

表5－8　区域总体客源市场空间结构

Table 5－8　Spatial structure of the total tourist market of different areas

客源地温泉区	广东省内	省外	港澳台	国外
珠三角温泉区	95.27%	0.55%	3.45%	0.73%
粤西温泉区	93.75%	3.75%	2.50%	—
粤东温泉区	94.00%	6.00%	—	—
粤北温泉区	90.00%	—	10.00%	—

(2)区域省内客源市场空间结构

从省内客源市场来看,广东省不同区域温泉旅游地客源市场空间结构具有较大的差异性。珠三角温泉区和粤东温泉区以本地市场占比最大,分别为92.08%和85.11%;而粤西温泉区和粤北温泉区则以珠三角为最大的客源市场,分别为61.33%和88.89%,粤西温泉区本地客源市场也占有一定的比重,达36.27%(表5-9)。表明珠三角和粤东地区的温泉旅游地在巩固本地客源市场的基础上,打造温泉旅游品牌,加大省外客源市场的开发力度,而粤西和粤北地区的温泉旅游地在瞄准核心客源市场的基础上,要大力开发本地客源。

表5-9　区域省内客源市场空间结构

Table 5-9　Spatial structure of total tourist market of different areas in Guangdong

客源地温泉区	珠三角	粤西	粤东	粤北
珠三角温泉区	92.08%	0.29%	3.24%	4.39%
粤西温泉区	61.33%	36.27%	—	2.40%
粤东温泉区	13.83%	1.06%	85.11%	—
粤北温泉区	88.89%	—	—	11.11%

5.3.2 客源市场时间变化特征

5.3.2.1 客源市场年际变化特征

广东省温泉旅游地(46处)的游客接待量由2007年的1081.86万人次增加到2011年的1234.24万人次,平均游客接待量由28.47万人次增加到32.48万人次,总体呈增长的趋势,但增长速度较为平缓,其中2008年由于国际金融危机影响,游客接待量有所下滑(图5-11),但与同期广东省接待的总体游客量相比,增长的趋势并不显著(图5-9)。

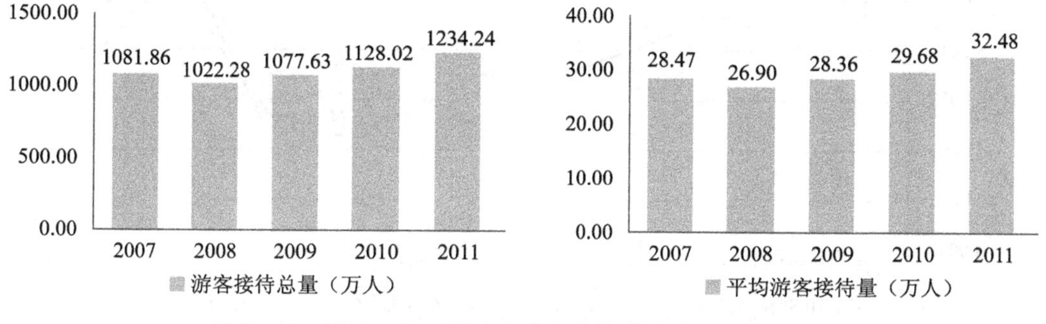

图5-11　2007—2011年广东省温泉旅游地游客接待量情况

Fig. 5-11　Tourist amounts of HSRs in Guangdong(2007—2011)

5.3.2.2 客源市场月度变化特征

基于温泉旅游资源自身的特殊性以及游客对于温泉旅游的传统认识,温泉旅游地客源市场呈现较为明显的月度变化特征,淡旺季交替明显。但同时,不同地区由于气候条件不同,淡旺季交替现象出现的时间点和程度也有所不同。王冠贤、保继刚(2004)指出秋季

9～11月或春季3～5月是最适宜浸泡温泉的季度，游客多集中于这几个月份；王华（2004）则指出每年的6～9月为温泉旅游地的淡季，而冬、秋、春三季为旺季。但从广东省温泉旅游地2011年客源市场月度变化特征来看（图5－12），游客接待的旺季为当年的10月到来年的2月，此时气温较低，适宜温泉旅游；3月和4月期间，由于气温开始回升，温泉旅游地的游客量开始减少；5月到9月，游客量最少，接待的游客总量仅为全年游客接待总量的30%左右，此时广东省各地气温普遍较高，旅游者转向选择滨海旅游，成为温泉旅游的淡季。

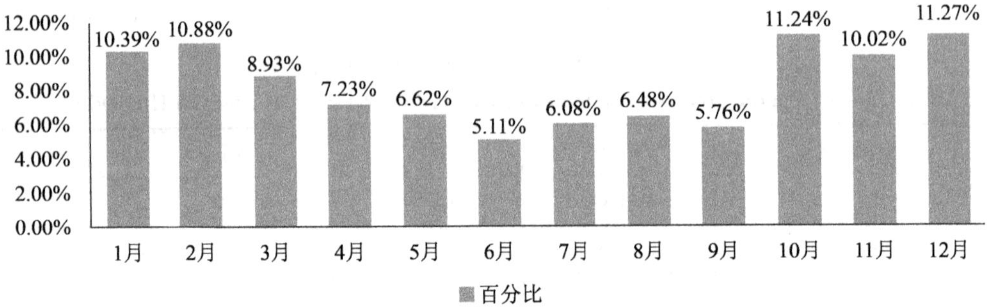

图5－12　2011年广东省温泉旅游地月游客接待量比例

Fig. 5－12　Proportions of the HSRs tourist every month in Guangdong, 2011

从区域来看，珠三角、粤西、粤东和粤北四地的温泉旅游地游客接待量的月度变化趋势与全省总体的变化趋势基本一致，淡旺季明显，十月份为温泉旅游旺季的开端，游客接待人数呈现大幅度的增长，达到上一个月的两倍；其中，粤西、粤东温泉区的游客接待量的递减期可以维持到五月，比珠三角地区和粤北的温泉旅游地稍晚（图5－13）。

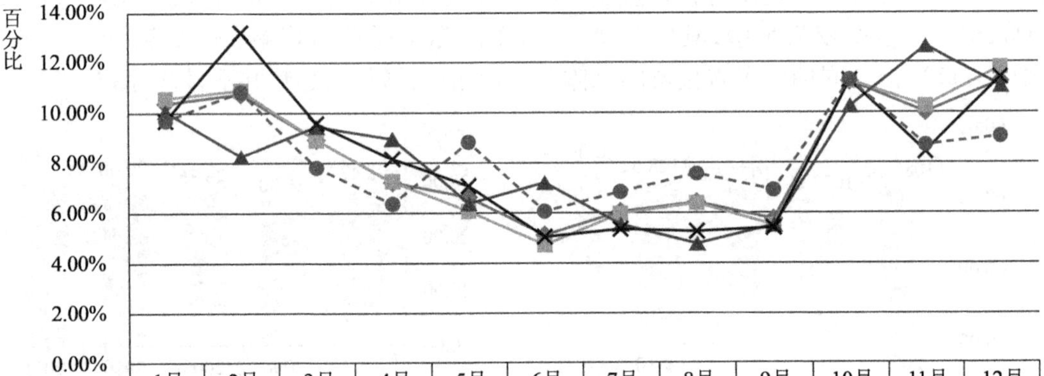

	1月	2月	3月	4月	5月	6月	7月	8月	9月	10月	11月	12月
广东省	10.39%	10.88%	8.93%	7.23%	6.62%	5.11%	6.08%	6.48%	5.76%	11.24%	10.02%	11.27%
珠三角	10.60%	10.93%	9.14%	7.28%	6.07%	4.75%	5.97%	6.39%	5.51%	11.28%	10.27%	11.82%
粤北	10.09%	8.21%	9.50%	8.96%	6.34%	7.18%	5.54%	4.74%	5.52%	10.24%	12.64%	11.06%
粤东	9.67%	13.23%	9.60%	8.16%	7.07%	5.09%	5.38%	5.24%	5.45%	11.22%	8.41%	11.48%
粤西	9.75%	10.86%	7.82%	6.37%	8.81%	6.05%	6.82%	7.59%	6.90%	11.31%	8.70%	9.04%

图5－13　2011年不同区域温泉旅游地月游客接待量比例

Fig. 5－13　Proportions of the HSRs tourist every month in different regions, 2011

5.3.3 客源组织方式特征

5.3.3.1 总体特征

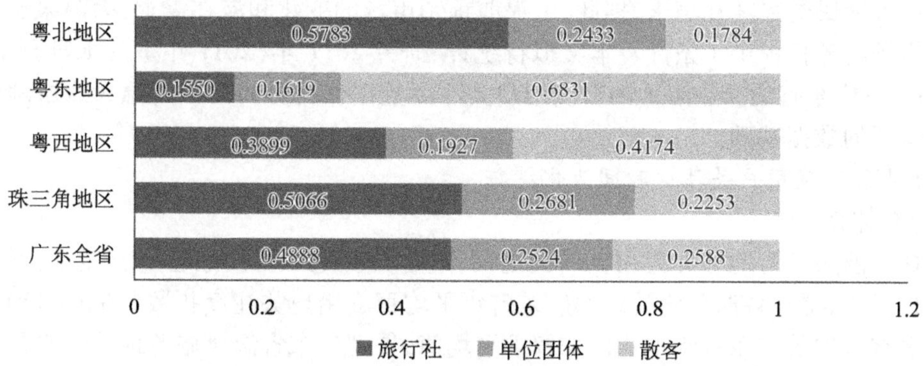

图 5-14 2011 年广东省不同区域温泉旅游地游客组织方式构成对比

Fig. 5-14 Proportion of organization forms of the HSR's tourist in Guangdong, 2011

从全省总体来看,旅行社组团是目前广东温泉客源市场中最主要的一种出游方式,占 48.88%;散客市场与单位团队市场的比重较低,所占比例分别为 25.24% 和25.89%(图 5-14)。

5.3.3.2 区域分异

不同区域温泉旅游地的游客组织方式则存在较大差异,珠三角和粤北地区,超过 50% 的游客是通过旅行社组织,其次为单位团体市场;粤西和粤东散客所占的比重最高,其次为旅行社和单位团体(图 5-14)。主要原因分析如下:一是珠三角地区旅行社业发达,旅行社在游客与温泉旅游地之间充当了重要的媒介作用;二是粤东等温泉客源市场以当地客源为主,旅行社业不发达,散客自驾游等方式就成为主流。

5.3.4 潜在客源市场特征

对于旅游地来说,挖掘潜在客源市场是开拓现实市场的基础(刘昌雪、汪德根,2004)。所谓潜在客源市场,通常是指客观存在的,由于诸多因素的影响而未显露或未成熟的市场,是由那些对某旅游地具有一定兴趣的游客构成。潜在客源市场是现实客源市场的基础,一旦条件成熟,潜在客源市场将转化为现实市场。在激烈的市场竞争中,要善于把握市场上出现的新机遇、新趋势、新特点,就要充分挖掘潜在客源市场,使其转变为现实客源市场,促进温泉旅游地的发展。

5.3.4.1 分析方法说明

在以互联网为代表的信息技术快速发展的今天,随着电脑、智能手机、移动终端的广泛应用,旅游者通过网络搜索获取信息并购买旅游产品越来越普遍,并成为未来发展的趋势。百度(baidu. com)是全球最大的中文搜索引擎,《2011 年中国搜索引擎市场调查报告》显示百度仍是国内网民首选的搜索引擎,有 78% 的用户使用百度进行搜索,同时有 95.3% 的受访者表示会首选百度进行搜索。百度指数(Baidu Index)[①]提供的"用户关注度"以数千万网民在百度的搜索量为数据基础,以关键词为统计对象,科学分析并计算出各个关键词在百度网页搜索中搜索频次的加权和,并以曲线图的形式展现。"用户关注度"直接、客观地反映出广大网民的兴趣和需求,据此,可提前预判市场的变化和潜在需求,为温泉旅游地潜在客源市场的分析提供了条件。本文拟将统计、研究2011年(2011年1月1日至2011年12月31日)广东省温泉旅游地的百度用户关注度数据作为分析广东省温泉旅游地潜在客源市场特征的数据基础。

5.3.4.2 百度用户关注度时间变化特征

(1)总体特征

选择各温泉旅游地名称为相应的关键词,选定关注地区为广东省所有城市,通过百度指数进行搜索,得到各温泉旅游地的广东省年平均百度用户关注度指数(图5-15)。之后对各温泉旅游地的广东省年平均值加权求平均值,得到广东省温泉旅游地的年平均百度用户关注度指数为118.95。参照这一年均值,广东温泉旅游地用户关注度的高峰期是当年的9月到来年的2月,3月和4月开始小幅度下降,从5月到8月期间为用户关注度的低峰期,其值在92~100。广东温泉旅游地百度网络关注度基本与全省温泉现有市场的季节变化趋势基本吻合。而九月份除外,表明用户在全省温泉旅游达到高峰前就已开始密切关注温泉信息,预示着温泉旅游地应提早做好宣传促销工作,努力拓展客源。

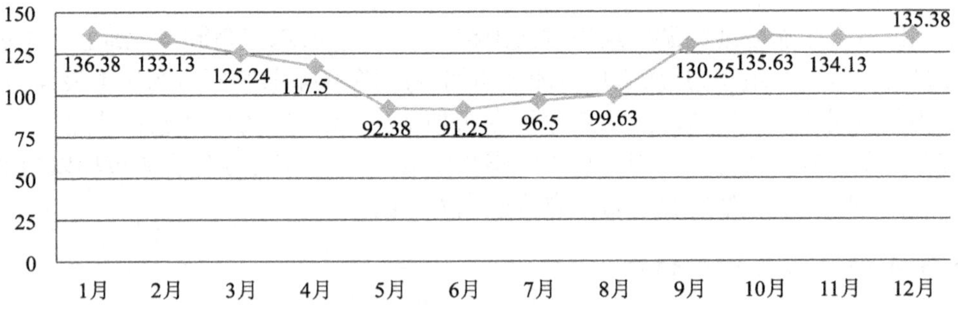

图5-15 2011年广东省温泉旅游地百度用户关注度变化情况

Fig. 5-15 Changes of Baidu user interests of HSRs in Guangdong, 2011

(2)区域特征

从广东省四大区域来看,珠三角温泉区和粤西温泉区的百度用户关注度与全省百度用户关注度规律一致,而粤北温泉区用户关注度的低峰期从三月份开始,持续六个月(图5-16)。珠三角温泉区大型温泉旅游地众多,且具有地域和交通优势,每月的用户关注度指数远远大于粤西和粤北地区,这也说明了珠三角温泉区是客源市场关注的重点地区。

① 资料来源:http://baike.baidu.com/view/1235.htm

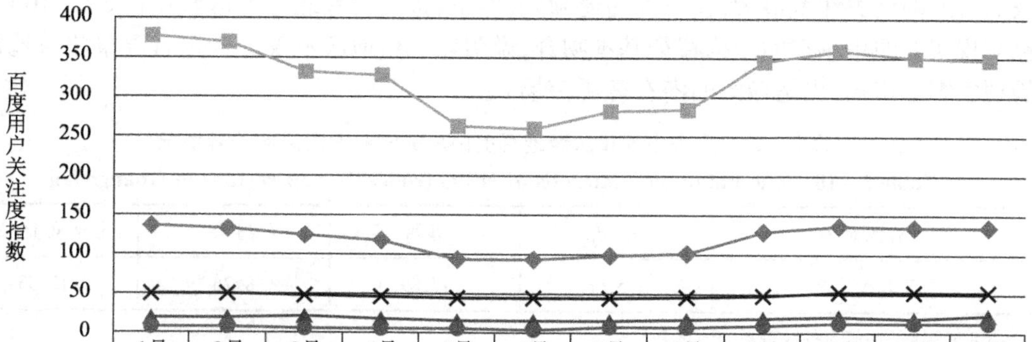

	1月	2月	3月	4月	5月	6月	7月	8月	9月	10月	11月	12月
广东省	136.38	133.13	125.24	117.5	92.38	91.25	96.5	99.63	130.25	135.63	134.13	135.38
珠三角	377.5	369.63	332.13	329.13	263.01	261.5	282.13	285.13	346.76	360.88	351.75	348.63
粤西	18.38	18.38	19.63	17.23	14.01	15.13	14	15.38	17.88	19.51	18.25	22.63
粤北	49.38	49.25	48.38	46.13	44.75	44.12	44.25	45.63	47.38	51.63	51.38	52.38
粤东	8.24	8.35	6.28	7.34	6.48	5.68	7.36	7.98	9.25	13.27	12.16	12.75

注:不同温泉区平均值为各地市温泉百度指数平均值之和。

图 5－16　不同区域温泉旅游地百度用户关注度时间变化情况

Fig. 5－16　Changes of Baidu user interests of HSRs in different regions, 2011

5.3.4.3 百度用户关注度地域分布特征

(1)总体特征

广东省内对广东温泉旅游地的用户关注度虽仍占据大部分份额,但其比例小于广东省内现实的客源地比例。相较于省内,省外和境外对广东温泉旅游地的网络关注度则占了网络关注度总量的近1/5,比重远大于省外、境外的现实客源市场比例(图 5－17),这些可能就是广东省温泉旅游地潜在的客源市场,具有较大的市场开拓价值。因此,广东温泉旅游地应在保障省内客源市场的基础上,加大力度开拓省外和境外客源市场。

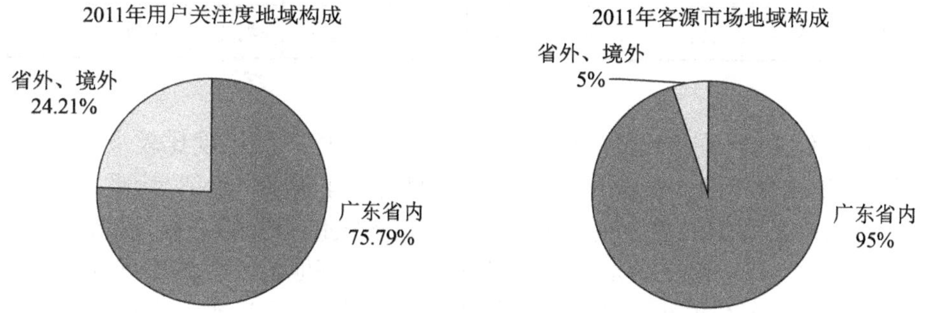

图 5－17　用户关注度地域分布比例与客源市场地域构成比例对比

Fig. 4－17　Comparison between propotion of Baidu user interests and tourist of HSRs

(2)省内区域特征

广东省内不同地区的网民对温泉旅游地的百度用户关注度具有显著的差异,珠三角地区的百度网络关注度最大,在省内遥遥领先,粤东、粤西和粤北等地区较小(表5－10)。这也与现实客源市场空间结构特征基本吻合,说明珠三角地区不仅是广东省温泉旅游地最大的现实客源市场,也是最大的潜在客源市场。

表5－10 广东省温泉旅游地百度用户关注度省内区域分异情况

Table 5－10 The Baidu user interests of HSRs from different regions in Guangdong

客源地	珠三角	粤西	粤东	粤北
年平均关注度	325.68	47.89	8.76	17.53

(注:区域平均值为各地市平均值之和)

(3)省外区域特征

对于广东不同区域的温泉旅游地,在全国区域内的百度用户关注度也有所差别(表5－11)。总体而言,省外用户关注度主要集中在三类地区:一是北京、上海和香港三个国际性的大都市;二是以浙江、江苏为代表的长三角地区;三是以湖南、湖北、江西、广西和福建为代表的广东省周边地区。除粤北地区温泉以外,其他三个地区的关注网民中,广东省周边省份用户排名比其他两个主要聚集区稍后。说明除距离因素以外,地区的经济发展水平等因素也是温泉潜在游客市场的主要影响因素之一。

表5－11 广东温泉旅游地百度用户关注度省外区域分异情况

Table 5－11 The Baidu user interests of HSRs from different regions in Guangdong

排名 温泉区	1	2	3	4	5	6	7	8	9	10
珠三角温泉区	北京	上海	香港	浙江	江苏	湖北	广西	湖南	辽宁	江西
粤西温泉区	北京	广西	浙江	上海	香港	湖北	山东	湖南	江苏	福建
粤东温泉区	北京	山东	福建	上海	江苏	河北	湖北	湖南	广西	浙江
粤北温泉区	福建	江西	广西	江苏	山东	北京	湖北	上海	云南	河北

总之,从广东省温泉旅游地现有的客源市场和百度用户关注度比较来看,百度用户关注度的高峰期是从当年的九月份开始,即较游客接待旺季提前一个月,因此,对于温泉旅游地而言,在经营旺季到来的前一到两个月应进行市场宣传和营销工作,以增强游客的关注度,拓展潜在客源市场。珠三角地区的江门、惠州、中山等地区的客源市场具有一定的拓展空间,另外,粤西、粤东和粤北地区的用户关注度相对较低,这些地区的温泉旅游地应加强宣传,提高温泉旅游地的知名度,以进一步开拓客源市场。对于省外客源市场而言,潜在市场主要集中在以下区域:一是以北京、上海和香港这三个国际性的大都市为代表的客源地市场;二是以浙江、江苏为代表的长三角客源市场区,三是以湖南、湖北、广西为代表的广东省周边客源地市场。而对于国内不同地区的潜在客源市场,广东省温泉旅游地可结合自身特色,与周边旅游地开展联合营销,有重点、有针对性地开发省外客源市场。

5.4 广东省温泉旅游地空间分布结构

旅游地空间分布特征及其演化发展规律对区域旅游发展及空间布局具有重要的现实指导意义,一直以来是国内外学者关注和研究的热点(吴必虎等,2003;朱竑等,2008;谢志华等,2008;袁俊等,2010;毛小岗等,2011)。温泉旅游地的空间结构特征可从空间分布类型、空间分布均衡性以及空间分布密度等三个方面进行深入研究与探讨。

5.4.1 研究方法说明

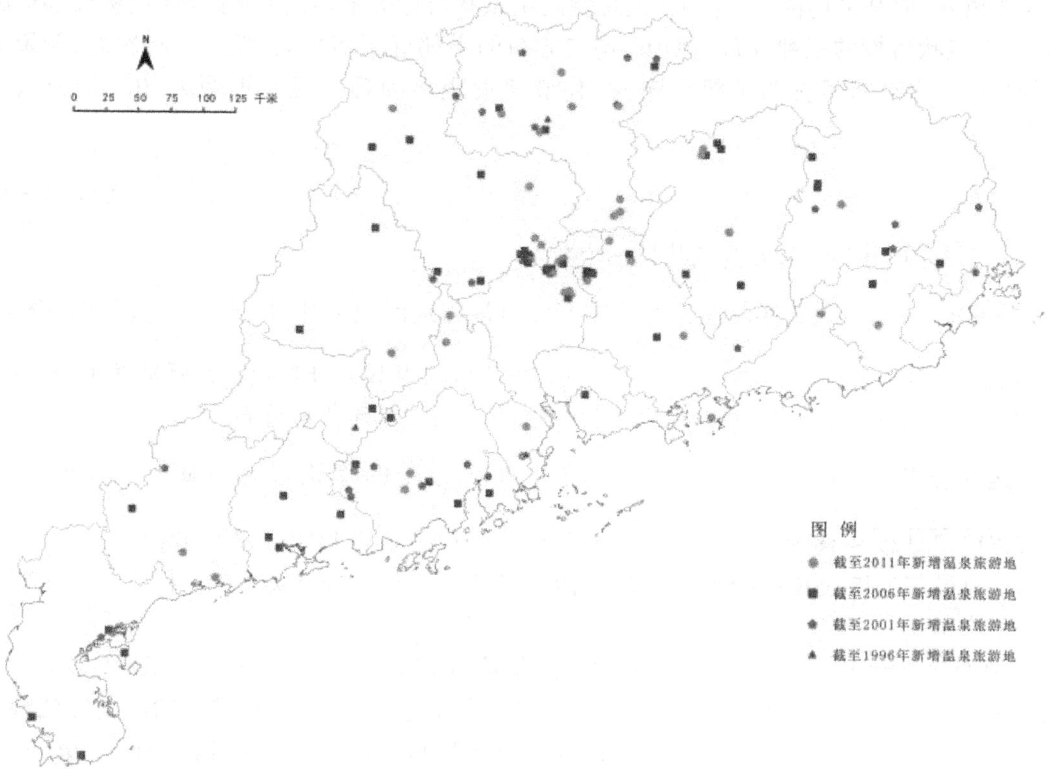

图 5－18 广东省温泉旅游地分布图

Fig. 5－18 Distribution of hot springs resorts in Guangdong

地理信息系统(GIS)空间分析工具与数学地理方法相结合是研究点状目标空间结构的主要方法,主要包括利用最邻近指数和 Voronoi 多边形变异系数对温泉旅游地的空间分布类型进行量化测度与检验;利用地理集中指数、洛伦茨曲线对温泉旅游地的集中程度和均衡度进行测度;利用 GIS 软件进行空间密度分析等。

GIS 空间分析的工作底图采用广东省国土资源厅制定的《广东省地图》(行政区划版 1:250万,2009),通过 ArcGIS10.0 数字化建立基础底图。以前文温泉资源点数据和温泉旅游地数据为研究对象,并将各温泉资源点和温泉旅游地在 GIS 基础底图上精确定位(图 5－18),进行空间分析。

5.4.2 空间分布类型

在区域尺度上，通常把旅游地近似成点状目标。点状目标一般有随机分布、均匀分布和集群分布三种空间分布类型（朱竑等，2008；袁俊等，2010；毛小岗、宋金平等，2011）。目前测度点状目标空间分布格局的方法主要有使用最邻近点指数测算（朱竑等，2008），运用空间洛伦茨曲线（毛小岗、宋金平等，2011）和测算基于点状目标生产的 Voronoi 多边形面积变异系数进行检验（张红、王新生等，2005）。

最邻近距离是表示点状目标在地理空间中相互邻近程度的地理指标，它反映了点状目标在空间中的分布格局类型。测算地理空间中每个点状目标与其最邻近点状目标之间的欧氏距离 $\overline{d}$，取其平均值 $\overline{d}$，即为该地理空间中点状目标的平均最邻近距离（简称最邻近距离）。在点状目标的三种分布类型中，均匀分布的最邻近距离最大，随机分布次之，凝聚分布的最小。当点状目标为随机分布时，其最邻近距离为理论最邻近距离 $\overline{dE}$，用公式表示为：

$$\overline{dE} = \frac{1}{2}\sqrt{\frac{A}{n}}, \qquad （公式 5-1）$$

其中 A 为区域面积，n 为点状目标个数。

最邻近指数（R）为实际最邻近距离与理论最邻近距离之比，即 $R = \frac{\overline{d}}{\overline{dE}}$，是以随机分布的状况作为一种标准去衡量点状目标的空间分布。当 $R=1$ 时，点状目标呈随机分布；当 $R>1$ 时，点状目标趋于均匀分布；当 $R<1$ 时，点状目标趋于集群分布。

运用公式 5-1 计算广东温泉旅游地空间分布的理论最邻近距离为 $\overline{dE} = \frac{1}{2}\sqrt{179812.7/125} \approx 18.96$（km）。经 ArcGIS10.0 软件分析得到实际最邻近距离 $\overline{d} = 15.46$（km），故最邻近指数 $R \approx 0.82 < 1$，说明当前广东省 125 处温泉旅游地在空间上表现为集群分布的态势。

为了进一步证实广东省温泉旅游地空间集群分布的态势，采用测算 Voronoi 多边形的面积变异系数（CV 值为 Voronoi 多边形面积的标准差与其面积平均值的比值）的方法检验以上结果（张红、王新生等，2005）。Duyckaerts（2000）认为当点状目标为随机分布时，Voronoi 多边形的面积变异系数（CV 值）为 57%（包括 33% 到 64% 之间的值）；当点状目标为集群分布时，变异系数值为 92%（包括大于 64% 的值）；当点状目标均匀分布时，变异系数值为 29%（包括小于 33% 的值）。

以广东省 125 处温泉旅游地为发生元，在 ArcGIS 中生成普通 Voronoi 多边形（图 5-19），并统计每一多边形的面积，计算其面积的变异系数（CV 值）为 102.64%，结果也验证了广东温泉旅游地空间集群分布的态势。

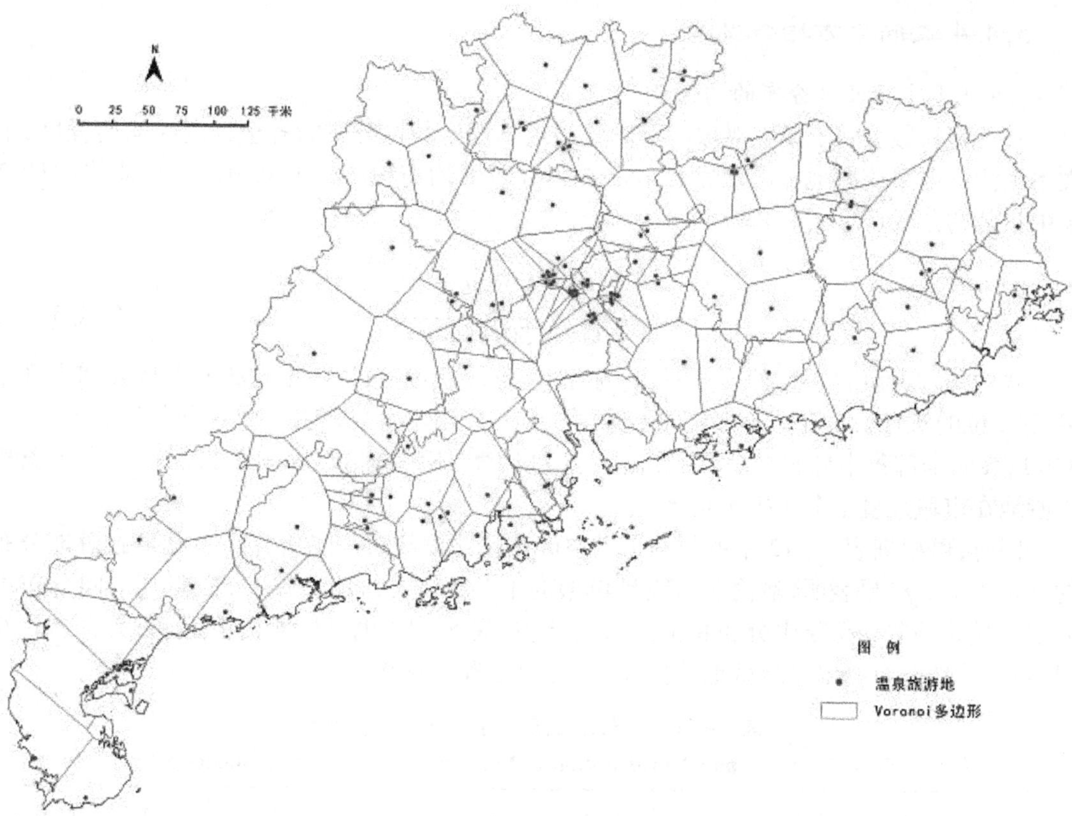

图 5－19 广东省温泉旅游地 Voronoi 图

Fig. 5－19 Voronoi diagram of hot springs resorts in Guangdong

5.4.3 空间分布集中程度

地理集中指数是研究某地理研究对象在地域上集中程度的重要指标，现采用其对广东温泉旅游地分布的集中程度进行定量分析（保继刚、甘萌雨，2004）。计算公式如下所示：

$$G = 100 \times \sqrt{\sum_{i=1}^{n} (x_i/t)^2}\ , \qquad \text{（公式 5－2）}$$

式中 G 为地理集中指数，x_i 为第 i 个区域的温泉旅游地数量（具体见表 5－11），t 为温泉旅游地总数，n 为区域总数。G 值越大，则分布集中程度越高；当 125 处温泉旅游地平均分布时，地理集中指数 $\bar{G}=21.82$ 最小。而实际上，将温泉旅游地数据代入上述公式计算所得到的地理集中指数 $G = 30.11 > \bar{G}$。而谢志华等（2008）研究中国资源型景区的地理集中指数为 21.44，刘国明等（2011）研究中国国家级水利风景区和中国国家森林公园的地理集中指数分别为 21.83 和 20.19，这表明广东省温泉旅游地空间分布的集中程度较高。

5.4.4 空间分布均衡程度

5.4.4.1 市域尺度分布的均衡程度

不平衡指数反映了研究对象在不同层级或不同区域内分布的齐全程度或均衡程度，本文用其测度温泉旅游地在广东省各地市空间分布的均衡程度。可采用罗伦兹曲线中计算集中指数的公式（周一星，1995）：

$$S = \frac{\sum_{i=1}^{n} Y_i - 50(n+1)}{100n - 50(n+1)} \qquad \text{（公式 5-3）}$$

式中，n 为地市数量，即 $n = 21$，Y_i为各市温泉旅游地数量占全省的比重从大到小排序后，第 i 位的累计百分比。不平衡指数 $S \in (0,1)$，当 $S = 0$，表明均衡分布在各地市中；当 $S = 1$，表明全部集中分布在一个市域里。经过计算，不平衡指数 $S = 0.524$，表明广东温泉旅游地在市域尺度上分布极不均衡。

同时，可根据表 5-12 中的数据借助空间洛伦兹曲线进一步研究广东温泉旅游地分布的均衡程度。结果表明，洛伦茨曲线呈典型的上凸形式（如图 5-20），证明其空间分布上表现出显著的非均衡集中分布特征。事实上，从表 5-12 也可以看出清远、韶关、广州、江门、惠州等地分布的温泉旅游地数量较多，占到全省的 60%。

表 5-12 广东省温泉旅游地空间分布统计

Table 5-12 Spatial distribution of hot springs resorts in Guangdong

序号	区域	数量	比重	累计比重	序号	区域	数量	比重	累计比重
1	清远	19	15.2%	15.2%	12	肇庆	3	2.4%	88.8%
2	韶关	18	14.4%	29.6%	13	中山	3	2.4%	91.2%
3	广州	15	12.0%	41.6%	14	潮州	2	1.6%	92.8%
4	惠州	12	9.6%	51.2%	15	佛山	2	1.6%	94.4%
5	江门	11	8.8%	60.0%	16	揭阳	2	1.6%	96.0%
6	河源	8	6.4%	66.4%	17	珠海	2	1.6%	97.6%
7	梅州	8	6.4%	72.8%	18	深圳	1	0.8%	98.4%
8	湛江	6	4.8%	77.6%	19	汕头	1	0.8%	99.2%
9	茂名	4	3.2%	80.8%	20	汕尾	1	0.8%	100.0%
10	阳江	4	3.2%	84.0%	21	东莞	0	0.0%	100.0%
11	云浮	3	2.4%	86.4%	合计	全省	125	-	100.0%

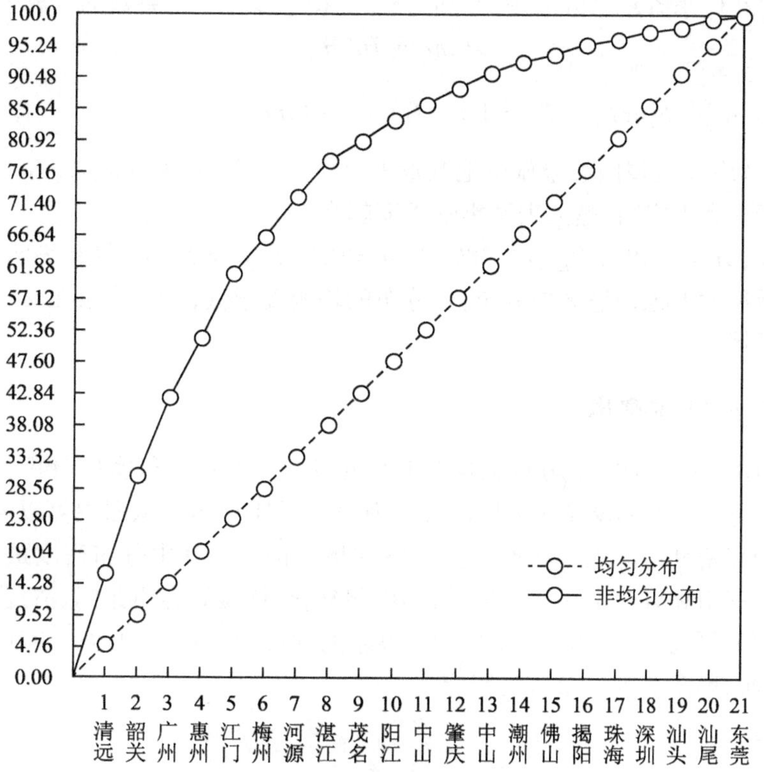

图 5-20 广东省温泉旅游地空间分布的洛伦茨曲线

Fig. 5-20 Lorenz curve of spatial distribution of HSRs in Guangdong

5.4.4.2 区域尺度分布的均衡程度

广东省地域辽阔,区域资源环境与经济发展水平不同,珠三角、粤北、粤东和粤西地区四大区域温泉旅游地的发展情况也不同(表 5-13),其空间分布差异明显。

表 5-13 广东省区域温泉旅游地分布情况

Table 5-13 Distribution of different regions in Guangdong

分区	所包含地市	温泉旅游地数	比重(%)
珠三角	广州、深圳、珠海、佛山、江门、东莞、中山、惠州、肇庆	49	39.2%
粤北	韶关、清远	37	29.6%
粤西	湛江、茂名、阳江、云浮	17	13.6%
粤东	汕头、汕尾、潮州、揭阳、河源、梅州	22	17.6%
合计	全省	125	100%

基尼系数(Gini)是意大利经济学家基尼于 1922 年提出的,是用来定量测定收入分配差异程度的指标。在地理学上主要用来研究地理要素的区域空间分布差异,可用来定量分

析温泉旅游地在广东省 4 大区域中的空间分布均衡程度。基尼系数的计算公式如下所示：

$$Gini = H/H_m ,\qquad（公式 5-4）$$

其中 $H = -\sum_{i=1}^{n} P_i \ln P_i$，$H_m = \ln n$，$C = 1 - Gini$

式中，P_i 为第 i 区域内温泉旅游地数量占全省的比重，n 为分区数，C 为分布均匀度。基尼系数介于 0 和 1 之间，越大表明集中程度越高。

经过计算，$H = 1.294$，$H_m = 1.386$，$Gini = 0.934$，$C = 0.066$，结果表明广东温泉旅游地在全省区域尺度上也是呈集中分布，且分布的均衡度很低，主要分布在珠江三角洲、粤北山区等两大区域。

5.4.5 空间分布密度

利用 ArcGIS 10.0 的密度分析工具对 125 处温泉旅游地进行密度分析，发现广东省温泉旅游地平均分布为 0.069 个/100km^2，结果如图 5-21 所示。从图中可以看出，广东温泉旅游地分布的高密度地区主要在珠三角区域和粤北山区。其中分布密度最高的地区位于广州北部的珠三角和粤北山区交界地带，即广州从化、增城和惠州龙门、清远佛冈等地温泉旅游地呈集聚发展态势；其次粤北的韶关、粤东的河源以及珠三角地区的江门等地分布密度较高；而粤西、粤东地区分布密度较低。

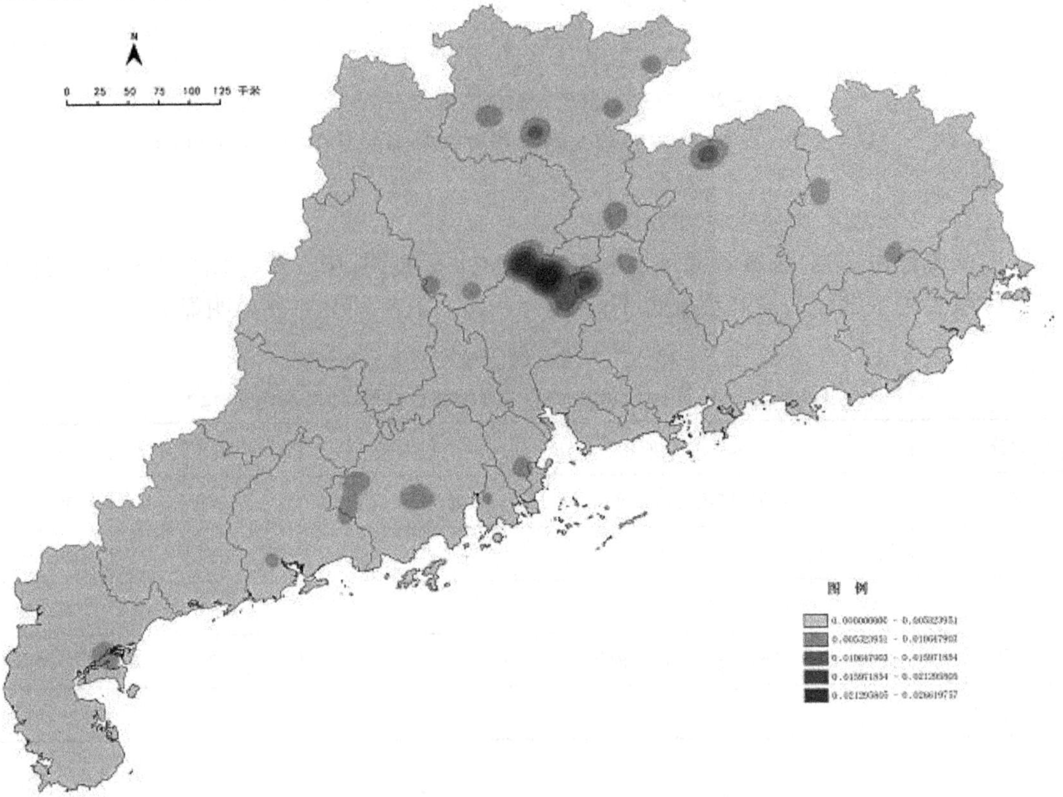

图 5-21 广东省温泉旅游地空间分布密度图

Fig. 5-21 Density of spatial distribution of hot springs resorts in Guangdong

5.5 广东省温泉旅游地发展存在的主要问题

广东温泉旅游业在近年来虽然呈现出良好的发展态势，但在快速发展的过程中同时也存在诸多问题。通过前文的分析研究，并综合笔者问卷调查以及深入各温泉旅游地实地调研，发现广东省温泉旅游地当前存在的主要问题包括以下几个方面：

（1）温泉资源无序开发，产业布局不合理

温泉是地热资源，属于国家鼓励开发的能源，同时又是水资源，过量抽取可能引起地下水位下降、温泉水资源枯竭等生态环保问题。如果不对温泉资源进行有序适度开采，将会导致温泉资源遭到破坏，对于温泉旅游地的可持续发展造成严重威胁。虽然一些地方已经采取了一些诸如采矿证制度等相关措施，但由于缺乏有效的监管机制，致使在许多地区，相当一部分温泉属于违规开采，滥开滥采现象严重，不仅对资源保护不利，还会影响整个温泉旅游业的健康发展。

同时，广东温泉旅游地在快速发展过程中，由于缺乏整体的行业规划和指导，导致产业布局混乱，盲目投资和无序开发现象严重，温泉旅游地呈现集聚化布局现象。很多地区，特别是温泉资源比较集中的区域，在近距离范围内，投资开发建设数个温泉旅游地，同一水源供给多处温泉度旅游地使用，导致恶性竞争和温泉水资源争夺矛盾日益凸显，如从化、增城、佛冈等地。而粤西湛江、茂名等地的温泉资源远未得到充分利用；粤东梅州市的温泉资源开发利用也处在起步阶段。

（2）地区发展不平衡，区域市场竞争激烈

目前，广东温泉旅游地地区发展不平衡现象突出。全省约三分之二的温泉旅游地集中分布在珠三角地区，部分地区集聚现象突出，如从化、增城、龙门、佛冈等，而温泉资源最为丰富的粤东、粤西地区温泉旅游地分布较少。地区发展的不平衡导致了区域客源市场供需矛盾加剧，市场竞争激烈，温泉行业间低价竞争、互相争夺客源的现象十分严重。同时，由于政府目前对于温泉旅游目的地的宣传力度不够，温泉旅游地的宣传和营销仍然以“单打独斗”为主，投入宣传促销的资源有限，并没有形成温泉旅游目的地整体营销机制，也加剧了各温泉旅游地在区域市场的竞争。

而与此同时，广东省正积极大力开发滨海旅游，地产集团、国际品牌酒店集团纷纷进入广东开发海滨度假产品，使得广东海滨度假产品竞争力得到显著提升，并参与到广东度假客源市场的争夺中，对温泉旅游地造成了直接威胁。加上高尔夫度假、山地度假以及主题度假酒店的客源竞争，使得未来温泉旅游客源的分流压力将会增大。

（3）温泉文化建设薄弱，产品雷同现象突出

在快速发展的过程中，广东省温泉旅游地的文化建设较薄弱，产品同质化和照搬模仿现象比较普遍。全省温泉旅游地在产品内涵、市场定位、经营模式和服务理念等方面基本相似，特色化、个性化温泉产品不足。大多数的温泉旅游地缺乏自身特有的吸引力，全省有明确主题特色的温泉旅游景区数量不足20%，真正具有岭南文化特色的温泉旅游地还没有。温泉旅游产品的雷同，加上目标客源市场以及营销渠道的类似，使得广东省温泉旅游地竞争日益加剧，低价竞争、互相争夺客源的现象十分严重。而随着居民生活水平的提高

以及旅游经验的不断丰富，旅游市场消费心理愈加成熟，旅游消费意识也不断升级，对于温泉旅游产品的要求将更加突出个性化和体验性的特点，越来越注重文化、品牌与服务。未来的温泉旅游市场对于温泉产品的品牌价值、文化特色和个性化服务将会提出更高的要求。

(4)法律法规有待完善，行业监管亟待加强

目前，由于温泉旅游相关法律、法规的缺失，导致行业管理混乱，产生许多温泉水权纠纷、滥开滥采、安全卫生及服务质量等问题，特别是温泉旅游透明度和公信力不足，部分游客对于温泉水的真实性产生怀疑。虽然有些温泉旅游地专门聘请了相关单位对温泉水进行了检测，但公信力和推广度较弱，并没有得到市场广泛的接受和认同。而日本、韩国等国早已颁布的《温泉法》，成为各地开发利用温泉资源及促进温泉旅游产业发展的特别法律。

(5)温泉人才流失严重，服务管理水平受制约

温泉旅游作为服务性行业，行业良好的发展必然需要大量的专业人才。近年来，广东省很多温泉旅游地存在招工困难、员工流失率高、整体素质下降等普遍问题，呈现高端人才勉强支撑，中层人才奇缺，普通员工难招的现象。主要原因有以下几个方面：一是目前温泉企业经营成本提升，员工薪酬水平增长缓慢，员工工资日渐失去比较优势，致使员工的离职率提高，特别是一线员工的离职率奇高。二是产业转移带来的人力资源争夺矛盾日益突出，广东经济转型升级战略和产业转移政策使粤东、西两翼和粤北山区的劳动用工需求量增大，而温泉旅游地一般位置偏僻、娱乐设施缺乏，工资水平也不具有比较优势，对年轻员工缺乏吸引力，招工难、员工离职率高等人力资源矛盾将会持续存在。三是全国温泉旅游地大发展引发广东省中高层温泉人才大量外流。各温泉旅游地面临着巨大的人力资源压力，严重影响其正常运营，导致了较高的人员招聘和培训成本，并且也给温泉企业管理和服务水平的提升带来很大的制约。

5.6 本章小结

本章在调研统计的基础，综合分析研究广东省温泉旅游地的发展现状。

其一，广东省温泉旅游地演化发展经历了室内温泉、露天温泉、主题温泉和度假温泉四个发展阶段，各阶段的发展特征各异，其演化发展进程主要受资源空间分布、客源市场条件、交通条件变革和旅游消费市场变化的驱动影响。

其二，广东省温泉旅游地总体发展规模不断扩大、发展速度持续快速、发展空间不断扩展、旅游接待设施配套较齐全、交通状况有待改善、环境条件优越、产业带动效应和就业促进效应凸显。同时，广东省温泉旅游地经营效益不断增强、年平均客房出租率近年来不断提升、消费结构渐趋合理。

其三，广东省温泉旅游地客源市场地域分布高度集中，主要集中在广东省内，其中，省内客源市场高度集中分布在珠三角地区，占90%以上。在组织方式上，粤西和粤东地区温泉旅游地的散客的比重高于团体和单位团队游客的比重，而珠三角地区和粤北地区以旅行社组团为主要出游方式。广东省温泉旅游地游客接待的旺季为十月到第二年的二月，三月、四月时游客接待量开始递减，五月到九月为游客接待的淡季。省内客源市场还有进一

步的开发空间，特别是珠三角地区的江门、惠州、中山等；对于省外客源市场而言，潜在市场主要集中在以北京、上海和香港这三个国际性的大都市为代表的客源市场，以浙江、江苏为代表的长三角客源市场区，以湖南、湖北、广东为代表的广东省周边客源地市场。

其四，应用 GIS 空间分析、数学地理和数理统计方法对广东省温泉旅游地空间结构进行综合分析和研究，结果表明广东省温泉旅游地空间格局呈集群分布态势，其最邻近指数 $R=0.82$，Voronoi 多边形面积变异系数为 102.64%；地理集中指数 $G=30.11$，不平衡指数 $S=0.524$，洛伦茨曲线呈典型的上凸形式，表明其空间分布集中程度较高，分布极不均衡；广东省温泉旅游地分布的高密度地区主要在珠三角地区和粤北山区，其中珠三角和粤北山区交界地带的密度最高。

其五，广东省温泉旅游地发展存在五大主要问题：温泉资源无序开发，产业布局不合理；地区发展不平衡，区域市场竞争激烈；温泉文化建设薄弱，产品雷同现象突出；法律法规有待完善，行业监管亟待加强；温泉人才流失严重，服务管理水平受制约；温泉人才流失严重，服务管理水平受制约。

第六章 温泉旅游地可持续发展评价模型

温泉旅游地可持续发展评价指标体系、评价模型和评价方法是温泉旅游地可持续发展研究的核心内容,是进行温泉旅游地可持续发展定量评价和实践调控的科学基础。然而,温泉旅游地可持续发展作为区域可持续发展研究的重要领域,目前其相关评价指标体系和评价模型缺乏。本章基于前人相关可持续发展研究成果,结合温泉旅游地自身特征,探讨温泉旅游地可持续发展评价的指标体系、模型、方法的基本理论,试图构建科学、合理、可操作性强的温泉旅游地可持续发展评价指标体系和评价模型,为全面、客观和科学地对温泉旅游地可持续发展进行综合评价提供理论基础。

6.1 温泉旅游地可持续发展评价指标体系构建

6.1.1 构建指标体系的意义与原则

6.1.1.1 构建指标体系的意义

在我国温泉旅游业迅猛发展的态势下,加强温泉旅游地可持续发展指标体系的研究,对于促进温泉旅游业和温泉旅游地的可持续发展具有重要的现实意义。具体来说,主要表现在以下几个方面:

(1)对温泉旅游地发展现状进行科学判断

要实现温泉旅游地可持续发展,首先必须对其发展现状有一个全面、科学、准确的判断,认清其可持续发展水平,在哪些方面符合可持续发展的要求,可持续发展程度如何,哪些方面不符合可持续发展,差距在哪里,原因是什么,等等。只有制定科学合理的可持续发展评价指标体系,才能认清现状,找出差距和原因,制定可持续发展的战略和措施,促进温泉旅游地的持续、健康发展。

(2)对温泉旅游地发展趋势进行分析预测

运用可持续发展指标体系可以对温泉旅游地的未来发展趋势进行分析,预测未来的发展是否符合可持续发展要求,哪些方面距可持续发展水平还有差距,原因是什么,从而为可持续发展战略的制定提供科学依据。同时,也可以对偏离可持续发展的领域做出及时校正,保障可持续发展战略的有效实施。

(3)为横向比较提供标准尺度

不同地区的文化风俗、资源环境状况不同,经济社会发展水平不同,可持续发展程度也不同。用同一套可持续发展指标体系对不同地区温泉旅游地发展进行横向比较,可以从中找出各自优势和不足,找出相互之间的差距,以利于相互借鉴、相互促进、共同发展。

(4)为制定可持续发展战略提供系列标准

可持续发展指标体系可为制定可持续发展战略规划提供参照体系,使区域温泉旅游地可持续发展战略与对策的制定有章可循。在实施可持续发展战略规划过程中,还可以利用可持续发展指标体系进行检查评价,及时发现问题,及时采取措施,保证区域温泉旅游地可持续发展战略的顺利执行。

6.1.1.2 构建指标体系的原则

国内外已有许多学者专门就指标体系的建立准则进行过归纳和总结(谢洪礼,1998;余丹林,1998;罗守贵、曾尊固,1999;张林英、周永章等,2005;申玉铭,方创琳等,2007;杨凌,元方等,2007;罗慧、曹毅,2010),但由于研究对象和使用方法又不尽相同,构建的原则也会有所差异。本文认为构建温泉旅游地可持续发展评价指标体系应遵循以下基本原则:

(1)科学性原则。科学性原则要求指标体系的建立和指标的选择遵循可持续发展理论,体现可持续发展的思想内涵,指标的选择与指标权重的确定、数据的选取与计算必须以科学理论为依据,做到概念清晰、逻辑严谨,能够客观、系统、科学地反映温泉旅游地可持续发展的内涵、特征及其发展水平。

(2)系统性原则。温泉旅游地是一个复杂的系统,涉及经济、社会和环境等各方面,并且是相互渗透、相互影响、相互制约的。评价指标选取应遵循系统性原则,反映可持续发展的社会、经济、资源、能源和生态环境各个系统的面貌,能够比较客观和真实地反映系统发展的状态及系统之间的相互协调态势,同时又要避免指标之间的重叠性,使评价目标和指标联系成一个有机整体。

(3)层次性原则。一个完整的指标体系应由宏观、中观、微观等不同层次的指标组成,这样可以从不同层次反映可持续发展的状态、程度、问题和趋势,便于纵向分析和横向比较,便于发现问题及时调整。

(4)可操作性原则。指标体系应是简易性和复杂性的统一,容易索取,易于量化和标准化,尽量与现行统计指标相统一,力求指标体系相对简洁易用,既保证全面反映可持续发展的各种内涵,又要具备实践和推广的可能性,具有较强的可操作性。

(5)可比性原则。可比性是指温泉旅游地可持续发展评价指标应具有普遍的统计意义,能普遍适用,所确定的指标的值应能够用直接或间接的方法测量或估测,计算口径、计算方法应可比。不仅保证同一温泉旅游地能够进行纵向比较,还要保证不同温泉旅游地可持续发展评价结果能够进行横向比较,保证评价结果的可比性。

(6)定量与定性相结合的原则。温泉旅游地可持续发展涉及面广,影响因素多,包括自然因素、社会经济因素以及文化因素等。可持续发展指标体系应尽可能量化,对一些难以量化,又具有重大意义的指标,也可采用定性指标描述,但必须以定量为主,相互补充和完善。

6.1.2 构建指标体系的方法与过程

6.1.2.1 前人研究成果的启示

温泉旅游地可持续发展评价指标的选取和指标体系的设计应充分借鉴前人研究成果。通过对前文(第二章)相关文献研究成果的总结与分析,归纳出其经验和启示:

①指标体系层次清晰。大部分文献的指标体系层次分明,结构清晰,且以三层为主,主

要包括系统层、特征层和指标层。系统层指构成可持续发展指标体系的主要系统，如社会、经济、环境等；特征层指各系统中包含的特征类型，可对系统层进行分解；指标层是表征子系统的具体指标。

②指标选择统筹兼顾。要全面考察各子系统的相互关系，兼顾各子系统的特征和实际要求，指标要体现整体和平均、静态和动态、数量和比例、有量纲和无量纲等不同性质的数据，并探索出一些创新指标，以求全面、客观和科学。

③指标数量适中。虽然各文献指标体系的数量多少不一，但总的来看，指标数量比较适中，系统层以 3 ~5 个为宜，每个系统的指标数量以 8 ~15 个为宜。如此，每个系统的平均影响可控制在 20% ~35%，每个指标对各自系统的影响便可控制在 6% ~13%，对整个体系的影响可控制在 2% ~3%，以做到全面性与独立性的兼顾。

6.1.2.2 构建指标体系的方法与步骤

构建温泉旅游地可持续发展评价指标体系应遵循“自上而下分解、自下而上构建”的逻辑方法。首先应明确温泉旅游地可持续发展评价的总目标，然后，确定实现这个目标应包括哪些系统，每个系统有哪些特征，每个特征应由哪些指标来反映，按照自上而下思考、逐层细化的方法确定最终具体评价指标，并对评价指标进行检验，通过德尔菲法（专家咨询意见）优选。随后，向上逐层检验特征层、系统层是否满足其各自要求。采用自上而下分解、自下而上构建的方法可以有效保证指标体系建立的科学性、合理性以及完善性（图 6 –1）。

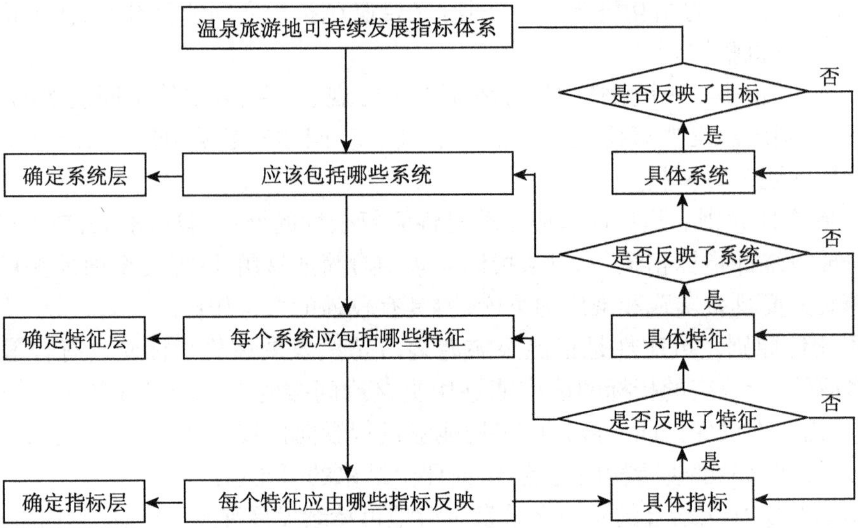

图 6 –1 指标体系构建的方法与步骤（根据刘扬，2012，改绘）

Fig. 6 –1 Method and procedures of building indexes system

6.1.3 指标体系的构建

6.1.3.1 指标体系的层次结构

对温泉旅游地可持续发展进行评价，需要建立一套具有描述、分析、评价、预测等功能的可持续发展评价指标体系。温泉旅游地可持续发展评价指标体系是影响温泉旅游地可持续发展因素的集合体，是由一系列相互独立、相互关联、相互补充的具有特定层次性的指标所组成的集合。如前文所述，目前国内外对可持续发展指标体系的研究还处于探索阶段，研究的空间尺度不同、研究领域不同，所选取的评价指标体系也有所不同。本文结合温泉旅游地可持续发展特点、结构、影响因素分析，综合考虑数据的可获得性和模型的实用性，根据构建指标体系的原则，借鉴中国科学院可持续发展研究组相关研究成果，按照“同层叠加、逐层收敛、规范权重、统一排序”的设计思路，将温泉旅游地可持续发展评价指标体系分为目标层、系统层、特征层和指标层等4个层次，具体见表6-1。

(1)目标层

从整体上综合表达温泉旅游地的可持续发展总体能力，代表着温泉旅游地可持续发展总体运行态势、演化轨迹和可持续发展战略实施的总体效果，以“可持续发展度(Sustainable Development Degree, SDD)”来评价。

(2)系统层

根据温泉旅游地发展的基本条件、影响因素和可持续发展要求，将温泉旅游地可持续发展的总体能力解析为具有内在逻辑关系的五大子系统，即生存支持系统(A)、发展支持系统(B)、社会支持系统(C)、环境支持系统(D)、管理支持系统(E)。该层面主要揭示各子系统的运行状态和发展趋势。

生存支持系统(A)：是指温泉旅游地的资源数量、质量和市场区位、交通条件以及与周边旅游地竞合关系对其基本资源供给和生存发展的支撑能力。通过9个(X1～X9)具体指标从发展水平和发展潜力两种状态进行评价，以反映温泉旅游地的开发价值、开发潜力。生存支持系统是可持续发展的前提和基础，以“开发度(Exploitation Degree, ED)”来评价。

发展支持系统(B)：是指温泉旅游地自身现实的发展水平和服务能力，主要包括温泉旅游地的经营状况、游客吸引力与满意度和接待设施状况等，通过14个(X10～X23)具体指标从发展水平和发展潜力两种状态进行评价，以反映温泉旅游地开发运营所处的发展状态及特征。发展支持系统是温泉旅游地可持续发展的核心和目标，以“发展度(Development Degree, DD)”来评价。

社会支持系统(C)：是指温泉旅游地所在地区的社会经济发展水平及其支持温泉旅游地可持续发展的能力，主要包括区域社会经济和旅游业发展水平及效率，通过11个(X24～X35)具体指标从发展水平和发展潜力两种状态进行评价。区域社会经济、旅游业的协调发展是温泉旅游地可持续发展的关键因素之一，是重要的支撑条件，以“支撑度(Brace Degree, BD)”来评价。

环境支持系统(D)：是指温泉旅游地环境在开发与发展过程中对资源的利用和对环境开发利用所具有的承载能力，主要包括环境质量水平、环境改善与承载能力等，通过8个(X35～X42)具体指标从发展水平和发展潜力两种状态进行评价。环境支持系统发挥着对生存支持系统和发展支持系统的约束协调作用，良好的环境条件是温泉旅游地得以长期、持续发展的根本，以“协调度(Coordination Degree, CD)”来评价。

管理支持系统(E)：是推动温泉旅游地可持续发展的重要动力系统，主要包括管理、人力资源、智力支持、社区居民支持等，通过8个(X43～X50)具体指标从发展水平和发展潜力两种状态进行评价。管理支持系统的重要功能是通过管理手段、技术手段推动和保障温泉旅游地的可持续发展，体现温泉旅游地的管理、决策和创新能力以及社会效益，以“保障度(Guarantee Degree ,GD)”来评价。

(3)特征层

在每一个划分的子系统内,根据系统的发展要求,将系统层从发展水平和发展潜力两种状态特征进行评价,以反映温泉旅游地在某系统层所处的状态水平以及潜在能力特征。

(4)指标层

采用可测的、可比的、可以获得的指标及指标群,对状态层的数量表现、强度表现、速率表现和发展潜力给予直接地度量。本文总结前人有关研究成果,采用德尔菲法,经过多轮专家筛选,最终选择50个具有代表性的指标构成了温泉旅游地可持续发展评价指标体系。

6.1.3.2 评价指标的确定

(1)生存支持系统(A)

主要包括对温泉旅游地基本生存、开发和发展具有关键作用的9个评价指标,以评价温泉旅游地开发度的大小。具体如下:

①温泉出水温度(X1)

指温泉泉(井)口的温度,出水温度是衡量温泉水质量和开发价值的重要标准之一,温度越高其开发利用的成本越低,开发利用的价值一般也越大,具体评分标准见表6-2。

②温泉水质类型(X2)

根据温泉水所含矿物质元素种类不同及含量大小高低确定其水质类型,不同类型的温泉水其医疗功效不同(参见表2-2),其开发价值也各异,是衡量温泉水质量水平的关键标准。温泉水质关系到温泉旅游地的品质,是温泉旅游地发展的核心资源,具体评分标准见表6-2。

③温泉水供给能力(X3)

指温泉旅游地温泉水的供给能力,用最大日供温泉水量(吨/天)来衡量,温泉水供给能力大小影响温泉旅游地开发规模和发展潜力。

④占地规模(X4)

指温泉旅游地总占地规模的大小,用温泉旅游地总占地面积(ha)大小来衡量,占地面积直接影响温泉旅游地的发展空间,也是衡量旅游地体量的关键指标。

⑤客源市场区位条件(X5)

指温泉旅游地开拓客源市场的地理位置、社会、经济、文化等条件,用距离主要客源市场远近作为衡量指标,以温泉地与主要客源地的直线距离(km)表示。一般地,温泉旅游地的吸引力随空间距离的增加而衰减,客流主要以2~3个小时车程范围为主,具体评分标准见表6-2。本文结合广东温泉旅游客源市场空间分布研究结论,综合考虑其客源市场主要以广州、深圳等大都市和本地为主的特点,确定综合客源市场距离(S)的计算公式为:

$$S = (aS_0 + bS_1 + cS_2)/3$$

其中,S为温泉旅游地与主要客源市场的综合距离;S_0为温泉旅游地到所在区域中心城市的距离;S_1为温泉旅游地到广州市的距离;S_2为温泉旅游地到深圳市(香港)的距离;a、b、c为修正权重,赋值为$a=1$,$b=1.5$,$c=1.3$。

⑥区域交通通达性(X6)

表征区域交通通达的程度。区域交通通达性高的温泉旅游地更利于开拓客源市场,本文用区域等级公路密度(km/km^2)来衡量。

⑦温泉旅游地可达性(X7)

指游客到达温泉旅游地的难易程度,可达性对游客选择温泉旅游地影响较大。温泉旅游以汽车为主要交通工具。在外围快速交通路网逐渐完善的基础上,目前,旅游地或景区到高速公路出口的距离和道路状况成为影响旅游地快速发展的重要因素。因此,本文用距最近高速公路出口距离(km)远近来衡量温泉地的交通可达性,具体评分标准见表6-2。

⑧土地开发潜力(X8)

指温泉旅游地未开发土地面积与总占地面积的百分比(%),值越大表示土地开发潜力越大,土地开发潜力大小直接影响温泉旅游地后续的发展能力。

⑨与周边旅游地的关系(X9)

周边旅游景区的竞争力、同质性等也影响潜在旅游者决策行为。其关系分为上互补、下互补、上替代、下替代,分别表示资源类型不同但级别高于或等于相邻旅游地、资源类型不同但级别低于相邻旅游地、资源类型相同但级别高于相邻旅游地及资源类型相同但级别等于或低于相邻旅游地(周文丽,2007)。本文根据旅游部门提供的各地旅游景区情况的权威数据进行分析,并通过专家评分综合判定其关系,具体评分标准见表6-2。

(2)发展支持系统(B)

主要包括反映温泉旅游地现实发展水平、发展状态和服务能力的14个评价指标,以评价温泉旅游地发展度的大小。具体如下:

①营业总收入(X10)

指温泉旅游地的年营业总收入(万元),反映温泉旅游地的经营规模和水平,营业收入是取得利润的前提和重要保障。

②利润总额(X11)

指温泉旅游地的年营业利润总额(万元),是衡量温泉旅游地经营业绩和盈利水平十分重要的经济指标。

③接待游客总人数(X12)

指温泉旅游地的年接待游客总人数(万人),是衡量游客接待规模的重要指标,接待游客总人数越多,营业收入相应越大。

④客房床位数(X13)

指温泉旅游地提供游客住宿的所有客房床位数(张),床位数是反映温泉旅游地的接待过夜旅游游客能力大小的重要指标。温泉旅游地经营状况与客房营业状况紧密相关,客房营业收入是温泉旅游地重要的收入来源,同时,过夜旅游者能促进更多的二次消费,其消费水平也较高。

⑤客房年出租率(X14)

指温泉旅游地的客房年出租率(%),是衡量客房利用水平高低的指标。客房出租率=已出租房间数/可出租房间数×100%,一般以日计算,将一个月内的日平均率累计起来除以该月的天数为月出租率,将一年内的月平均率累计起来除以12为年出租率。

⑥人均消费水平(X15)

指平均每个游客在温泉旅游地的消费额(元/人),人均消费水平(年)=营业收入总额/接待游客总人数,是反映游客类型及其消费层次和消费结构的重要指标。消费水平高的温泉旅游地往往能获得更高的经济效益。

⑦旅游配套设施丰度(X16)

指与温泉旅游密切相关的旅游配套设施的丰富程度,配套设施好的温泉旅游地能更好地满足各阶层游客的需求。主要配套设施有住宿、餐饮、会议、KTV、SPA按摩、美容美发、标准泳池、水上游乐、儿童游乐、高尔夫、网球场、团队拓展等。旅游配套设施越丰富,收入点就越多,收入链就长,经济效益就越大。

⑧营业收入增长率(X17)

指温泉旅游地年营业总收入的增长速度,营业收入增长率=(本期营业额-上期营业额)/上期营业额×100%,反映营业收入的增减变动情况,是评价温泉旅游地成长状况和发展能力的重要指标,可以用来反映温泉旅游地的生命周期,判断其所处的发展阶段。

⑨利润增长率(X18):

指温泉旅游地利润的增长速度,反映企业营业利润的增减变动情况。利润增长率=本年利润增长额/上年利润总额×100%,利润率越高,说明营业利润越多,盈利能力越强;反之,比率越低,说明盈利能力越弱。

⑩接待游客总人数增长率(X19)

指温泉旅游地接待游客人数的增长速度,接待游客增长率=本年接待游客增长数/上年接待游客总数×100%,反映游客的增减变动情况,也是评价温泉旅游地成长状况和发展能力的重要指标,也可用来反映温泉旅游地的生命周期,判断其所处的发展阶段。

⑪投资强度(X20)

指项目单位面积固定资产投资额(万元/公顷),投资强度=固定资产总投资(已投资额)/总用地面积,是衡量温泉旅游地土地利用率的重要指标。加大投资强度,可有效提高土地开发利用效率,促进土地集约化利用,促进旅游配套设施建设。

⑫温泉旅游地特色(X21)

指一个温泉旅游地显著区别于其他温泉旅游地的风格、形式、产品、服务等,是决定温泉旅游地竞争力的关键因素。特色越强,个性越美,知名度、美誉度和忠诚度则越高,竞争力则越强,品牌价值、品牌效益就会越大。具体数据通过问卷调查获取,问卷问题为“请问该温泉景区是否有特色?”,具体评分标准见表6-2。

⑬游客服务满意度(X22)

指游客对温泉旅游地的旅游、消费、需求或期望已被满足的程度(%),满意度是游客满足情况的反馈,是对温泉旅游地的总体评价。具体数据通过问卷调查获取,问卷问题为“请问您对该温泉提供的服务是否满意?”,具体评分标准见表6-2。

⑭温泉旅游地知名度(X23)

指温泉旅游地被公众知道、了解的程度以及其社会影响的广度和深度,是评价温泉旅游地名气大小的客观指标。知名度越高,往往影响力越大,利于开拓市场,吸引游客。本文根据百度、谷歌两大搜索引擎的搜索结果数量(个)来衡量。

(3)社会支持系统(C)

主要包括反映温泉旅游地所在地区的社会经济及旅游业发展水平的11个评价指标,以评价温泉旅游地支撑度的大小。具体如下:

①地区常住人口规模(X24)

指实际居住在某地区满特定时间(在我国的统计中是半年)的人口总数(万人)。常住人口包括户籍人口(但不包括本地户籍长期在外地的人口),以及在本地居住半年以上的人口。在珠三角地区,常住人口比户籍人口更能反映一个地区的人口规模和潜在的旅游消费能力。

②地区生产总值(GDP)(X25)

指本地区所有常驻单位在一定时期内生产活动的最终成果,地区生产总值等于各产业增加值之和(亿元),是衡量一个地区经济发展规模总量的指标。GDP不但可反映一个地区的经济表现,还可以反映一个地区的综合实力与财富。

③人均国内生产总值(X26)

将一个地区核算期内(通常是一年)实现的国内生产总值与这个地区的总人口(目前使用户籍人口)相比进行计算,得到人均国内生产总值(元/人),人均国内生产总值是衡量一个地区人民生活水平的重要标准。

④人均可支配收入(X27)

指个人收入扣除向政府缴纳的个人所得税、遗产税和赠与税、不动产税、人头税、汽车使用税以及交给政府的非商业性费用等以后的余额(元)。个人可支配收入被认为是消费开支的最重要的决定性因素,常被用来衡量一国或一个地区生活水平的变化情况,一般来说,人均可支配收入与生活水平成正比,即人均可支配收入越高,生活水平则越高。人均可支配收入也是影响旅游消费的决定因素,居民人均可支配收入增加会直接影响出游人数、出游频率的增加,同时会增加旅游的消费支出(周海燕,2010)。结合数据的获得性,本文采用城镇居民可支配收入进行计算。

⑤旅游总收入(X28)

指一定时期内(通常一年)一国或一个地区旅游业所获得的收入总额(亿元),它反映了某一国或地区旅游业总体规模和发达程度,是一项重要的综合性指标。具体数据通过相关统计年鉴获取。

⑥旅游接待总人数(X29)

指一定时期内旅游目的地国家或地区接待的旅游者总人数(万人)。一般在人均旅游消费支出一定的情况下,旅游者人数越多,旅游消费总量越大。因此,旅游者人数反映了按旅游人数计算的对旅游产品购买和消费的总规模和水平。

⑦人均旅游收入(X30)

人均旅游收入是指一定时期内每个旅游者在旅游目的国或旅游目的地的平均支出额(元/人),即人均旅游收入=旅游总收入/旅游接待总人数,它反映了旅游者的平均消费,是了解某国或某地旅游业发展水平的一项重要指标。

⑧地区生产总值增长率(X31)

指地区生产总值的年度增长率,是宏观经济的四个重要观测指标之一,反映一定时期地区经济发展水平变化程度的动态指标,也是反映一个地区经济是否具有活力的基本指标。

⑨人均可支配收入增长率(X32)

指人均可支配收入的增长速度,计算人均可支配收入的实际增长时,必须要扣除价格因素的影响。人均可支配收入实际增长率=(报告期人均可支配收入/基期人均可支配收入)/居民消费价格指数 -100%。

⑩旅游收入增长率(X33)

指某一时期一国或地区旅游业所获得总收入的增长速度(%),是反映旅游业发展快慢和旅游发展活力的重要指标。

⑪旅游接待总人数增长率(X34)

指某一时期旅游目的地国家或地区接待的旅游者总人数的增长速度(%),反映游客增减快慢的速度。

(4)环境支持系统(D)

主要包括反映温泉旅游地自身环境质量水平、在开发与发展过程中环境改善及对环境资源的利用和对废弃物的排放所具有的承载能力等8个评价指标,以评价温泉旅游地协调度的大小。具体如下:

①大气质量水平(X35)

指温泉旅游地空气质量水平,重点以旅游旺季的情况为准,具体标准参照《环境空气质量标准》(GB3095—2012),并以权威部门提供的数据为准,具体评分参考《风景旅游区的保护与管理》(崔凤军,2001),具体评分标准见表6-2。

②环境噪声水平(X36)

指温泉旅游地环境噪声水平,重点以旅游旺季的情况为准,具体标准参照《声环境质量标准》(GB3096—2008),并以权威部门提供的数据为准,具体评分标准见表6-2。

③年人均用电量(X37)

指某年度温泉旅游地平均每人消耗电力的数量,年人均用电量(千瓦时/人)=年总用电量(万千瓦时)/总人数(万人),反映温泉旅游地的能源消耗水平和能源利用效率,节能降耗是实现可持续发展的重要保证。

④污水处理率(X38)

指经过处理的生活污水、废水量占污水排放总量的比重,污水处理率=污水处理量/污水排放总量×100%,排放标准参照《污水综合排放标准》(GB8978—1996)。温泉旅游地生活污水、洗浴用水排放量较大,应经过处理达标排放,以保护周边生态环境资源。

⑤垃圾处理率(X39)

指经过无害化处理(运用填埋、焚烧、综合处理和回收利用等多种形式)的垃圾占总垃圾的比率,是衡量环境卫生管理水平的重要指标。垃圾处理可有效减少环境污染,提升环境质量、营造良好的环境景观。

⑥旅游环境容量饱和度(X40)

指当前温泉旅游地所接纳的旅游者数量与其所能接纳的旅游者数量(旅游环境容量)之比。旅游环境容量又称旅游生态容量,指对一个旅游点或旅游区环境不产生永久性破坏的前提下,其环境空间所能接纳的旅游者数量。为便于计算,本文采用面积法计算环境容量,即计算单位温泉区面积的旅游者数量的饱和度,具体标准参照《风景名胜区管理规范》(GB50298—1998)所确定的游憩用地生态容量指标。

⑦环保费用占比(X41)

指为维护和改善环境质量而投入的所有费用占营业总收入的比重,反映温泉旅游地对生态环境的保护力度和重视程度。良好的生态环境是旅游地可持续发展的前提,保持一定(2%左右)的环保费用投入,环境就能保持清洁和良好。

⑧环境氛围满意度(X42)

指游客对温泉旅游地整体环境氛围的满意程度,主要包括出入口环境、建筑及设施与景观的协调性和周边环境与景观的协调性方面。具体数据通过游客调查问卷获取,问卷问题为"请问您对该温泉景区总体环境氛围是否满意?",具体评分标准见表6-2。

(5)管理支持系统(E)

主要包括管理、营销、社区支持等推动温泉旅游地可持续发展的8个评价指标,以评价温泉旅游地保障度的大小。具体如下:

①管理人员占比(X43)

指部门主管以上管理员工数占总员工数的比率(%),反映管理岗位的设置和管理人员工作效率的高低。管理人员是一个企业的核心人力资源,合理的配备对企业的长期稳定发展非常重要。

②当地员工占比(X44)

指当地员工数占总员工数的比率(%),选择和培训当地员工既可节省成本,又有利于长期稳定发展,同时也反映了温泉企业解决当地居民就业和服务当地经济的能力,对促进当地经济发展起着重要作用。

③本科以上员工占比(X45)

指具有本科及以上学历的员工人数占总员工数的比率(%),是反映员工教育水平的重要指标。一般地,员工受教育水平越高,其专业素质水平越高,管理、创新能力也越强,有利于企业长期持续发展。

④规划制定与实施(X46)

指温泉旅游地相关规划的制定情况及规划实施状况,参照《旅游景区质量等级评定与划分》中的相关标准综合评定。科学、合理的规划及其实施是温泉旅游地发展成功的前提条件,具体评分标准见表6-2。

⑤员工离职率(X47)

指一定时期内离职员工与员工总数的比率,离职率=离职员工数/员工总数×100%,是衡量企业内部人力资源流动状况的一个重要指标,可以了解温泉企业对员工的吸引和满意情况,考察温泉企业与员工队伍是否稳定,以保障游客服务水平和质量。

⑥教育培训经费占比(X48)

指当年投入在员工教育培训的经费占营业总收入的比率,反映企业对员工教育培训的重视程度。员工教育培训可提升员工整体素质和业务技能,增强员工对企业的归属感和责任感,显著增强企业核心竞争力,是企业持续发展的力量源泉。

⑦社区居民支持度(X49)

指温泉旅游地所在社区居民支持温泉旅游地开发和发展的程度(%),是反映社区居民与温泉旅游地之间关系的重要指标。当地社区的支持和帮助是温泉旅游地可持续发展的保障。具体数据通过实地调查问卷获取,问卷问题为"请问您支持该温泉景区的开发和建设吗?",评分标准见表6-2。

⑧社区居民满意度（X50）

指当地社区居民对温泉旅游地的开发与发展所带来的经济、社会、环境等综合效益的满意程度，也是反映社区居民与温泉旅游地之间关系的重要指标。一般地，满意度高，支持度也高，而支持度高，满意度不一定高。具体数据通过实地调查问卷获取，问卷问题为“请问您对该温泉的发展所带来的综合效益是否满意？”，评分标准见表6－2。

6.1.3.3 温泉旅游地可持续发展评价指标体系

综上所述，整个指标体系由目标层、系统层（5个子系统）、特征层（10个特征指标）和指标层（50个评价指标）组成，具体见表6－1。

表6－1 温泉旅游地可持续发展评价指标体系

Table 6－1 Evaluation index system of hot springs resort sustainable development

<table>
<tr><th>总体层</th><th>系统层</th><th>特征层</th><th>指标层</th><th>编码</th></tr>
<tr><td rowspan="23">温泉旅游地可持续发展总体能力（T）</td><td rowspan="9">生存支持系统（A）</td><td rowspan="4">发展水平（A1）</td><td>温泉出水温度</td><td>X1</td></tr>
<tr><td>温泉水质类型</td><td>X2</td></tr>
<tr><td>温泉水供给能力</td><td>X3</td></tr>
<tr><td>占地规模</td><td>X4</td></tr>
<tr><td rowspan="5">发展潜力（A2）</td><td>客源市场区位条件</td><td>X5</td></tr>
<tr><td>区域交通通达性</td><td>X6</td></tr>
<tr><td>温泉旅游地可达性</td><td>X7</td></tr>
<tr><td>土地开发潜力</td><td>X8</td></tr>
<tr><td>与周边旅游地的关系</td><td>X9</td></tr>
<tr><td rowspan="14">发展支持系统（B）</td><td rowspan="7">发展水平（B1）</td><td>营业总收入</td><td>X10</td></tr>
<tr><td>利润总额</td><td>X11</td></tr>
<tr><td>接待游客总人数</td><td>X12</td></tr>
<tr><td>客房床位数</td><td>X13</td></tr>
<tr><td>客房年出租率</td><td>X14</td></tr>
<tr><td>人均消费水平</td><td>X15</td></tr>
<tr><td>旅游配套设施丰度</td><td>X16</td></tr>
<tr><td rowspan="7">发展潜力（B2）</td><td>营业收入增长率</td><td>X17</td></tr>
<tr><td>利润增长率</td><td>X18</td></tr>
<tr><td>接待游客人数增长率</td><td>X19</td></tr>
<tr><td>投资强度</td><td>X20</td></tr>
<tr><td>温泉旅游地特色</td><td>X21</td></tr>
<tr><td>游客服务满意度</td><td>X22</td></tr>
<tr><td>温泉旅游地知名度</td><td>X23</td></tr>
</table>

续表

总体层	系统层	特征层	指标层	编码
温泉旅游地可持续发展总体能力(T)	社会支持系统(C)	发展水平(C1)	地区常住人口规模	X24
			地区生产总值(GDP)	X25
			人均国内生产总值	X26
			人均可支配收入	X27
			旅游总收入	X28
			旅游接待总人数	X29
			人均旅游收入	X30
		发展潜力(C2)	地区生产总值增长率	X31
			人均可支配收入增长率	X32
			旅游收入增长率	X33
			旅游接待总人数增长率	X34
	环境支持系统(D)	发展水平(D1)	大气质量水平	X35
			环境噪声水平	X36
			年人均用电量	X37
		发展潜力(D2)	污水处理率	X38
			垃圾处理率	X39
			旅游环境容量饱和度	X40
			环保经费占比	X41
			环境氛围满意度	X42
	管理支持系统(E)	发展水平(E1)	管理人员占比	X43
			当地员工占比	X44
			本科以上员工占比	X45
			规划制定与实施	X46
		发展潜力(E2)	员工离职率	X47
			教育培训经费占比	X48
			社区居民支持度	X49
			社区居民满意度	X50

6.1.3.4 相关评价指标评分标准

根据定量与定性相结合的原则构建的评价指标体系，大部分评价指标是定量的，部分评价指标是定性的，有些只能通过问卷调查方式获取相关信息。因此，对定性评价的指标需要制定相应的评分标准，以便调查结果可量化，而对定量指标则通过数据标准化处理(后文将有论述)。本文参考国家有关标准，在前人研究成果的基础上，对定性评价指标评分标准制定下表(表6-2)。

表6-2 部分评价指标(定性)评分标准

Table 6-2 Graded criterion for some evaluation indexes

评价指标	赋值				
	10~8	8~6	6~4	4~2	2~0
温泉出水温度(X1)	>90℃	60~90℃	40~60℃	25~40℃	<25℃
温泉水质类型(X2)	很高价值	较高价值	有价值	较低价值	没价值
客源市场区位条件(X5)	<80KM	80~150KM	150~220KM	220~300KM	>300KM
温泉旅游地可达性(离高速公路出口距离)(X7)	<5KM	5~15KM	15~30KM	30~50KM	>50KM
与周边旅游地关系(X9)	合作	上互补	下互补	上替代	下替代
温泉旅游地特色(X21)	特色突出	特色较突出	有一定特色	特色一般	没有特色
游客服务满意度(X22)	非常满意	较满意	一般	不满意	非常不满意
大气质量水平(X35)	优	良好	轻微污染	中度污染	重度污染
环境噪声水平(X36)	<40分贝	40~45分贝	45~50分贝	50~55分贝	>55分贝
环境氛围满意度(X42)	非常满意	较满意	一般	不满意	非常不满意
规划制定与实施(X46)	有规划,全面实施	有规划,基本实施	有规划,部分实施	有规划,没实施	没规划
社区居民支持度(X49)	非常支持	较支持	一般	不支持	非常不支持
社区居民满意度(X50)	非常满意	较满意	一般	不满意	非常不满意

6.2 温泉旅游地可持续发展评价指标权重确定

6.2.1 确定指标权重的方法

指标权重的确定是评价过程中的关键问题,如何科学、合理地确定指标的权重,直接关系到评价结果的可靠性与准确性。随着决策科学的迅速发展,各种为解决复杂问题的数学模型及计算机决策支持系统也应运而生,如层次分析法(AHP)、德尔菲法(Delphi)、最小平方法、环比评分法、熵权法、主成分分析法、离差及均方差法、多目标规划法等。其中,层次分析法应用最为广泛,它将复杂问题层次化,将定性问题定量化,本文采用层次分析法和德尔菲法相结合的方法确定温泉旅游地评价指标权重。先以调查表的形式邀请相关行业专家对指标体系中的各个指标进行两两比较,回收以后进行统计、汇总,构造指标体系的判断矩阵,在此基础上确定温泉旅游地指标体系各评价指标的权重。

层次分析法(AHP, Analytical Hierarchy Process)又称为多层次权重分析法,是美国著名运筹学专家萨蒂(A. L. Saaty)于20世纪70年代提出的一种定性与定量相结合的多目标决策分析方法,具有系统性强、简洁、灵活等特点,体现了人类决策思维的基本特征,即分解、判断、综合(赵静,2000)。这种方法的特点是在对复杂的决策问题的本质、影响因素及其内在关系等进行深入分析的基础上,按照一定的关系进行分组,形成有序的递阶层次结构,利用较少的定量信息使决策的思维过程数量化,从而为多目标、多准则或无结构特性的复杂决策问题提供简便的决策方法,这种方法能在一定程度上检验和减少主观影响,尤其适合于对决策结果难于直接准确计量的场合。其主要思路是根据对客观实际的模糊判断,就每一层次的相对重要性由专家和决策者对所列指标通过两两比较重要程度而判断评分,再根据判断矩阵的特征向量确定各指标的权重,为决策分析提供依据(金建君等,2001)。层次分析法确定权重的步骤如下:

(1)构造判断矩阵

判断矩阵是根据评价目标(T_k)和该目标层中的各个指标 A_j($i=1,\cdots,n$),判定该层中各有关指标的相对重要性的矩阵,其形式见表6-3所示:

表6-3 Ai对Aj的相对重要性判断矩阵

Table 6-3 Judgment matrix of Ai to Aj relative importance

T_k	A_1	A_2	A_j	…	A_n
A_1	a_{11}	a_{12}	a_{1j}	…	a_{1n}
A_2	a_{21}	a_{21}	a_{2j}	…	a_{2n}
A_i	a_{i1}	a_{i2}	a_{ij}	…	a_{in}
…	…	…	…	…	…
A_n	a_{n1}	a_{n2}	a_{nj}	…	a_{nn}

其中,a_{ij}表示相对于 T_k 而言,其下一层指标 A_i 对 A_j 相对重要性的数值表现。其相对重要性的判断尺度,通常采用1-9比率标度法,具体见表6-4。此表可以跟专家打分法相结合,由本领域的有关专家共同确定各指标的相对重要性,再综合每位专家的打分值,一般取每个指标的均值作为最终的评价矩阵,通过计算判断矩阵的最大特征根及其对应的特征向量,并进行一致性检验,从而求出权重。

表6-4 判断矩阵1-9标度及其含义

Table 6-4 Implications of judgment matrix 1-9 scales

标度 a_{ij}	含 义
1	i因素与j因素相比,具有同样重要性
3	i因素与j因素相比,前者比后者略重要
5	i因素与j因素相比,前者比后者较重要
7	i因素与j因素相比,前者比后者很重要

续表

标度 a_{ij}	含 义
9	i 因素与 j 因素相比,前者比后者极重要
2、4、6、8	i 因素与 j 因素重要性比较结果处于以上结果中间
上述各数的倒数	表示 j 因素与 i 因素重要性的反比

(2)计算重要性排序

根据判断矩阵,利用线性代数知识,精确地求出每个矩阵的最大特征根所对应的特征向量。所求特征向量即为各评价指标的重要性排序,归一化后,也就是权数分配。本文采用方根法,计算步骤如下:

首先,计算判断矩阵每一行元素的乘积并开 n 次方,得到向量 $W^* = (w_1^*, w_2^*, \ldots, w_n^*)^T$,其中

$$W_i^* = \sqrt[n]{\prod_{j=1}^{n} a_{ij}}, (i,j = 1,2,\cdots,n) \qquad (公式 6-1)$$

第二步,对 W^* 作归一化处理,即得到权重向量 $W = (w_1, w_2, \cdots, w_n)^T$,其中

$$w_i = w_i^* / \sum_{i=1}^{n} w_i^* \qquad (公式 6-2)$$

(3)一致性检验

客观事物的复杂性会使我们的判断带有主观性和片面性,因此需要对判断矩阵进行一致性和随机性检验。一致性指标(Consistency Index,CI)的计算公式如下所示:

$$CI = \frac{\lambda_{max} - n}{n - 1}, \qquad (公式 6-3)$$

式中 λ_{max} 为判断矩阵 A 的最大特征根,其算法如下所示:

$$\lambda_{max} = \frac{1}{n}\sum_{i=1}^{n} \frac{(Aw)_i}{w_i} \qquad (公式 6-4)$$

式中 $(Aw)_i$ 为向量 (Aw) 第 i 个分量。定义一致性指标 CR(Consistency Rate)为:

$$CR = CI/RI \qquad (公式 6-5)$$

式中 RI(Random Index)为随机性指标,RI 的值由大量试验给出,对于低阶判断矩阵,RI 取值见表 6-5。若一致性指标 $CR < 0.10$,则认为判断矩阵的一致性可以接受,说明权重分配是合理的,否则,就需要调整判断矩阵,直到取得满意的一致性为止。

表 6-5 随机性指标(RI)数值

Table 6-5 Numerical value of random index(RI)

矩阵阶数 n	1	2	3	4	5	6	7	8	9	10	11
RI	0.00	0.00	0.58	0.90	1.12	1.24	1.32	1.41	1.46	1.49	1.52

(4)计算综合权重

在计算各层次指标对上一级目标层的权重以后,即可从最上层开始,自上而下地求出各层指标关于整个指标体系的综合权重。设第二层为 A 层,有 m 个要素 $A_1, A_2 \cdots Am$,它们关于整体的重要度分别为 $a_1, a_2 \cdots am$。第三层为 B 层,有 n 个要素,$B_1, B_2 \cdots Bn$,它们关于 a_i 的相对重要度分别为 b_1^i , $b_2^i \cdots b_n^i$,则第 B 层的要素 B_j 的综合权重为:

$$W_j' = \sum_{i=1}^{m} a_i b_j^i ,(j=1,2, \cdots ,n), \qquad (公式 6-7)$$

即下层 j 要素的综合重要度是以上层要素的综合重要度为权重的相对重要度的加权和。

6.2.2 指标权重的计算

本文运用 YAAHP V0.6.0① 软件辅助进行问卷设计与数据处理,选定了 20 名温泉旅游领域的专家发放调查问卷,这 20 名专家来自温泉旅游地开发与管理、旅游管理部门、温泉旅游规划、旅行社及温泉旅游研究等领域,邀请的专家对每一层相关评价指标进行两两比较判断,并对调查问卷进行了整理和统计。再对 20 位专家的判断矩阵运用上述计算方法,一一进行数据分析和一次性检验,发现共有 17 位专家的判断矩阵通过了一致性检验,通过计算获得其建议权重值。然后根据这 17 位专家的建议权重值进行加权平均求和,得到本文温泉旅游地可持续发展评价体系的权重值(由于篇幅有限,专家问卷的判断矩阵及计算结果详见附录 B)。然后再将其代入公式 6-6 中计算得到各评价指标的综合权重,具体结果见表 6-6。

表 6-6 温泉旅游地可持续发展评价指标体系权重值

Table 6-6 Weight of the evaluation index system of HSRSD

目标层	系统层	权重	特征层	权重	综合权重	指标层	编码	权重	综合权重
温泉旅游地可持续发展总体能力(T)	生存支持系统(A)	0.194	发展水平(A1)	0.417	0.081	温泉出水温度	X1	0.103	0.008
						温泉水质类型	X2	0.179	0.014
						温泉水供给能力	X3	0.488	0.039
						占地规模	X4	0.230	0.019
			发展潜力(A2)	0.583	0.113	客源市场区位条件	X5	0.407	0.046
						区域交通通达性	X6	0.130	0.015
						温泉旅游地可达性	X7	0.174	0.020
						土地开发潜力	X8	0.101	0.011
						与周边旅游地的关系	X9	0.189	0.021

① YAAHP(Yet Another AHP)是一个层次分析法(AHP)软件,具备方便的层次模型构造、判断矩阵数据录入、排序权重计算以及计算数据导出等功能。YAAHP 的设计目标是灵活易用的层次分析法软件,用户只需要具备初步的层次分析法知识,不需要理解层次分析法计算方面的各种细节,就可以使用层次分析法进行决策。详情请参见 http://www.yaahp.cn/

续表

目标层	系统层	权重	特征层	权重	综合权重	指标层	编码	权重	综合权重
温泉旅游地可持续发展总体能力（T）	发展支持系统（B）	0.269	发展水平（B1）	0.471	0.127	营业总收入	X10	0.149	0.019
						利润总额	X11	0.314	0.040
						接待游客总人数	X12	0.120	0.015
						客房床位数	X13	0.068	0.009
						客房年出租率	X14	0.145	0.018
						人均消费水平	X15	0.156	0.020
						旅游配套设施丰度	X16	0.048	0.006
			发展潜力（B2）	0.529	0.143	营业收入增长率	X17	0.201	0.029
						利润增长率	X18	0.288	0.041
						接待游客人数增长率	X19	0.081	0.012
						投资强度	X20	0.111	0.016
						温泉旅游地特色	X21	0.090	0.013
						游客服务满意度	X22	0.121	0.017
						温泉旅游地知名度	X23	0.108	0.015
	社会支持系统（C）	0.195	发展水平（C1）	0.574	0.112	地区常住人口规模	X24	0.058	0.006
						地区生产总值 GDP	X25	0.075	0.008
						人均国内生产总值	X26	0.108	0.012
						人均可支配收入	X27	0.207	0.023
						地区旅游总收入	X28	0.183	0.020
						旅游接待总人数	X29	0.099	0.011
						地区人均旅游收入	X30	0.270	0.030
			发展潜力（C2）	0.426	0.083	地区生产总值增长率	X31	0.083	0.007
						人均可支配收入增长率	X32	0.270	0.022
						地区旅游收入增长率	X33	0.382	0.032
						旅游接待总人数增长率	X34	0.265	0.022
	环境支持系统（D）	0.138	发展水平（D1）	0.515	0.071	大气质量水平	X35	0.517	0.037
						环境噪声水平	X36	0.282	0.020
						年人均用电量	X37	0.202	0.014
			发展潜力（D2）	0.485	0.067	污水处理率	X38	0.119	0.008
						垃圾处理率	X39	0.105	0.007
						旅游环境容量饱和度	X40	0.180	0.012
						环保经费占比	X41	0.216	0.014
						环境氛围满意度	X42	0.380	0.025

续表

目标层	系统层	权重	特征层	权重	综合权重	指标层	编码	权重	综合权重
温泉旅游地可持续发展总体能力（T）	管理支持系统（E）	0.204	发展水平（E1）	0.456	0.093	管理人员占比	X43	0.205	0.019
						当地员工占比	X44	0.122	0.011
						本科以上员工占比	X45	0.201	0.019
						规划制定与实施	X46	0.471	0.044
			发展潜力（E2）	0.544	0.111	员工离职率	X47	0.235	0.026
						教育培训经费占比	X48	0.159	0.018
						社区居民支持度	X49	0.247	0.028
						社区居民满意度	X50	0.358	0.040

6.2.3 指标权重值排序与分析

对系统层权重值进行排序分析发现：发展支持系统权重最大，为0.269；管理支持系统权重次之，为0.204；环境支持系统权重最小，为0.138；社会支持系统和生存支持系统则分别为0.195和0.194（图6－2）。说明专家普遍认为温泉旅游地自身的发展情况及其管理能力是保障其可持续发展的最重要条件，贡献应最大。

特征层的发展水平、发展潜力两大指标的权重则因对应系统的不同，存在一定的差异。生存支持系统、社会支持系统、环境支持系统其发展水平指标的权重较大，而发展支持系统、管理支持系统则注重其发展潜力的重要性。

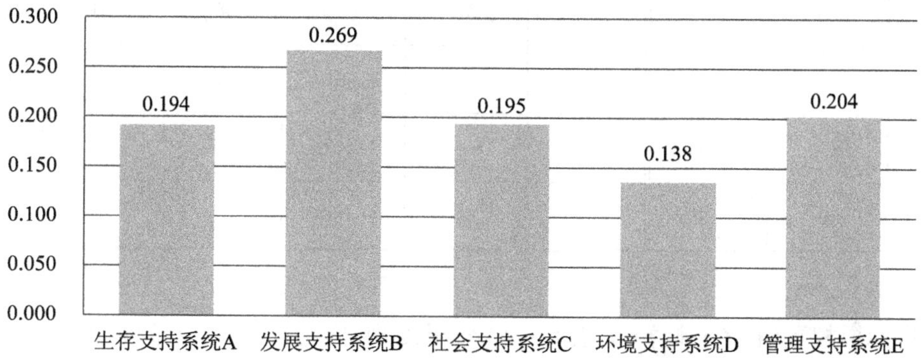

图6－2 温泉旅游地可持续发展评价指标体系系统层指标权重

Fig. 6－2 Weight of the system layer of evaluation index system of HSRSD

表6－7 温泉旅游地可持续发展评价指标体系指标层权重及排序

Table 6－7 Weight of the indicator layer of evaluation index system of HSRSD

排序	评价指标	综合权重	排序	评价指标	综合权重	排序	评价指标	综合权重
1	x5	4.59%	18	x28	2.05%	35	x37	1.43%
2	x46	4.39%	19	x36	2.00%	36	x21	1.28%
3	x18	4.11%	20	x15	1.97%	37	x26	1.21%
4	x50	3.98%	21	x7	1.96%	38	x40	1.21%
5	x11	3.98%	22	x43	1.91%	39	x19	1.16%
6	x3	3.93%	23	x10	1.89%	40	x8	1.14%
7	x35	3.66%	24	x45	1.87%	41	x44	1.14%
8	x33	3.18%	25	x4	1.86%	42	x29	1.10%
9	x30	3.02%	26	x14	1.83%	43	x13	0.87%
10	x17	2.86%	27	x48	1.77%	44	x25	0.84%
11	x49	2.75%	28	x22	1.73%	45	x1	0.83%
12	x47	2.62%	29	x20	1.58%	46	x38	0.80%
13	x42	2.54%	30	x23	1.53%	47	x39	0.70%
14	x27	2.32%	31	x12	1.52%	48	x31	0.69%
15	x32	2.25%	32	x6	1.46%	49	x24	0.64%
16	x34	2.20%	33	x41	1.44%	50	x16	0.61%
17	x9	2.13%	34	x2	1.44%			

对指标层权重值进行排序（见表6－7）分析发现：客源市场区位条件（X5）、规划制定与实施（X46）、营业利润增长率（X18）、社区居民满意度（X50）、营业利润总额（X11）、温泉水供给能力（X3）、大气质量水平（X35）、地区旅游收入增长率（X33）、地区人均旅游收入（X30）、温泉旅游地营业收入增长率（X17）等评价指标的综合权重最大，位居前10位，占总权重的比重分别为4.59%、4.39%、4.11%、3.98%、3.98%、3.93%、3.66%、3.18%、

3.02%、2.86%。而当地员工占比(X44)、地区旅游接待总人数(X29)、客房床位数(X13)、地区生产总值(X25)、温泉出水温度(X1)、污水处理率(X38)、垃圾处理率(X39)、地区生产总值增长率(X31)、地区常住人口规模(X24)、旅游配套设施丰度(X16)等评价指标的综合权重最小,位居后十位,占总权重的比重分别为1.14%、1.10%、0.87%、0.84%、0.83%、0.80%、0.70%、0.69%、0.64%、0.61%。从中可以发现,专家普遍认为市场区位条件、规划的制定与实施、营业利润、社区居民满意度、温泉水供给能力、大气环境质量和区域旅游业发展水平对温泉旅游地的可持续发展至关重要,而温泉旅游地的配套设施、床位数、污水及垃圾的处理情况、温泉水温、员工身份和地区社会经济发展规模情况等指标并不重要,这与广东省温泉旅游地发展的现实情况与客观条件高度吻合。

6.3 温泉旅游地可持续发展评价方法与模型

6.3.1 评价程序

综合前人相关研究成果,温泉旅游地可持续发展评价的基本程序如图6-3所示:

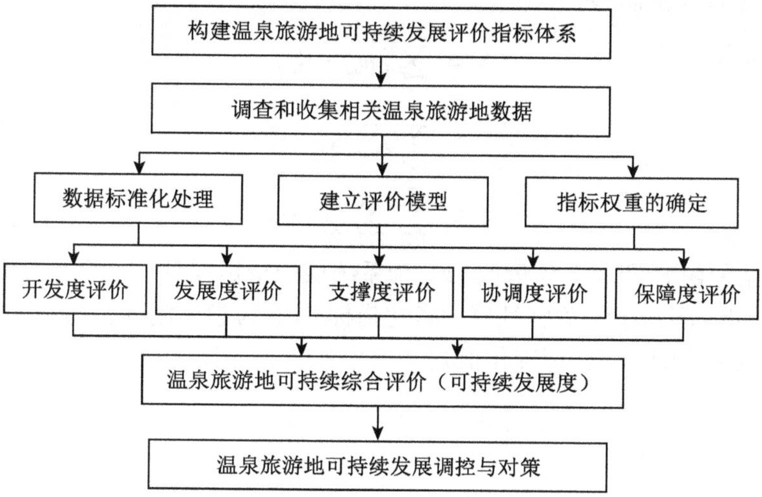

图6-3　温泉旅游地可持续发展评价基本程序图解

Fig. 6-3　Diagram of evaluation procedure of HSR sustainable development

6.3.2 数据标准化处理

由于评价指标体系中各评价指标采用的量纲各异,为解决各个指标数据的可比性,就必须对其进行标准化处理,将其转化成无量纲的相对评价值,使指标之间具有可比性。无量纲化方法有多种,本文采用极值化方法,即每一变量值与变量最小值之差除以该变量取值的全距,标准化后将各变量的取值范围限于0~1(韩胜娟,2008)。

设系统有n个待评价对象(即n个温泉旅游地),有m个评价指标(对于不同层次而言,m是变量),X_{ij}($i=1,2,\cdots,n;j=1,2,\cdots,m$)为第i个评价对象在第j个评价指标下的原始指标特征值,设 X_{ij} 经转化后的指标值为 Y_{ij},对正向指标,其计算公式为公式 6-7;对逆向指标,其计算公式为公式 6-8:

$$Y_{ij} = \frac{X_{ij} - \min X_j}{\max X_j - \min X_j} \quad (公式6-7)$$

$$Y_{ij} = \frac{\max X_j - X_{ij}}{\max X_j - \min X_j} \quad (公式6-8)$$

式中,$0 \leq Y_{ij} \leq 1$; $\max X_j$ 为 j 评价指标所有评价对象中的统计或原始计算数据的最大值;$\min X_j$ 为 j 评价指标所有评价对象中的统计或原始计算数据的最小值。

6.3.3 温泉旅游地可持续发展评价模型

温泉旅游地可持续发展的目标是多元的,涉及温泉旅游地本身以及环境、社会和经济等多方面,既有状态目标,又有增长目标;既有效率目标,又有公平目标。可持续发展评价指标体系中的每一个单项指标,都从不同侧面反映了温泉旅游地可持续发展的状态。目前,在多指标综合评价中,较常用的数学模型为线性加权模型。本文根据评价指标体系多层次的特点,采用多目标线性加权函数法,将众多指标逐级合成一个数值进行综合评价,建立递阶多层次综合评价模型:

$$\begin{aligned} A &= \sum_{i=1}^{m} [w_{bi} \cdot B_i] \quad (公式6-9) \\ &= \sum_{i=1}^{m} \sum_{j=1}^{n} w_{cj} \cdot C_j \\ &= \sum_{i=1}^{m} \sum_{j=1}^{n} \sum_{k=1}^{k} w_{dk} \cdot D_k \end{aligned}$$

式中,A 为总得分,即综合评价值, w_{bi} 为系统层的指标权重, B_i 为系统层的量化指标, w_{cj} 为特征层的指标权重, C_j 为特征层的量化指标, w_{dk} 为指标层的各指标的权重, D_k 为指标层各项评价指标的评分值(标准化值)。

$$C_j = \sum_{k=1}^{k} w_{dk} \cdot D_k \quad (公式6-10)$$

$$B_i = \sum_{j=1}^{n} w_{cj} \cdot C_j \quad (公式6-11)$$

6.3.4 温泉旅游地可持续发展评价标准

6.3.4.1 系统层指标评价标准划分

从前文可知,温泉旅游地可持续发展总体发展能力(可持续发展度,SSD)的高低取决于生存支持系统(开发度,ED)、发展支持系统(发展度,DD)、社会支持系统(支撑度,BD)、环境支持系统(协调度,CD)和管理支持系统(保障度,GD)的综合能力的高低。基于此,本文借鉴相关研究成果,根据等分值原则将温泉旅游地可持续发展系统层的指标评价标准划分如下:

（1）温泉旅游地开发度（ED）评价标准

表 6－8　温泉旅游地开发度评价标准

Table 6－8　Estimate criterion of exploitation degree of HSR

分级	色标	评分值	特征描述
I		[0.80,1.00]	表明其可持续开发建设的生存能力和潜力很大
II		[0.60,0.80]	表明其可持续开发建设的生存能力和潜力较大
III		[0.40,0.60]	表明其可持续开发建设的生存能力和潜力一般
IV		[0.20,0.40]	表明其可持续开发建设的生存能力和潜力较小
V		[0.00,0.20]	表明其可持续开发建设的生存能力和潜力很小

（2）温泉旅游地发展度（DD）的评价标准

表 6－9　温泉旅游地发展度评价标准

Table 6－9　Estimate criterion of development degree of HSR

分级	色标	评分值	特征描述
I		[0.80,1.00]	表明其可持续发展的发展能力和潜力很大
II		[0.60,0.80]	表明其可持续发展的发展能力和潜力较大
III		[0.40,0.60]	表明其可持续发展的发展能力和潜力一般
IV		[0.20,0.40]	表明其可持续发展的发展能力和潜力较小
V		[0.00,0.20]	表明其可持续发展的发展能力和潜力很小

（3）温泉旅游地支撑度（BD）的评价标准

表 6－10　温泉旅游地支撑度分级标准

Table 6－10　Estimate criterion of brace degree of HSR

分级	色标	评分值	特征描述
I		[0.80,1.00]	表明其可持续发展的支撑能力和潜力很大
II		[0.60,0.80]	表明其可持续发展的支撑能力和潜力较大
III		[0.40,0.60]	表明其可持续发展的支撑能力和潜力一般
IV		[0.20,0.40]	表明其可持续发展的支撑能力和潜力较小
V		[0.00,0.20]	表明其可持续发展的支撑能力和潜力很小

(4)温泉旅游地协调度(CD)的评价标准

表6-11 温泉旅游地可持续发展协调度分级标准

Table 6-11 Estimate criterion of coordination degree of HSR

分级	色标	评分值	特征描述
I		[0.80,1.00]	表明其可持续发展的环境协调能力和潜力很大
II		[0.60,0.80]	表明其可持续发展的环境协调能力和潜力较大
III		[0.40,0.60]	表明其可持续发展的环境协调能力和潜力一般
IV		[0.20,0.40]	表明其可持续发展的环境协调能力和潜力较小
V		[0.00,0.20]	表明其可持续发展的环境协调能力和潜力很小

(5)温泉旅游地保障度(GD)的评价标准

表6-12 温泉旅游地保障度分级标准

Table 6-12 Estimate criterion of guarantee degree of HSR

分级	色标	评分值	特征描述
I		[0.80,1.00]	表明其可持续发展的保障能力和潜力很大
II		[0.60,0.80]	表明其可持续发展的保障能力和潜力较大
III		[0.40,0.60]	表明其可持续发展的保障能力和潜力一般
IV		[0.20,0.40]	表明其可持续发展的保障能力和潜力较小
V		[0.00,0.20]	表明其可持续发展的保障能力和潜力很小

6.3.4.2 可持续发展评价标准划分

对于旅游可持续发展评价的阶段划分,不同的学者其划分标准不一样。王良建(2001)将其划分为旅游可持续发展准备阶段、初步可持续发展阶段、基本可持续发展阶段及旅游可持续发展阶段等四个阶段(表6-13)。万幼清(2006)、田里(2007)、张蓓(2009)等普遍认可这一划分方法,王昕、高彦淳(2008)则将低于50的值域再细分为两个阶段,共分为持续发展力强、持续发展力较强、持续发展力一般、持续发展力较弱和持续发展力弱等5个阶段。

表6-13 旅游可持续发展评判标准

Table 6-13 Estimate criterion of tourism sustainable development

综合评价值Y(%)	<50	50≤Y<70	70≤Y<85	Y≥85
评判标准	旅游可持续发展准备阶段	初步可持续发展阶段	基本可持续发展阶段	旅游可持续发展阶段

来源:王良建.旅游可持续发展评价指标体系及评价方法研究.旅游学刊,2001(1).

魏敏、朱芳林等(2008)参考联合国开发计划署《人文发展报告》的统计结果和我国的发展实际,确定农业生态旅游地可持续发展阈值及特征(表 6 - 14)。潘蕙卢、陈思屹等(2010)研究古村落旅游可持续评估时则将各个具体指标分成 5 等,即不可持续(≥1, <2)、潜在不可持续(≥2, <3)、中间段(=3)、潜在可持续(≥3, <4)、可持续(≥4, <5)。

表 6 - 14 农业旅游地可持续发展评价阈值

Table 6 - 14 Estimate threshold of agriculture resort sustainable development

评价得分	<0.3	0.3~0.6	0.6~0.8	>0.8
农业生态旅游地发展状况	不可持续发展	可持续发展初级阶段	可持续发展良好阶段	相当可持续发展阶段

来源:魏敏,朱芳林,等. 农业生态旅游地可持续发展评价方法研究. 商业研究,2008(3).

上述研究表明,可持续发展表征的是旅游地发展的一种状态和水平,是对发展趋势的预警,需要不断调控促进其发展。基于此,本文将温泉旅游地可持续发展评价结果划分为五个等级,即不可持续、潜在不可持续、潜在可持续、基本可持续、完全可持续。具体见表 6 - 15:

表 6 - 15 温泉旅游地可持续发展度分级标准

Table 6 - 15 Estimate criterion of sustainable development degree of HSR

分级	色标	评分值	特征描述	发展阶段
I		[0.80,1.00]	表明其总体可持续发展能力很强	完全可持续
II		[0.60,0.80]	表明其总体可持续发展能力较强	基本可持续
III		[0.40,0.60]	表明其总体可持续发展能力一般	潜在可持续
IV		[0.20,0.40]	表明其总体可持续发展能力较弱	潜在不可持续
V		[0.00,0.20]	表明其总体可持续发展能力很弱	不可持续

6.4 本章小结

本章主要对温泉旅游地可持续发展评价模型进行研究:

首先,在明确了构建指标体系的意义与原则、方法与过程的基础上,构建了由目标层(可持续发展度)、系统层(开放度、发展度、支撑度、协调度、保障度等 5 个子系统)、特征层(10 个特征指标)和指标层(50 个评价指标)组成的温泉旅游地可持续发展评价指标体系。

其次,运用层次分析法确定评价指标的权重,并对其权重进行排序和分析。系统层中发展支持系统权重最大、管理支持系统权重次之、环境支持系统权重最小、社会支持系统和生存支持系统则基本相当。指标层中客源市场区位条件、规划制定与实施、营业利润增长率、社区居民满意度、营业利润总额、温泉水供给能力、大气质量水平、地区旅游收入增长率、地区人均旅游收入、温泉旅游地营业收入增长率等评价指标的综合权重最大,位居前10位;而当地员工占比、地区旅游接待总人数、客房床位数、地区生产总值、温泉出水温度、污水处理率、垃圾处理率、地区生产总值增长率、地区常住人口规模、旅游配套设施丰度等评价指标的综合权重最小,位居后十位。

最后,阐明了温泉旅游地可持续发展评价程序、数据标准化处理方法,建立了综合评价模型,并制定了温泉旅游地可持续发展开发度、发展度、支撑度、协调度、保障度以及可持续发展度的评价标准和判别图谱。

第七章　广东省温泉旅游地可持续发展综合评价

在温泉旅游地可持续发展从理论向实践推进的过程中，科学地描述和评价温泉旅游地可持续发展的状态具有重要战略意义。如何应用前文所构建的评价指标体系和方法模型来定量评价温泉旅游地可持续发展的状况和水平，是将温泉旅游地可持续发展理论研究与实际应用相结合的重要课题。本章将应用第六章的温泉旅游地可持续发展评价模型的研究成果，主要通过横向（2011 年）对比研究广东省 46 处温泉旅游地和纵向（2007—2011 年）对比研究广东省 12 处温泉旅游地的可持续发展状况、水平及其进程进行定量评价，探讨广东省温泉旅游地可持续发展的时空演进和发展规律。

7.1 数据来源及标准化处理

7.1.1 数据来源与说明

表 7 – 1　广东省 12 处代表性温泉旅游地基本情况

Table 7 – 1　Basic information of 12 typical hot springs resorts in Guangdong

编　号	温泉旅游地名称	建成时间	属　地	所在区域
H1	从化碧水湾	2002	广州	珠三角地区
H3	广东温泉宾馆	1953	广州	
H8	珠海海泉湾	2006	珠海	
H15	龙门铁泉温泉	2002	惠州	
H17	古兜温泉	2001	江门	
H18	金山温泉	1997	江门	
H24	聚龙湾温泉	2006	清远	粤北地区
H27	曹溪温泉	2001	韶关	
H30	莲花山温泉	2001	汕头	粤东地区
H35	御临门温泉	2006	河源	
H41	阳江温泉	2003	阳江	粤西地区
H46	杏磊湾温泉	2006	湛江	

考虑到温泉旅游地相关数据的可获得性、研究工作量等因素，本文在横向对比研究广东省46处温泉旅游地（为研究方便，本文将温泉旅游地进行编号，详见表7－2和图7－1）可持续发展的基础上，从中选取12处具有代表性的温泉旅游地进行纵向比较研究。选取的依据主要包括以下几点：一是代表一定的区域；二是代表不同发展阶段；三是具有较高的知名度；四是连续数据的可获得性；五是建成开业时间满足要求（具体见表7－1和图7－1）。如前文所述，温泉旅游地的基础数据来源于对广东省主要温泉旅游地的统计调查数据，同时，结合广东省温泉行业协会对全省12处温泉旅游地的连续定期观测、抽样调查及问卷调查，并进行整理而获得。

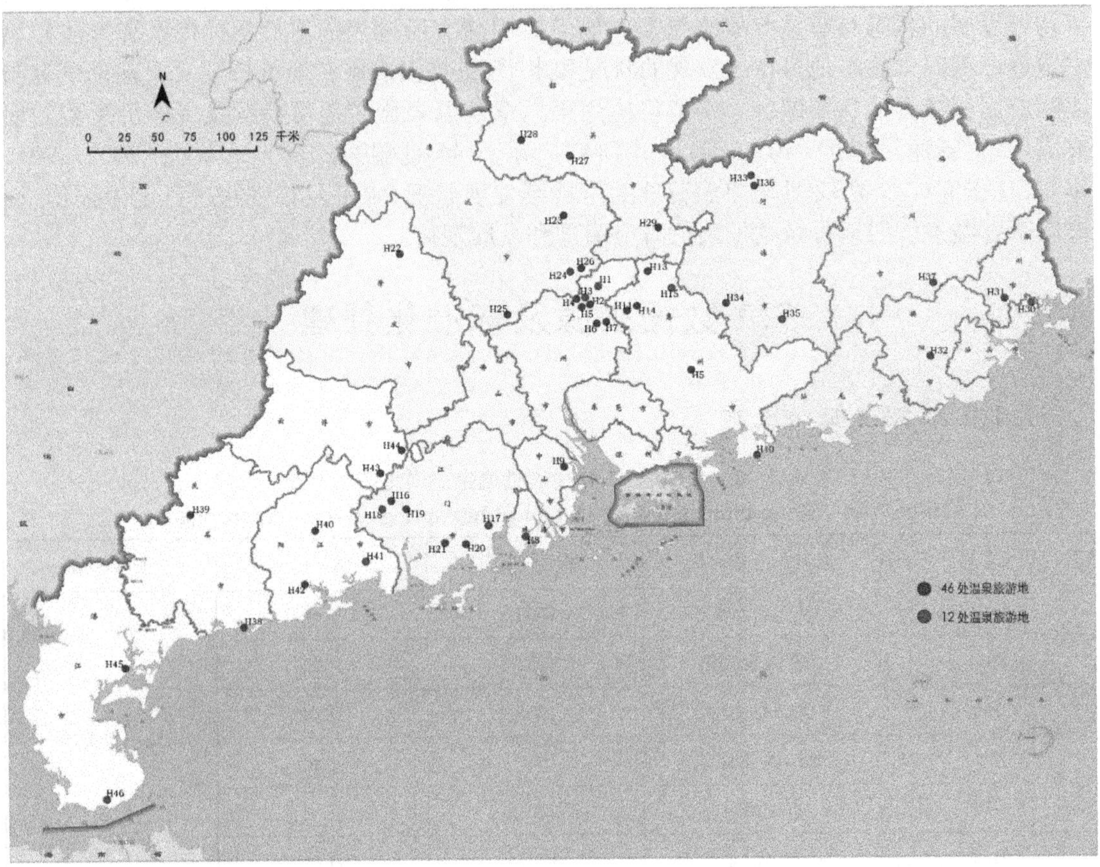

图7－1　研究对象（46处温泉旅游地）分布图

Fig. 7－1　Distribution map of subjects (46 hot springs resorts) in Guangdong

7.1.2 数据标准化处理

在本文第6章中已经提到，由于评价指标体系中各评价指标采用的量纲各异，为解决各个指标数据的可比性，就必须对其进行标准化处理，将其转化成无量纲的相对评价值，根据公式6－7和公式6－8对各项评价指标原始数据进行无量纲化处理，处理后的数据介于

0~1之间，标准化处理后的数据详见附录C(2011年广东省46处温泉旅游地可持续发展评价指标标准化值和2007—2011年广东省12处代表性温泉旅游地可持续发展评价指标标准化值)。

7.2 广东省温泉旅游地可持续发展综合评价

根据本文第6章所建立的温泉旅游地可持续发展评价模型，以广东省温泉旅游地为研究对象，先从开发度、发展度、支撑度、协调度、保障度等五方面多目标进行定量评价，然后计算各温泉旅游地的可持续发展度，综合评价其可持续发展能力，并通过制作评价专题地图直观、形象地展示温泉旅游地可持续发展水平和能力。

根据附录C(2011年广东省46处温泉旅游地评价指标标准化值)的数据和表6-9的权重值，代入公式6-9，分别计算温泉旅游地系统层和目标层量化值，得到各温泉旅游地2011年的开发度、发展度、支撑度、协调度、保障度和可持续发展度评价值，具体评价结果见表7-2。

同时，根据附录C(2007—2011年广东省12处代表性温泉旅游地评价指标标准化值)的数据和表6-9确定的权重值，代入公式6-9，分别计算广东省12处代表性温泉旅游地近五年的系统层和目标层量化值，得到各温泉旅游地2007—2011年的开发度、发展度、支撑度、协调度、保障度和可持续发展度评价值(具体评价结果如见表7-3)，以深入揭示温泉旅游地可持续发展的发展轨迹和特征。

表7-2　广东省温泉旅游地可持续发展评价结果(2011年)

Table 7-2　Evaluation results of HSRsD in Guangdong (2011)

编号	评价内容 / 名称	开发度(ED)	排序	发展度(DD)	排序	支撑度(BD)	排序	协调度(CD)	排序	保障度(GD)	排序	可持续发展度(SSD)	排序
H1	从化碧水湾	0.558	2	0.651	1	0.736	1	0.637	25	0.611	5	0.639	1
H2	从化仙沐园	0.395	26	0.265	42	0.736	1	0.557	41	0.345	39	0.439	20
H3	广东温泉宾馆	0.413	21	0.414	20	0.736	1	0.638	24	0.427	27	0.510	7
H4	崴格诗温泉	0.409	22	0.386	27	0.736	1	0.613	32	0.365	35	0.486	11
H5	广州望谷温泉	0.474	10	0.382	28	0.736	1	0.587	35	0.489	16	0.519	6
H6	金叶子温泉	0.455	15	0.463	12	0.736	1	0.567	39	0.601	7	0.557	4
H7	锦绣香江温泉	0.524	4	0.472	9	0.736	1	0.645	23	0.680	1	0.600	3
H8	珠海海泉湾	0.626	1	0.602	2	0.337	8	0.822	2	0.679	2	0.601	2
H9	中山温泉宾馆	0.526	3	0.394	25	0.366	4	0.410	45	0.277	46	0.392	34
H10	惠州海滨温泉	0.338	35	0.471	10	0.323	10	0.633	27	0.357	38	0.416	25

续表

编号	评价内容 名称	开发度（ED）	排序	发展度（DD）	排序	支撑度（BD）	排序	协调度（CD）	排序	保障度（GD）	排序	可持续发展度（SSD）	排序
H11	南昆山大观园	0.513	5	0.453	14	0.323	10	0.761	5	0.468	18	0.485	13
H12	惠州中信汤泉	0.504	6	0.296	39	0.323	10	0.405	46	0.459	22	0.390	38
H13	龙门地派温泉	0.325	37	0.582	3	0.323	10	0.716	10	0.593	9	0.503	10
H14	尚天然温泉	0.450	16	0.466	11	0.323	10	0.622	29	0.609	6	0.486	12
H15	龙门铁泉温泉	0.314	39	0.407	22	0.323	10	0.616	31	0.458	23	0.412	29
H16	帝都温泉	0.389	27	0.339	33	0.336	9	0.705	16	0.420	29	0.415	26
H17	古兜温泉	0.458	14	0.535	6	0.336	9	0.788	3	0.497	15	0.508	8
H18	金山温泉	0.347	33	0.258	44	0.336	9	0.692	18	0.293	44	0.357	42
H19	锦江温泉	0.399	24	0.477	8	0.336	9	0.710	12	0.361	36	0.443	19
H20	台山富都温泉	0.317	38	0.407	21	0.336	9	0.707	14	0.388	33	0.413	27
H21	康桥温泉	0.440	17	0.361	30	0.336	9	0.848	1	0.521	12	0.471	14
H22	怀集温泉	0.297	40	0.272	41	0.319	11	0.758	6	0.460	20	0.391	36
H23	奇洞温泉	0.398	25	0.431	15	0.351	6	0.637	26	0.458	24	0.443	18
H24	清远聚龙湾	0.479	9	0.421	17	0.351	6	0.526	44	0.600	8	0.470	15
H25	新银盏温泉	0.401	23	0.421	18	0.351	6	0.566	40	0.308	42	0.400	30
H26	森波拉温泉	0.490	7	0.573	4	0.351	6	0.694	17	0.637	3	0.543	5
H27	曹溪温泉	0.363	31	0.311	38	0.277	14	0.579	37	0.455	25	0.381	39
H28	丽宫温泉	0.424	19	0.370	29	0.277	14	0.631	28	0.474	17	0.420	24
H29	云天海温泉	0.378	28	0.419	19	0.277	14	0.718	9	0.358	37	0.412	28
H30	莲花山温泉	0.255	42	0.401	23	0.268	15	0.719	8	0.621	4	0.435	22
H31	东山湖温泉	0.481	8	0.334	35	0.257	16	0.715	11	0.460	21	0.426	23
H32	盘龙湾温泉	0.361	32	0.277	40	0.303	12	0.582	36	0.286	45	0.342	46
H33	天上人间温泉	0.469	12	0.255	45	0.245	17	0.591	34	0.330	40	0.356	43
H34	龙源温泉	0.419	20	0.423	16	0.245	17	0.706	15	0.506	14	0.444	17
H35	御临门温泉	0.459	13	0.569	5	0.245	17	0.774	4	0.539	10	0.507	9
H36	热龙温泉	0.194	44	0.395	24	0.245	17	0.554	42	0.411	30	0.352	44

续表

编号	评价内容 名称	开发度（ED）	排序	发展度（DD）	排序	支撑度（BD）	排序	协调度（CD）	排序	保障度（GD）	排序	可持续发展度（SSD）	排序
H37	千江温泉	0.346	34	0.322	37	0.372	3	0.672	19	0.388	32	0.398	32
H38	御水古温泉	0.335	36	0.328	36	0.297	13	0.710	13	0.401	31	0.391	37
H39	西江温泉	0.235	43	0.336	34	0.297	13	0.652	21	0.453	26	0.376	40
H40	春都温泉	0.471	11	0.355	31	0.376	2	0.606	33	0.465	19	0.438	21
H41	阳江温泉	0.425	18	0.191	46	0.376	2	0.568	38	0.523	11	0.392	35
H42	咸水矿温泉	0.371	30	0.503	7	0.376	2	0.552	43	0.512	13	0.461	16
H43	金水台温泉	0.375	29	0.392	26	0.356	5	0.651	22	0.303	43	0.399	31
H44	青山绿水温泉	0.255	41	0.265	43	0.356	5	0.663	20	0.322	41	0.347	45
H45	湛江海滨宾馆	0.175	46	0.462	13	0.341	7	0.620	30	0.421	28	0.396	33
H46	杏磊湾温泉	0.176	45	0.346	32	0.341	7	0.726	7	0.377	34	0.371	41

表 7－3 广东省 12 个代表性温泉旅游地可持续发展评价结果（2007—2011 年）

Table 7－3 Evaluation results of 12 typical HSRsD in Guangdong（2007—2011）

编号	评价内容 名称	年度	开发度（ED）	发展度（DD）	支撑度（BD）	协调度（CD）	保障度（GD）	可持续发展度（SSD）
H1	从化碧水湾	2011	0.558	0.651	0.736	0.637	0.611	0.639
		2010	0.557	0.613	0.625	0.638	0.617	0.609
		2009	0.554	0.594	0.523	0.717	0.614	0.594
		2008	0.551	0.588	0.481	0.637	0.584	0.566
		2007	0.549	0.569	0.485	0.630	0.549	0.553
H3	广东温泉宾馆	2011	0.413	0.414	0.736	0.638	0.427	0.510
		2010	0.412	0.364	0.625	0.602	0.381	0.460
		2009	0.410	0.338	0.523	0.595	0.389	0.434
		2008	0.407	0.373	0.481	0.590	0.371	0.430
		2007	0.412	0.367	0.485	0.558	0.369	0.425

续表

编号	评价内容 名称	年度	开发度（ED）	发展度（DD）	支撑度（BD）	协调度（CD）	保障度（GD）	可持续发展度（SSD）
H8	珠海海泉湾	2011	0.626	0.602	0.337	0.822	0.698	0.605
		2010	0.613	0.549	0.354	0.804	0.650	0.579
		2009	0.614	0.496	0.249	0.800	0.655	0.545
		2008	0.606	0.540	0.200	0.702	0.615	0.524
		2007	0.603	0.582	0.234	0.777	0.637	0.556
H15	龙门铁泉温泉	2011	0.314	0.407	0.323	0.616	0.458	0.412
		2010	0.311	0.391	0.296	0.623	0.453	0.402
		2009	0.321	0.369	0.250	0.699	0.447	0.398
		2008	0.312	0.360	0.173	0.610	0.435	0.364
		2007	0.306	0.364	0.273	0.612	0.405	0.378
H17	古兜温泉	2011	0.458	0.535	0.336	0.788	0.497	0.508
		2010	0.456	0.419	0.256	0.770	0.465	0.452
		2009	0.455	0.360	0.221	0.757	0.429	0.420
		2008	0.459	0.446	0.277	0.754	0.453	0.459
		2007	0.460	0.480	0.225	0.701	0.494	0.460
H18	金山温泉	2011	0.347	0.256	0.336	0.686	0.293	0.356
		2010	0.346	0.261	0.256	0.692	0.290	0.342
		2009	0.344	0.245	0.221	0.720	0.321	0.340
		2008	0.336	0.219	0.277	0.723	0.285	0.336
		2007	0.336	0.305	0.225	0.726	0.291	0.350
H24	清远聚龙湾	2011	0.479	0.421	0.351	0.635	0.600	0.485
		2010	0.478	0.432	0.347	0.612	0.593	0.482
		2009	0.482	0.381	0.236	0.717	0.590	0.461
		2008	0.500	0.457	0.206	0.602	0.571	0.459
		2007	0.497	0.461	0.282	0.623	0.566	0.477

续表

编号	评价内容 名称	年度	开发度（ED）	发展度（DD）	支撑度（BD）	协调度（CD）	保障度（GD）	可持续发展度（SSD）
H27	曹溪温泉	2011	0.363	0.311	0.277	0.490	0.455	0.368
		2010	0.360	0.326	0.299	0.489	0.424	0.370
		2009	0.357	0.322	0.207	0.514	0.419	0.353
		2008	0.352	0.306	0.174	0.494	0.385	0.331
		2007	0.349	0.286	0.300	0.501	0.380	0.350
H30	莲花山温泉	2011	0.255	0.401	0.268	0.744	0.621	0.439
		2010	0.251	0.366	0.215	0.648	0.579	0.397
		2009	0.248	0.357	0.157	0.724	0.554	0.388
		2008	0.231	0.361	0.136	0.711	0.520	0.373
		2007	0.229	0.351	0.131	0.744	0.527	0.374
H35	御临门温泉	2011	0.459	0.569	0.245	0.774	0.539	0.507
		2010	0.440	0.507	0.172	0.748	0.517	0.464
		2009	0.440	0.506	0.119	0.730	0.464	0.440
		2008	0.445	0.480	0.117	0.724	0.490	0.438
		2007	0.456	0.440	0.179	0.724	0.469	0.437
H41	阳江温泉	2011	0.426	0.191	0.376	0.568	0.523	0.392
		2010	0.424	0.454	0.209	0.570	0.581	0.442
		2009	0.435	0.340	0.176	0.673	0.525	0.410
		2008	0.446	0.348	0.120	0.618	0.501	0.391
		2007	0.442	0.378	0.135	0.620	0.530	0.408
H46	杏磊湾温泉	2011	0.176	0.346	0.341	0.726	0.377	0.371
		2010	0.170	0.357	0.226	0.725	0.375	0.350
		2009	0.155	0.324	0.286	0.710	0.335	0.339
		2008	0.168	0.298	0.258	0.605	0.374	0.323
		2007	0.170	0.272	0.225	0.677	0.403	0.326

7.2.1 开发度评价

7.2.1.1 发展现状

根据表 7 - 2 的评价结果和表 6 - 8 的评价标准，2011 年广东省 46 处温泉旅游地的开发度评价结果总体差异性较为明显，可划分为Ⅱ、Ⅲ、Ⅳ、Ⅴ四个层级（图 7 - 2）。其中珠海海泉湾温泉的开发度指数最大，处于Ⅱ级水平，表明其可持续开发建设的生存能力和潜力较大；而从化碧水湾等 22 处温泉旅游地的开发度处于Ⅲ级水平，表明其可持续开发建设的生存能力和潜力一般；锦江温泉等 20 处温泉旅游地的开发度处于Ⅳ级水平，表明其开发价值和开发潜力较小；另外和平热龙温泉、湛江海滨宾馆和杏磊湾温泉等 3 处温泉旅游地的开发度最小，处于Ⅴ级水平，表明其可持续开发建设的生存能力和潜力很小。

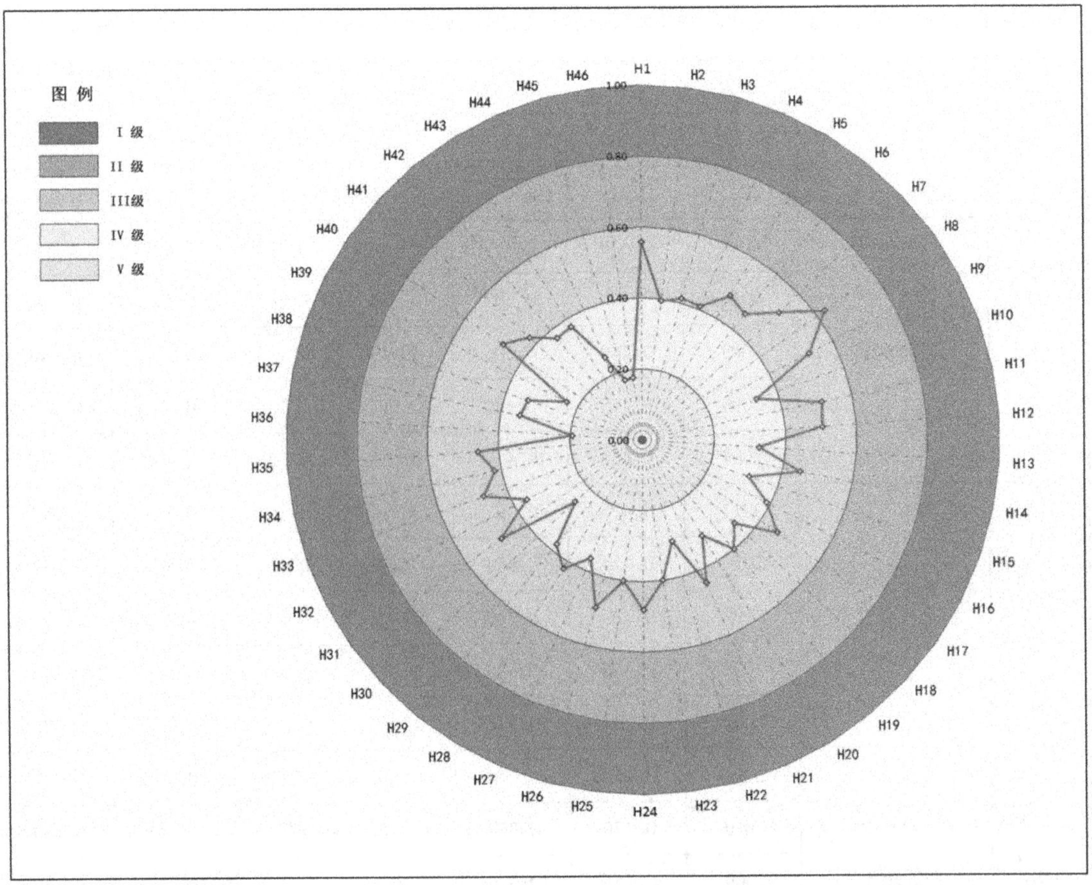

图 7 - 2 2011 年广东省温泉旅游地开发度评价图

Fig. 7 - 2 The ED evaluation map of hot springs resorts in Guangdong, 2011

从整体来看，珠海海泉湾、从化碧水湾、中山温泉宾馆、锦绣香江温泉、南昆山大观园、惠州中信汤泉、森波拉温泉、潮州东山湖温泉、清远聚龙湾温泉、广州望谷温泉等温泉旅游地的开发度较大，排在前十位；而龙门地派温泉、龙门铁泉温泉、茂名御水古温泉、怀集温泉、莲花山温泉、青山绿水温泉、信宜西江温泉、和平热龙温泉、湛江海滨宾馆和杏磊湾温泉等温泉旅游地开发度较小，位列后十位（表 7－2）。

从区域来看，由于受客源市场区位条件、交通可达性等主要因素影响，经济发达的珠三角地区温泉旅游地开发度普遍较大，粤东、粤西地区温泉旅游地开发度最小，粤北地区温泉旅游地的开发度处于中间（图 7－3）。如排名前六位的都是珠三角地区的，排名后五位的，几乎都位于粤东、粤西地区。但一些温泉旅游地由于温泉资源品质条件、占地规模、与周边旅游地的关系等条件突出，其开发度也较大，如东山湖温泉、和平天上人间温泉等。有的温泉旅游地则由于受某项因子的影响较大，其开发度指数与同区域的温泉旅游地相比则较小，如龙门地派温泉、铁泉温泉等受交通可达性，青山绿水和富都温泉温泉受占地规模，广州葳格诗温泉受温泉水供给能力等因子影响。

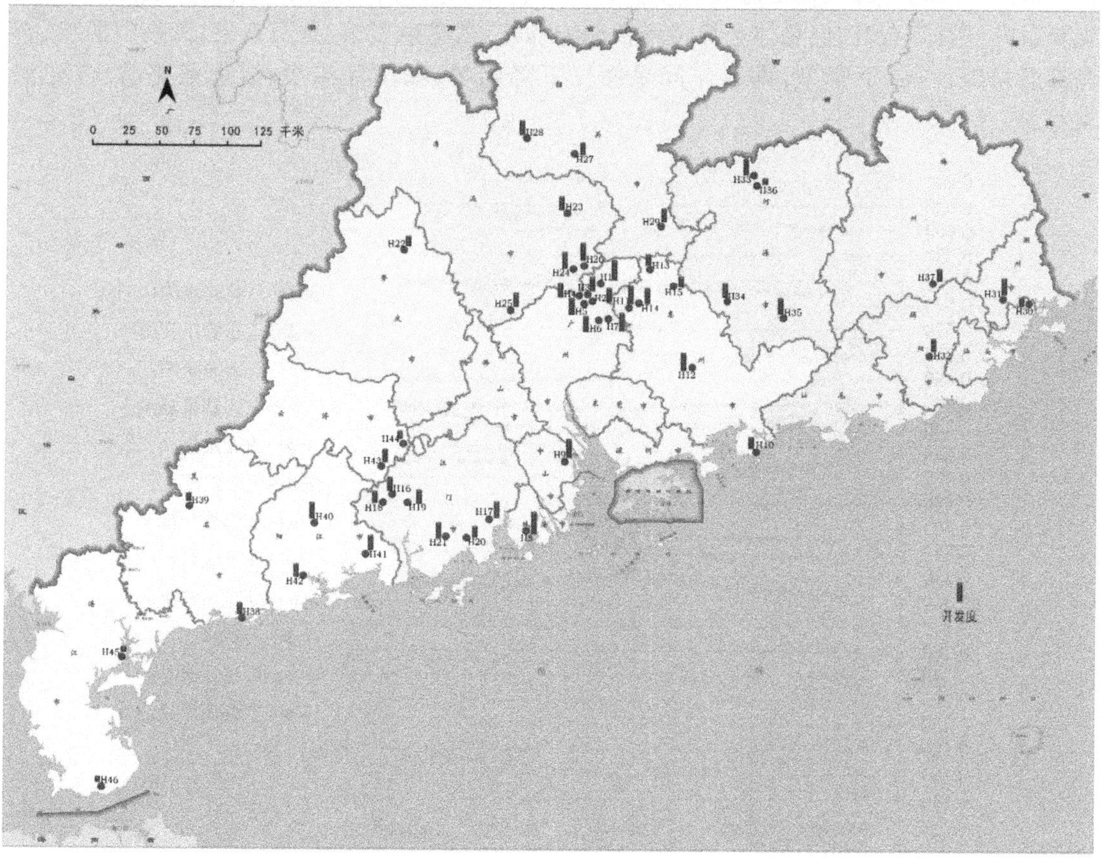

图 7－3　2011 年广东省温泉旅游地开发度分区评价专题图

Fig. 7－3　Thematic evaluation map of ED of hot springs resorts in Guangdong, 2011

7.2.1.2 发展轨迹

根据表 7－3 的评价结果和表 6－8 的评价标准，2007—2011 年间广东省 12 处代表性温泉旅游地开发度总体上比较平稳，呈逐渐上升态势，但各温泉旅游地之间存在较大差异，呈现明显的特征（图 7－4）。①层级特征：12 处代表性温泉旅游地开发度层级划分明显，覆盖Ⅱ、Ⅲ、Ⅳ、Ⅴ四个层级，珠海海泉湾开发度最大，处于Ⅱ级；杏磊湾温泉开发度最小，处于Ⅴ级。②年际变化：12 处温泉旅游地的开发度在 5 年间处于平稳发展态势，都没有突破各自所处的层级，年际变化小。③地区差异明显：一是发展水平差异，处于上层（高层级）的温泉旅游地主要分布在珠三角地区，处于下层（低层级）的温泉旅游地主要分布在经济欠发达的粤东、粤西地区；二是发展趋势差异，总体来看，非珠三角等欠发达地区的温泉旅游地由于温泉资源、土地资源、交通通达性不断改善等因素，呈现出上升态势，如莲花山温泉、曹溪温泉、杏磊湾温泉等，而与之相对应，珠三角地区或位于广州、深圳等大都市周边地区的温泉旅游地，则呈现下降态势，如清远聚龙湾、古兜温泉等。④个体差异明显，12 处代表性温泉旅游地呈现出不同的发展特征：一是上升型，即 5 年间呈不断增长的发展趋势，如从化碧水湾、珠海海泉湾、金山温泉、莲花山温泉、曹溪温泉等；二是波浪式上升型，即 5 年间先降后升或有降有升，但总体上保持增长态势，如广东温泉宾馆、龙门铁泉、御临门温泉、杏磊湾温泉等；三是下降型，即 5 年间呈缓慢下降趋势，如阳江温泉、清远聚龙湾、古兜温泉等。

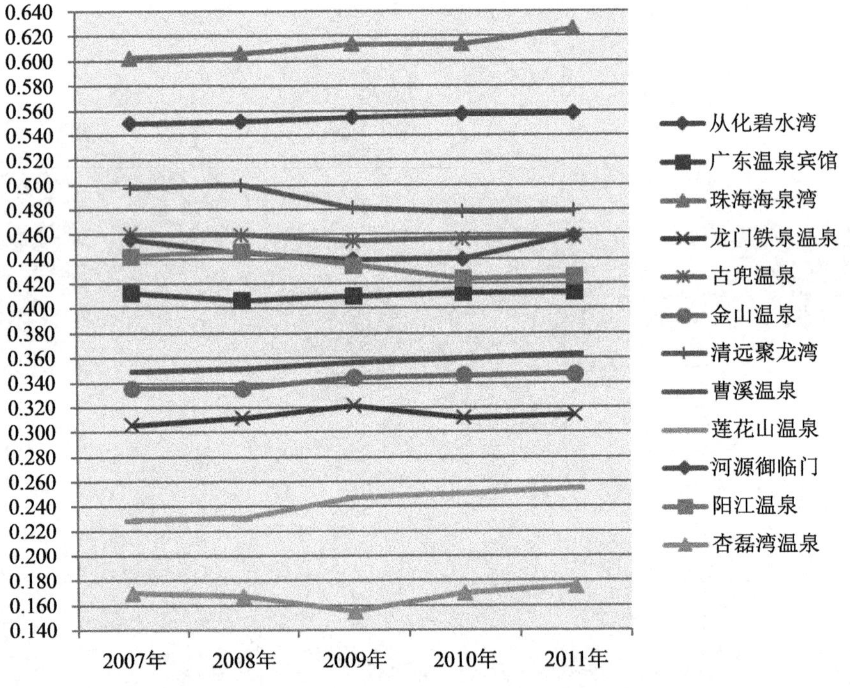

图 7－4　广东省 12 处代表性温泉旅游地开发度变化情况（2007—2011）

Fig. 7－4　The ED variation of 12 hot springs resorts in Guangdong, 2007—2011

7.2.2 发展度评价

7.2.2.1 发展现状

根据表7-2的评价结果和表6-9的评价标准，2011年广东省46处温泉旅游地的发展度评价结果总体差异性较为明显，也可划分为Ⅱ、Ⅲ、Ⅳ、Ⅴ四个层级(图7-5)。其中从化碧水湾温泉和珠海海泉湾温泉的发展度指数处于Ⅱ级水平，表明其可持续发展的发展能力和潜力较大；而龙门地派温泉、森波拉温泉、御临门温泉、古兜温泉等21处温泉旅游地的发展度处于Ⅲ级水平，表明其可持续发展的发展能力和潜力一般；热龙温泉、中山温泉宾馆、金水台温泉等22处温泉旅游地的发展度处于Ⅳ级水平，表明其可持续发展的发展能力和潜力较小；另外阳江温泉的发展度指数处于Ⅴ级水平，表明其可持续发展的发展能力和潜力很小。

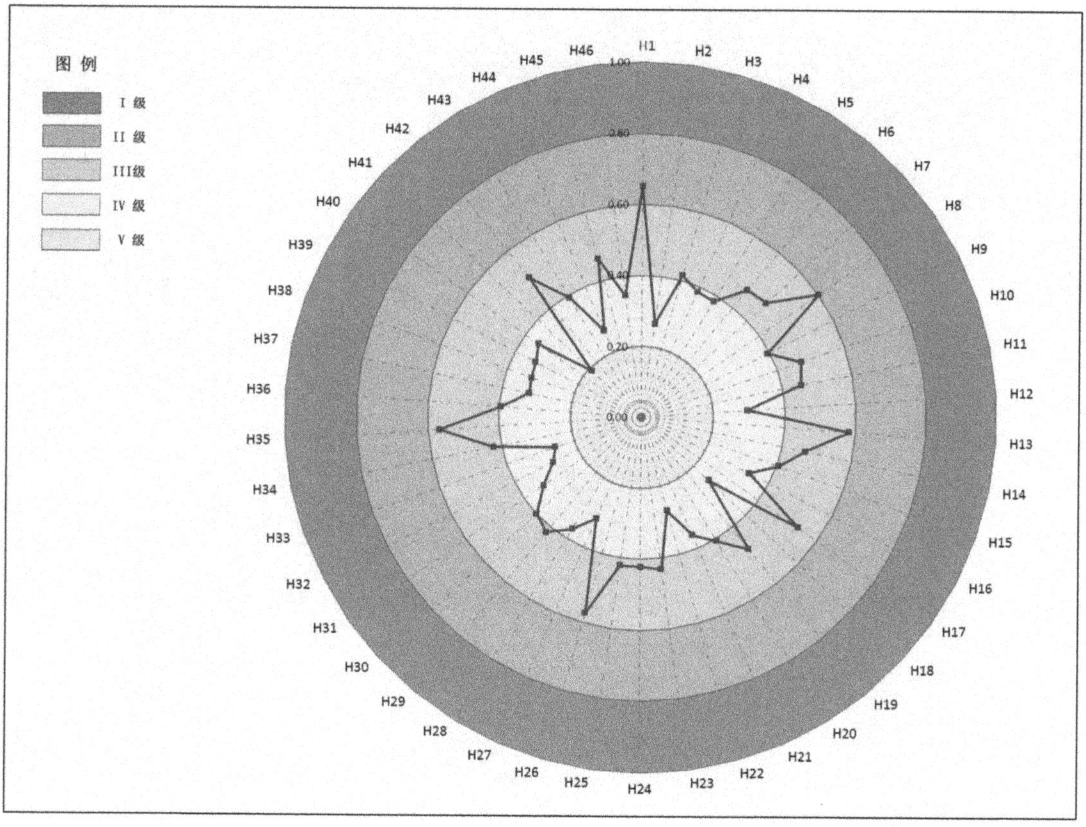

图7-5 2011年广东省温泉旅游地发展度评价图

Fig. 7-5 The DD evaluation map of hot springs resorts in Guangdong, 2011

从整体来看，从化碧水湾、珠海海泉湾、龙门地派温泉、森波拉温泉、御临门温泉、古兜温泉、阳西咸水矿温泉、锦江温泉、锦绣香江温泉、惠州滨海温泉等温泉旅游地的发展度最大，排在前十位。而丰顺千江温泉、曹溪温泉、惠州中信汤泉、普宁盘龙湾温泉、肇庆怀集温泉、从化仙沐园、青山绿水温泉、金山温泉、和平天上人间温泉和阳江温泉等温泉旅游地发展度最小,位列后十位。

从区域来看,地区差异不太明显。虽然发展度大,且排名靠前的温泉旅游地主要分布在经济发达的珠三角地区,但金山温泉、从化仙沐园、怀集燕峰峡温泉等位于珠三角地区的温泉旅游地发展度较小,排名靠后。粤北地区清远的森波拉温泉、奇洞温泉、聚龙湾温泉、新银盏温泉等,粤东地区河源的御临门温泉、龙源温泉等,粤西地区的湛江海滨宾馆等温泉旅游地的发展度也较大,排名靠前,说明在目前广东省温泉旅游地竞争日益激烈的情况下,各温泉旅游地的发展能力出现明显分化现象。一些早期开发建设的温泉旅游地面临发展困境,如金山温泉、阳江温泉、从化仙沐园、曹溪温泉、帝都温泉等,而新开发建设的温泉旅游地的发展情况较好,如地派温泉、森波拉温泉、锦绣香江温泉等(图 7 - 6)。

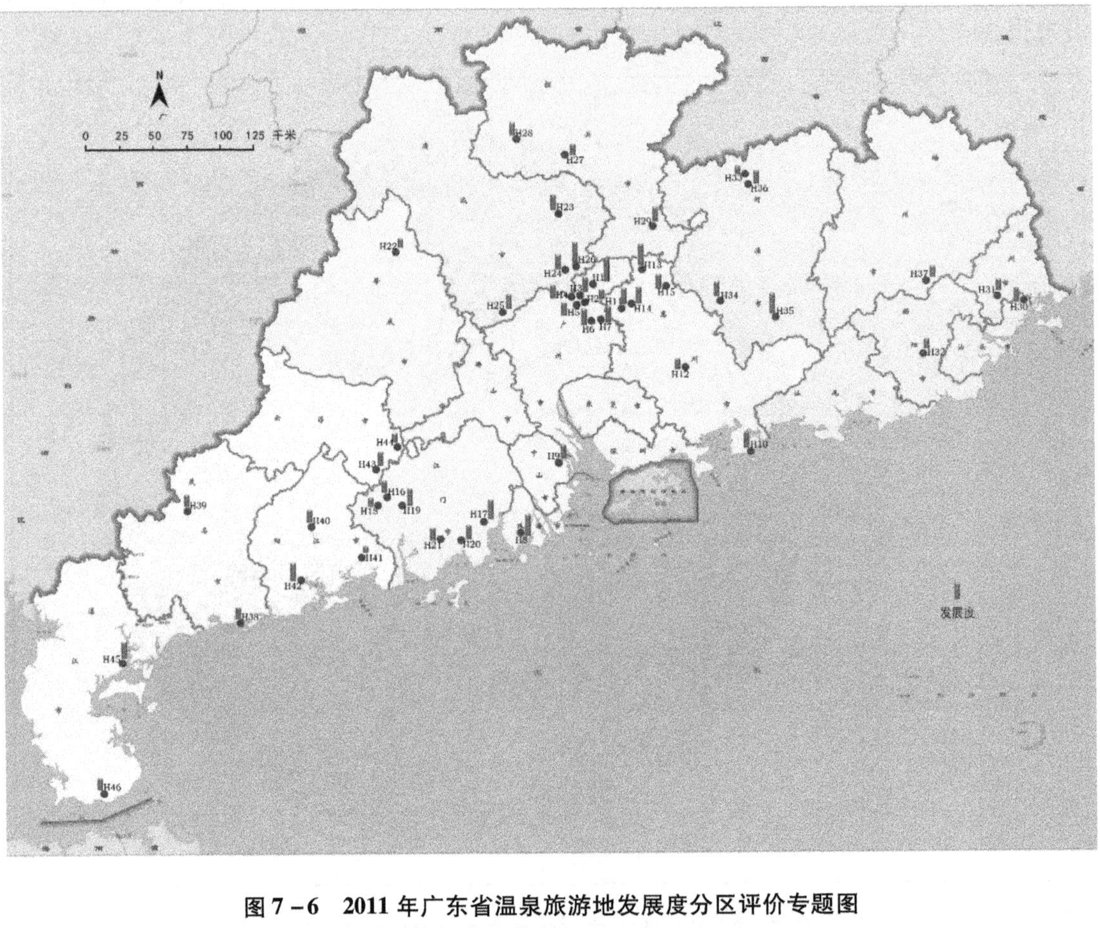

图 7 - 6 2011 年广东省温泉旅游地发展度分区评价专题图

Fig. 7 - 6 Thematic evaluation map of DD of hot springs resorts in Guangdong, 2011

总体来看,温泉旅游地的发展度指数大小与温泉旅游地自身的质素密切相关,取决于其经营效益和水平。一般地,游客满意度高、人均消费水平较高、有特色且具有较高知名度的温泉旅游地,其发展度都比较大,如从化碧水湾、珠海海泉湾、古兜温泉、御临门温泉、锦江温泉、惠州海滨温泉、龙门尚天然温泉等。

7.2.2.2 发展轨迹

根据表7－3的评价结果和表6－9的评价标准,2007—2011年间广东省12处代表性温泉旅游地发展度呈现明显的差异,但总体上呈上升趋势,各温泉旅游地之间差异较大,特征明显(图7－7)。①层级特征:12处温泉旅游地发展度层级划分较明显,覆盖Ⅱ、Ⅲ、Ⅳ、Ⅴ四个层级,从化碧水湾2010和2011年的发展度最大,处于Ⅱ级,而阳江温泉2011年的发展度最小,处于Ⅴ级。②年际变化:12处代表性温泉旅游地的发展度在5年间的年际变化较大,多数温泉旅游地突破原有层级,如从化碧水湾由Ⅲ级上升到Ⅱ级、古兜温泉由Ⅲ级(2007年)下降到Ⅳ级(2009年)再上升到Ⅲ级(2011年)等,个别温泉旅游地波动较为剧烈,如阳江温泉2009年的发展度为0.340,处于Ⅳ级,2010年为0.454,处于Ⅲ级,2011年则为0.191,处于Ⅴ级。③地区差异特征:总体来看地区差异不大,各区域温泉旅游地呈不断上升的发展态势,粤北地区的清远聚龙湾和粤东地区的河源御临门温泉具有较高的发展度,但2008年普遍受到国际金融危机等外部经济环境影响,发展度下降。④个体差异明显,12处代表性温泉旅游地呈现出不同的发展特征:一是上升型,即5年间呈不断增长的发展趋势,如从化碧水湾、御临门温泉、曹溪温泉和莲花山温泉等;二是波浪式上升型,即5年间先降后升或有降有升,但总体上保持增长态势,如珠海海泉湾、古兜温泉、广东温泉宾馆、杏磊湾温泉等;三是下降型,即5年间呈下降趋势,如阳江温泉、清远聚龙湾、金山温泉等。

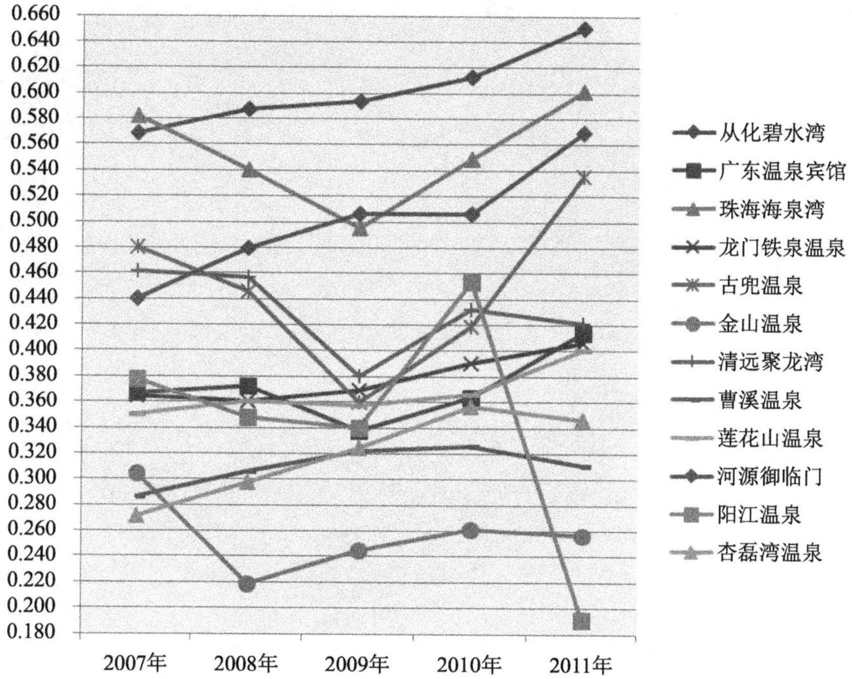

图7－7　广东省12处代表性温泉旅游地发展度变化情况(2007—2011)

Fig.7－7　The DD variation of 12 hot springs resorts in Guangdong,2007—2011

7.2.3 支撑度评价

7.2.3.1 发展现状

温泉旅游地可持续发展的支撑度大小取决于温泉旅游地所在区域社会经济和旅游业发展水平及潜力的大小，是温泉旅游地可持续发展的重要外部支撑条件。根据表7-2的评价结果和表6-10的评价标准，2011年广东省温泉旅游地可持续发展的支撑度评价结果总体差异性不明显（深圳、佛山、东莞等没有温泉旅游地纳入本次研究），仅划分为Ⅱ、Ⅳ二个层级，但层次间的差距较大（图7-8）。由于广州市的社会经济和旅游业发展水平遥遥领先其他各地市，其辖区的从化碧水湾、金叶子温泉、望谷温泉等支撑度最大，处于Ⅱ级水平，表明其可持续发展的支撑能力和潜力较大；而其他地区温泉旅游地的支撑度较小，且差距不大，都处于Ⅳ级水平，表明其可持续发展的支撑能力和潜力较小。其中，阳江、梅州、中山、云浮、清远、湛江等地区的温泉旅游地支撑度较大，位居前列，而韶关、汕头、潮州、河源等地区的温泉旅游地支撑度最小，排名靠后（图7-9）。

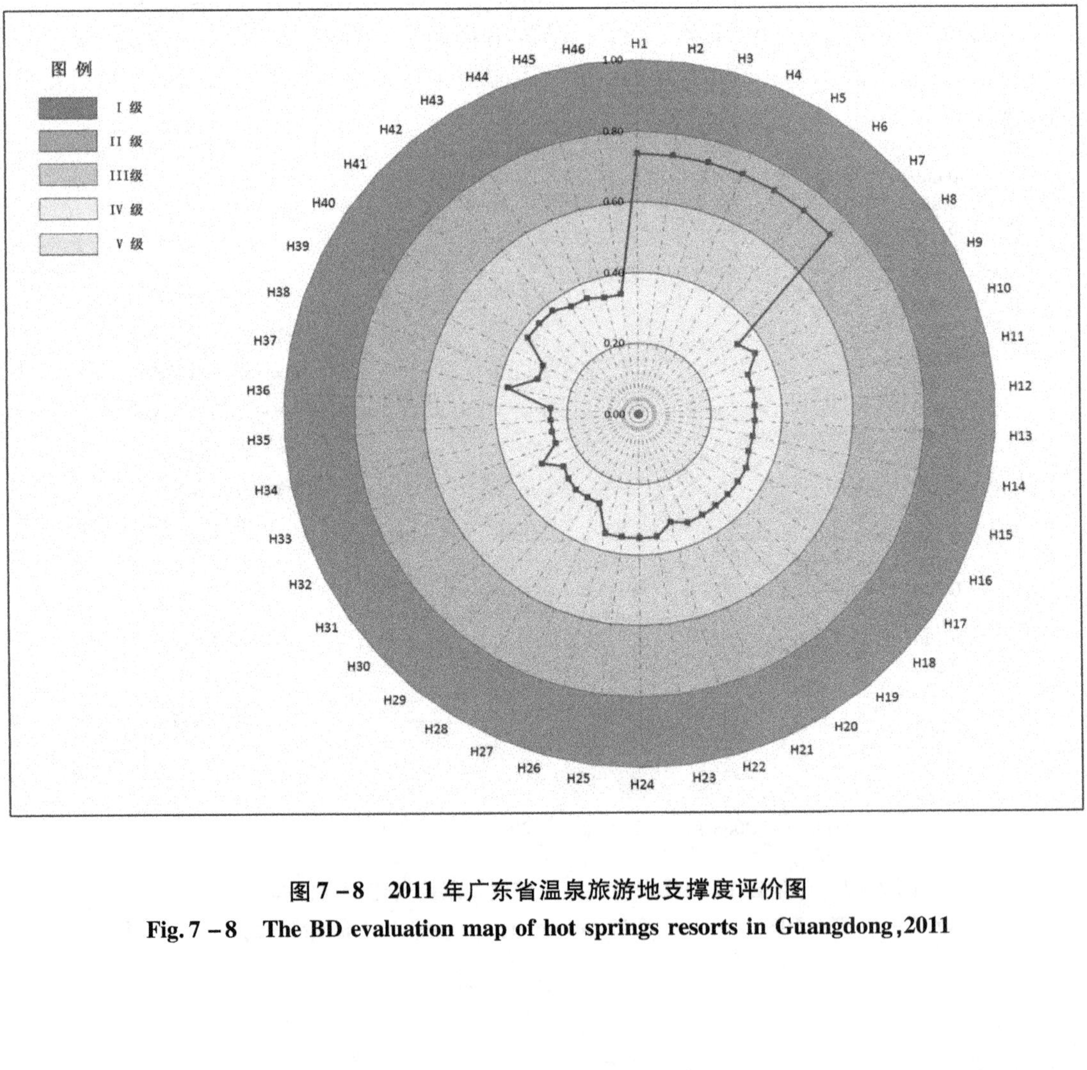

图7-8　2011年广东省温泉旅游地支撑度评价图

Fig. 7-8　The BD evaluation map of hot springs resorts in Guangdong, 2011

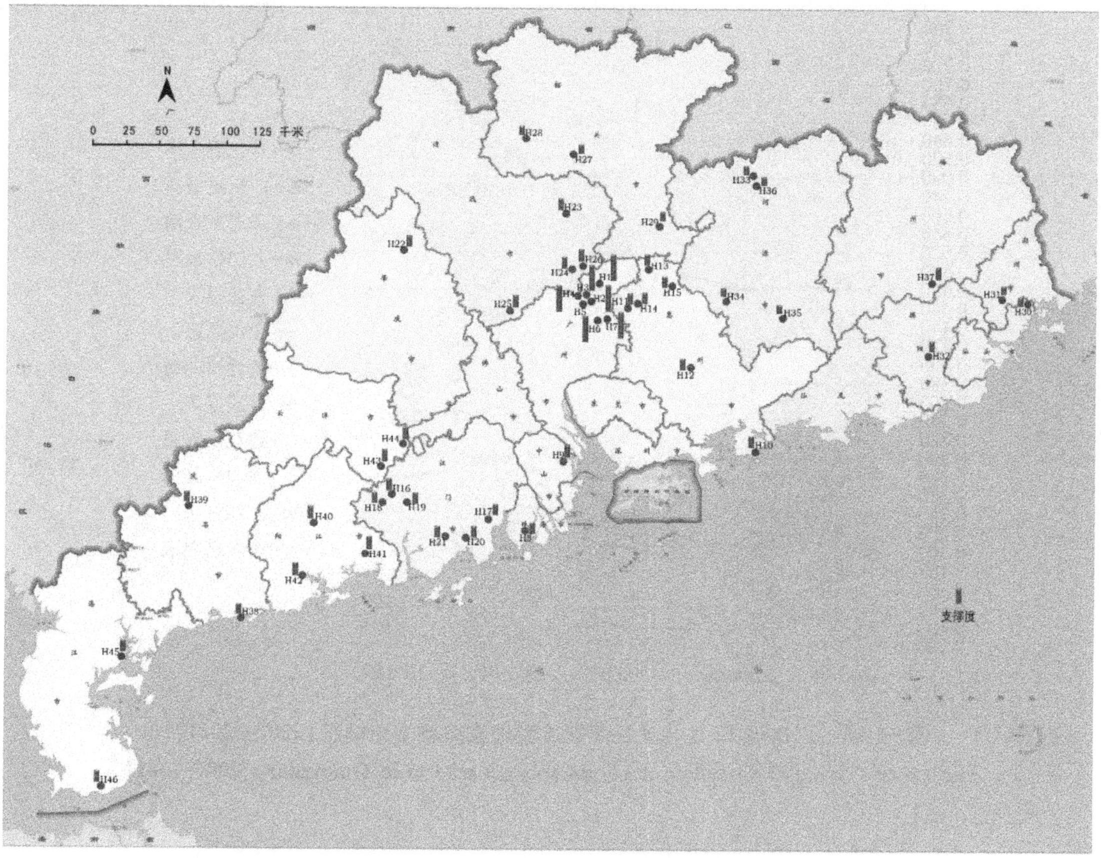

图 7-9 2011 年广东省温泉旅游地支撑度分区评价专题图

Fig. 7-9 Thematic evaluation map of BD of hot springs resorts in Guangdong, 2011

7.2.3.2 发展轨迹

区域社会经济和旅游业发展情况决定了温泉旅游地可持续发展的支撑度大小。根据表 7-3 的评价结果和表 6-10 的评价标准,2007—2011 年广东省 12 处代表性温泉旅游地的支撑度发展变化特征较为明显(图 7-10)。①层级特征:12 处代表性温泉旅游地支撑度层级划分较明显,覆盖Ⅱ、Ⅳ、Ⅴ三个层级,从化碧水湾、广东温泉宾馆 2010 和 2011 年的支撑度最大,处于Ⅱ级,而阳江温泉、御临门温泉、莲花山温泉 2008 和 2009 年的发展度最小,处于Ⅴ级。②年际变化:12 处代表性温泉旅游地的支撑度在 5 年间的年际变化较大,多个温泉旅游地突破原有层级,如从化碧水湾、广东温泉宾馆由Ⅲ级上升到Ⅱ级、御临门温泉、阳江温泉、莲花山温泉等由Ⅴ级上升到Ⅳ级。③地区差异:虽然总体来看各温泉旅游地呈现出上升发展的态势,但不同地区的支撑度大小、增长速度和发展轨迹具有差异。一是广州市辖区的从化碧水湾、广东温泉宾馆的支撑度远远大于其他地区的温泉旅游地;二是广州、阳江、汕头、河源等地的温泉旅游地支撑度增长速度较快,其他地区较慢;三是普遍受到 2008 年国际金融危机影响,当年及 2009 年出现下降。

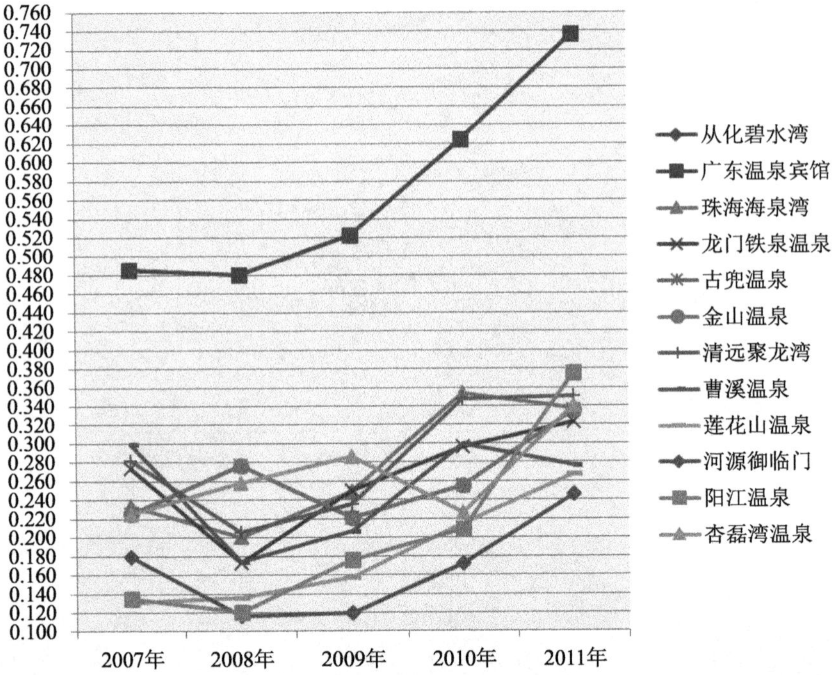

图 7-10 广东省 12 处代表性温泉旅游地支撑度变化情况(2007—2011)

Fig. 7-10 The BD variation of 12 hot springs resorts in Guangdong, 2007—2011

7.2.4 协调度评价

7.2.4.1 发展现状

根据表 7-2 的评价结果和表 6-11 的评价标准，2011 年广东省 46 处温泉旅游地可持续发展协调度的评价结果总体水平较高，可划分为Ⅰ、Ⅱ、Ⅲ三个层级，差异性不大(图 7-11)。其中台山康桥温泉和珠海海泉湾温泉的协调度指数处于Ⅰ级水平，表明其可持续发展的环境协调能力和潜力很大；古兜温泉、御临门温泉、南昆山大观园温泉、怀集燕峰峡温泉等 31 处温泉旅游地的协调度处于Ⅱ级水平，表明其可持续发展的环境协调能力和潜力较大；而和平天上人间、广州望谷温泉、盘龙湾温泉、曹溪温泉等 13 处温泉旅游地的协调度指数处于Ⅲ级水平，表明其可持续发展的环境协调能力和潜力一般。

从整体来看，台山康桥温泉、珠海海泉湾、古兜温泉、御临门温泉、南昆山大观园温泉、怀集燕峰峡温泉、湛江杏磊湾温泉、汕头莲花山温泉、新丰云天海温泉、龙门地派温泉等温泉旅游地的协调度指数最大，排在前十位。而曹溪温泉、阳江温泉、金叶子温泉、清远新银盏温泉、从化仙沐园温泉、热龙温泉、阳西咸水矿温泉、清远聚龙湾、中山温泉宾馆、惠州中信汤泉等温泉旅游地的协调度指数最小，位列后十位。

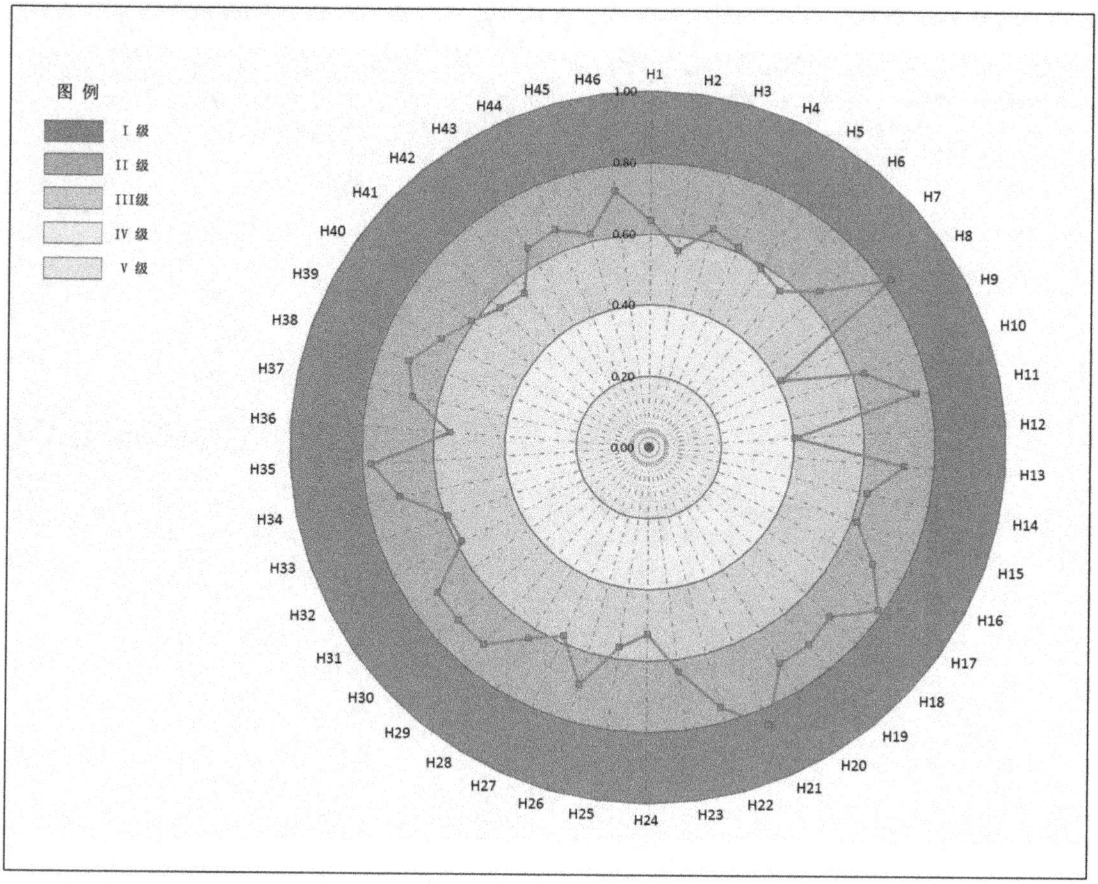

图 7－11　2011 年广东省温泉旅游地协调度评价图

Fig. 7－11　The CD evaluation map of hot springs resorts in Guangdong,2011

温泉旅游地所处的区域环境条件及其对环境保护投入、重视的程度决定了其可持续发展协调度指数大小。因此,从区域来看,地区差异较为明显。经济欠发达地区的温泉旅游地其协调度往往较大,如河源、湛江、汕头、韶关等地的温泉旅游地;而地处经济较发达的地区,特别是靠近城镇、交通要道的温泉旅游地,其协调度指数往往较小,如从化碧水湾、广州望谷温泉、新银盏温泉、从化仙沐园、清远聚龙湾、中山温泉宾馆、惠州中信汤泉等(图 7－12)。但总的看来,温泉旅游地作为满足人们旅游休闲度假的目的地,几乎都位于环境条件较好的地段,且都非常注重环境保护工作和环境景观建设,如污水、垃圾的环保处理、节能减排等,特别是注重环境氛围的营造,提高广大游客整体满意度,可持续发展的协调度较高。

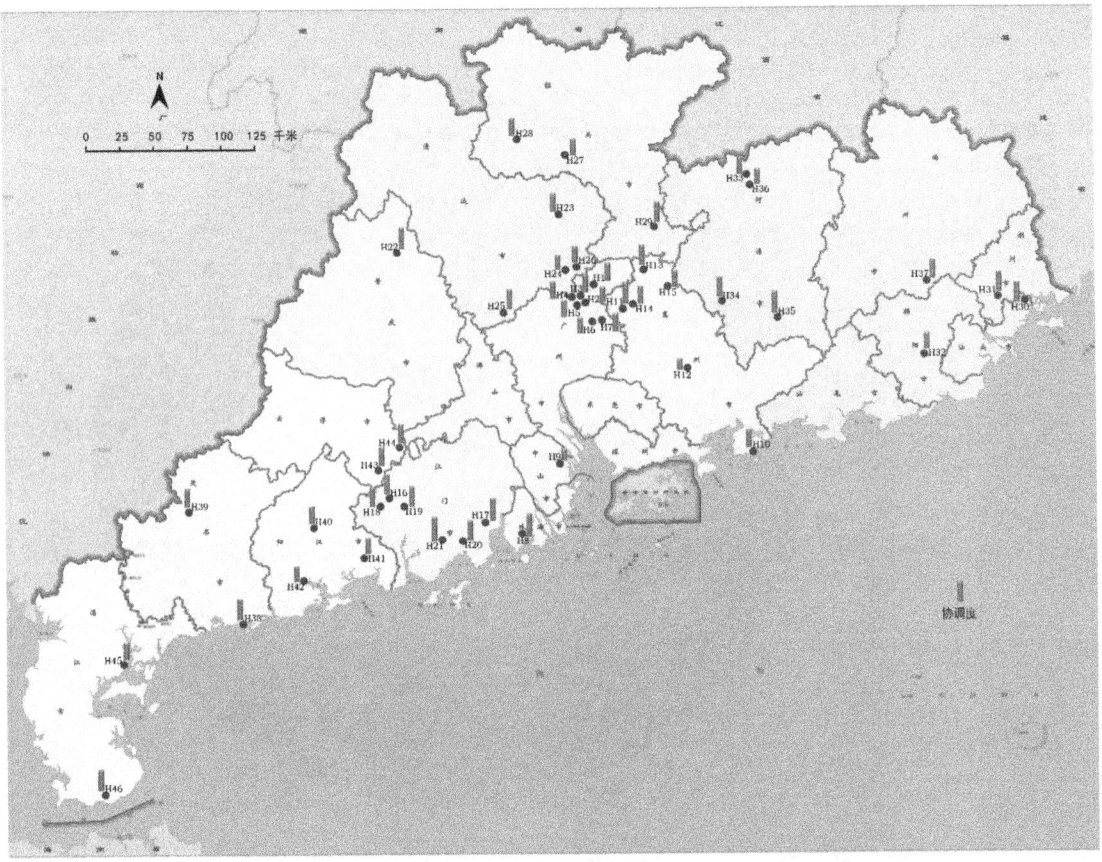

图 7－12　2011 年广东省温泉旅游地协调度分区评价专题图

Fig. 7－12　Thematic evaluation map of CD of hot springs resorts in Guangdong, 2011

7.2.4.2 发展轨迹

根据表 7－3 的评价结果和表 6－11 的评价标准，2007—2011 年间广东省 12 处代表性温泉旅游地协调度总体水平较高，但各温泉旅游地之间差异较大，表现出一定的特征（图 7－13）。①层级特征：12 处温泉旅游地发展度层级划分不明显，只覆盖Ⅰ、Ⅱ、Ⅲ等三个层级，珠海海泉湾 2009、2010 和 2011 年的协调度最大，处于Ⅰ级，而曹溪温泉 5 年间的协调度都最小，处于Ⅲ级。②年际变化：12 处代表性温泉旅游地的协调度在 5 年间的年际变化不大，少数温泉旅游地突破原有层级，如珠海海泉湾、广东温泉宾馆等协调度增长较大，分别由 2008 年的Ⅱ级、Ⅲ级提升到 2011 年的Ⅰ级、Ⅱ级水平，而阳江温泉则由Ⅱ级下降到Ⅲ级，其他温泉旅游地在同一层级波动。③地区差异：总体来看地区差异不明显。④个体差异：12 处代表性温泉旅游地协调度呈现出不同的发展特征：一是上升型，即 5 年间呈不断增长的发展趋势，如古兜温泉、广东温泉宾馆、御临门温泉等；二是波浪式上升型，即 5 年间先降后升或有降有升，但总体上保持增长态势，如珠海海泉湾、杏磊湾温泉、莲花山温泉等；三是下降型，即 5 年间下降或有升有降，但总体上呈下降趋势，如阳江温泉、清远聚龙湾、从化碧水湾、龙门铁泉、金山温泉、曹溪温泉等。温泉旅游地基本地处环境优美的地段，具有较高的环境协调能力，但个别温泉如从化碧水湾，由于受到环境噪声、环境容量等因素的制约，其协调度呈现下降趋势，这就要求温泉旅游地继续加大环境保护和建设的投入，继续营造良好的休闲度假环境。

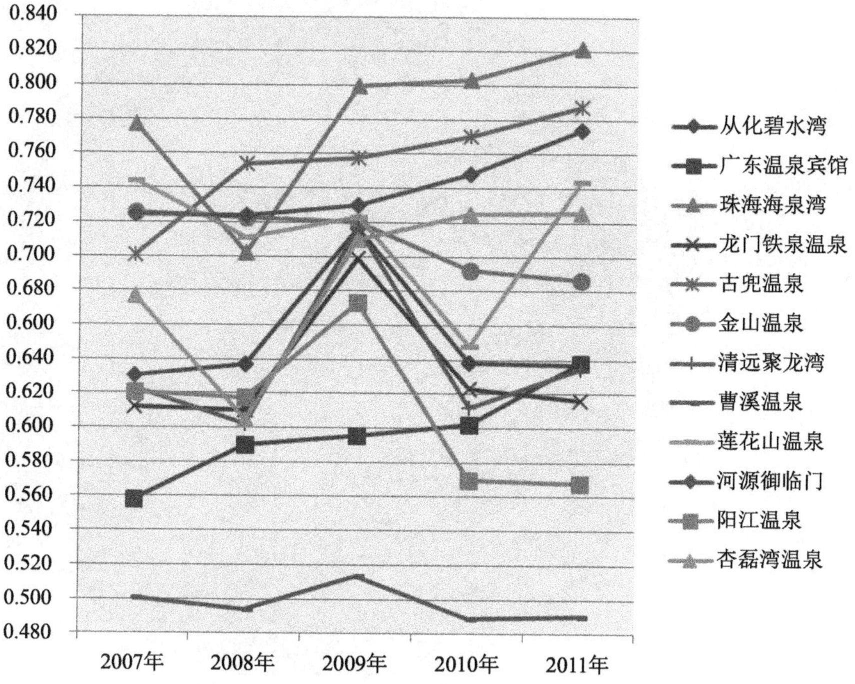

图 7-13 广东省 12 处代表性温泉旅游地协调度(2007—2011)

Fig. 7-13 The CD variation of 12 hot springs resorts in Guangdong, 2007—2011

7.2.5 保障度评价

7.2.5.1 发展现状

根据表 7-2 的评价结果和表 6-12 的评价标准，2011 年广东省 46 处温泉旅游地可持续发展的保障度评价结果总体差异性不大，可划分为Ⅱ、Ⅲ、Ⅳ三个层级(图 7-14)。其中锦绣香江温泉、珠海海泉湾、森波拉温泉等 8 处温泉旅游地的可持续发展保障度指数处于Ⅱ级水平，表明其可持续发展的保障能力和潜力较大；龙门地派温泉、御临门温泉、阳江温泉等 23 处温泉旅游地保障度指数处于Ⅲ级水平，表明其可持续发展的保障能力和潜力一般。而丰顺千江温泉、富都温泉、杏磊湾温泉等 15 处温泉旅游地的保障度指数处于Ⅳ级水平，表明其可持续发展的保障能力和潜力较小。

从整体来看，锦绣香江温泉、珠海海泉湾、森波拉温泉、莲花山温泉、从化碧水湾、龙门尚天然温泉、金叶子温泉、清远聚龙湾、龙门地派温泉、御临门温泉等温泉旅游地的保障度指数最大，排在前十位。而新丰云天海温泉、惠州海滨温泉、从化仙沐园、和平天上人间温泉、青山绿水温泉、新银盏温泉、金水台温泉、盘龙湾温泉和中山温泉宾馆的保障度指数最小,位列后十位。

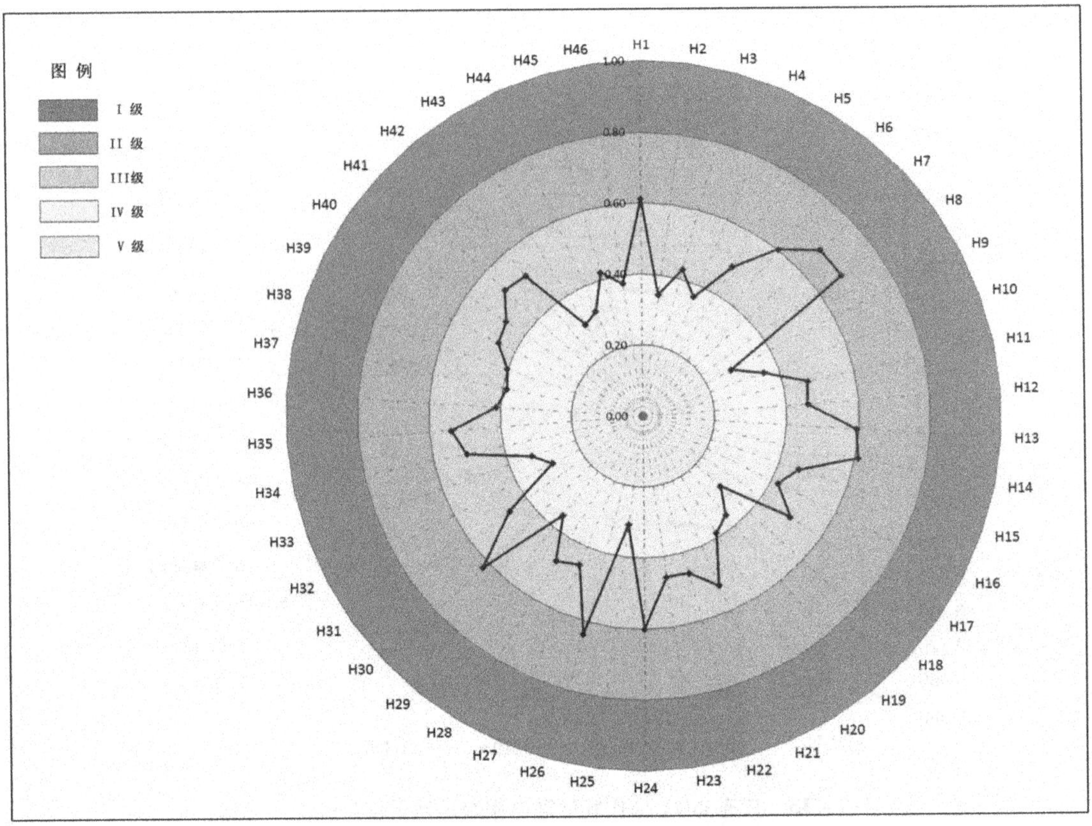

图 7-14　2011 年广东省温泉旅游地保障度评价图

Fig. 7-14　The GD evaluation map of hot springs resorts in Guangdong, 2011

保障度指数大小主要取决于规划制定与实施、社区居民满意度与支持度、员工离职率、管理人员占比等因素。因此,其排序分布呈现一定的特征:①近期开发且规模较大的温泉旅游地,因为对规划、员工及社区效益的普遍重视,保障度相对较高,如锦绣香江温泉、珠海海泉湾、森波拉温泉、金叶子温泉、龙门地派温泉、御临门温泉等;而与之相对应,早期开发的、规模较小的温泉旅游地,如普宁盘龙湾温泉、金山温泉、金水台温泉、青山绿水温泉等,保障度相对较小。②经济欠发达地区的温泉旅游地,因对吸收当地居民就业、提高当地经济发展水平贡献较大,获得当地社会的普遍认可和支持,其保障度也相对较高,如汕头莲花山温泉、龙门尚天然温泉、龙门地派温泉、御临门温泉、清远聚龙湾、阳江温泉等(图7-15)。

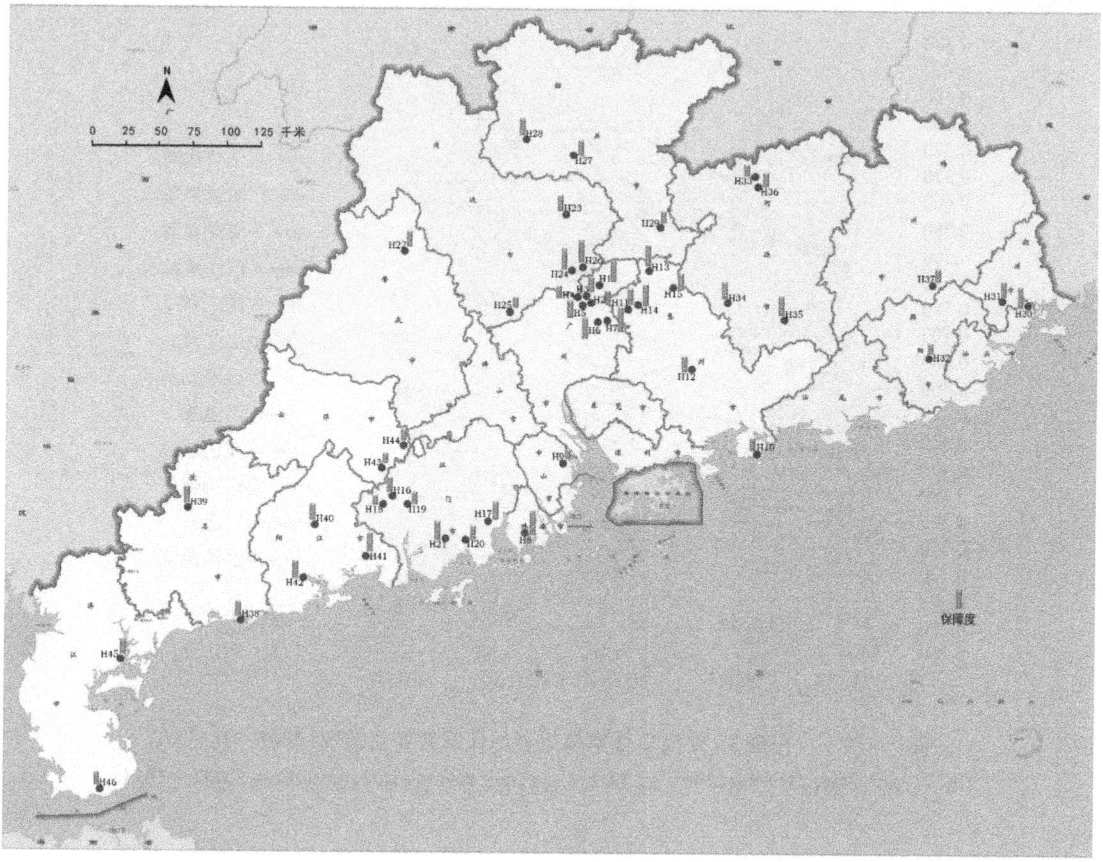

图 7-15 2011 年广东省温泉旅游地保障度分区评价专题图

Fig. 7-15 The matic evaluation map of GD of hot springs resorts in Guangdong, 2011

7.2.5.2 发展轨迹

根据表 7-3 的评价结果和表 6-12 的评价标准,2007—2011 年间广东省 12 处代表性温泉旅游地保障度总体上呈上升趋势,但各温泉旅游地之间差异较大,特征明显(图 7-16)。①层级特征:12 处温泉旅游地发展度层级划分较为明显,覆盖Ⅱ、Ⅲ、Ⅳ等三个层级,珠海海泉湾、从化碧水湾的保障度最大,5 年间基本处于Ⅱ级,而金山温泉 5 年间的协调度都最小,都处于Ⅳ级。②年际变化:12 处代表性温泉旅游地的协调度在 5 年间的年际变化不大,虽然有少数温泉旅游地突破原有层级,如从化碧水湾、广东温泉宾馆、清远聚龙湾、莲花山温泉等保障度增长较大,由Ⅲ级提升到Ⅱ级水平,而杏磊湾温泉则由Ⅲ级下降到Ⅳ级,但其波动的幅度比较小。③地区差异:总体来看珠三角地区的温泉保障度水平较高,其他地区差异不明显。④个体差异:12 处代表性温泉旅游地保障度呈现一定的发展特征:一是上升型,即 5 年间呈不断增长的发展趋势,大部分温泉为这种类型;二是波浪式上升型,即 5 年间先降后升或有降有升,但总体上保持增长态势,如珠海海泉湾、御临门温泉、清远聚龙湾等;三是下降型,即 5 年间下降或有升有降,但总体上呈下降趋势,如阳江温泉、杏磊湾温泉等。

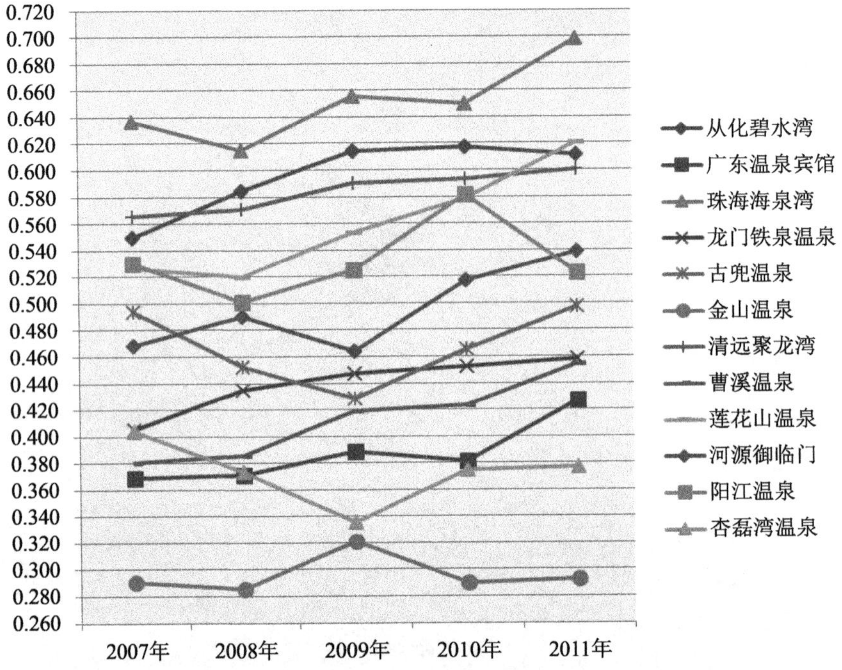

图7－16　广东省12处代表性温泉旅游地保障度变化情况(2007—2011)

Fig.7－16　The GD variation of 12 hot springs resorts in Guangdong,2007—2011

7.2.6 可持续发展度评价

7.2.6.1 发展现状

根据表7－2的评价结果和表6－15的评价标准,2011年广东省46处温泉旅游地的可持续发展度评价结果总体差异不明显,可划分为Ⅱ、Ⅲ、Ⅳ三个层级(图7－17)。其中从化碧水湾、珠海海泉湾温泉、锦绣香江温泉等三处温泉旅游地的可持续发展度处于Ⅱ级水平,表明其总体可持续发展能力较强,处于基本可持续发展阶段;金叶子温泉、森波拉温泉、广州望谷温泉等27处温泉旅游地的可持续发展度处于Ⅲ级水平,表明其总体可持续发展能力一般,处于潜在可持续发展阶段;而金水台温泉、丰顺千江温泉、湛江海滨宾馆等16处温泉旅游地的可持续发展度处于Ⅳ级水平,表明其总体可持续发展能力较弱,处于潜在不可持续发展阶段。

从整体来看,从化碧水湾、珠海海泉湾、锦绣香江温泉、金叶子温泉、森波拉温泉、广州望谷温泉、广东温泉宾馆、古兜温泉、御临门温泉、龙门地派温泉等温泉旅游地的可持续发展度较大,排在前十位。而茂名御水古温泉、惠州中信汤泉、曹溪温泉、信宜西江温泉、湛江杏磊湾温泉、金山温泉、和平天上人间温泉、热龙温泉、青山绿水温泉、普宁盘龙湾温泉等温泉旅游地的可持续发展度较小,位列后十位,都处于潜在不可持续发展阶段。

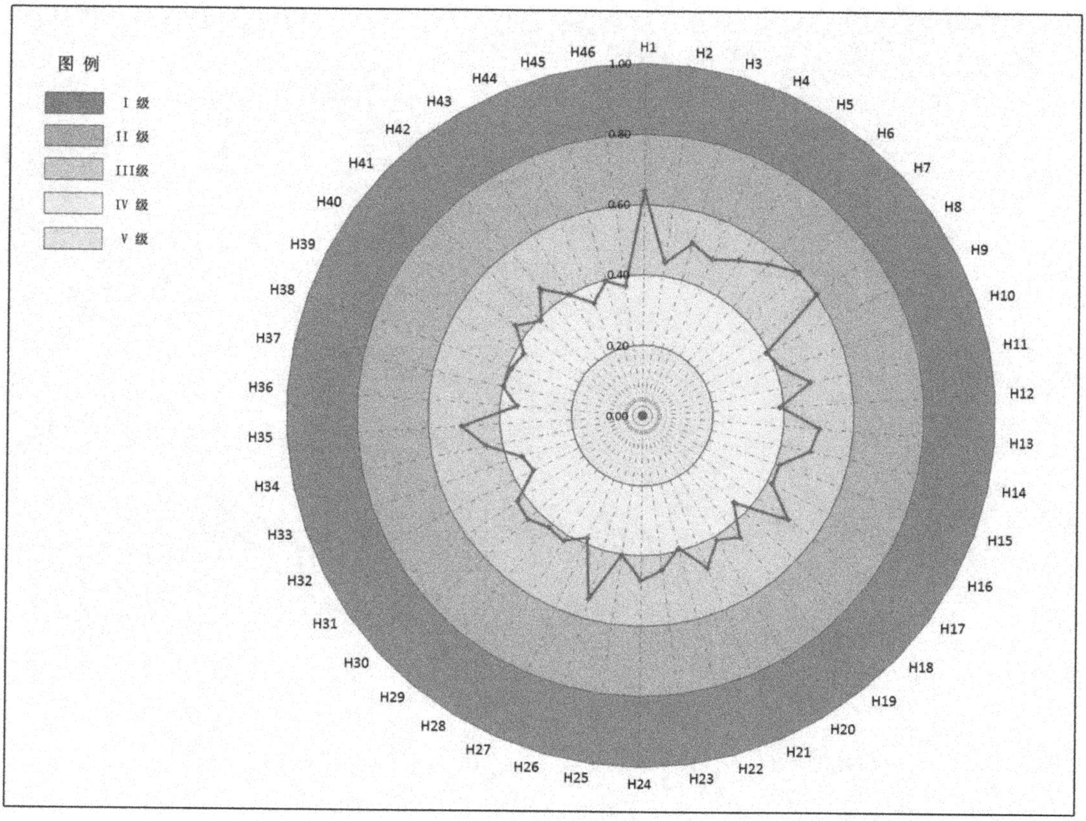

图 7－17　2011 年广东省温泉旅游地可持续发展度评价图

Fig. 7－17　The SDD evaluation map of hot springs resorts in Guangdong, 2011

从区域来看，地区差异比较明显（图 7－18）。主要特征表现为以下几个方面：①可持续发展度排名靠前的温泉旅游地，主要分布在经济发达的珠三角地区及邻近广州、深圳等的清远、河源等地区，如排名前十五位的温泉旅游地，除了森波拉温泉、聚龙湾温泉和御临门温泉位于清远、河源外，其他都位于珠三角地区。②在非珠三角地区，粤北地区的温泉旅游地其可持续发展度整体上要比粤东、粤西地区的相对较大，可持续发展水平较高，粤北地区只有曹溪温泉在Ⅳ级水平，处于潜在不可持续发展阶段。③粤东、粤西地区温泉旅游地的可持续发展度大小与其距离主要客源市场的远近有一定正相关性，如阳江的咸水矿温泉、春都温泉比茂名的御水古温泉、信宜西江温泉等的可持续发展度要大，河源的御临门温泉、龙源温泉比和平天上人间温泉、热龙温泉等的可持续发展度也要大，前者处于Ⅲ级水平，为潜在可持续发展阶段，而后者处在Ⅳ级水平，为潜在不可持续发展阶段。

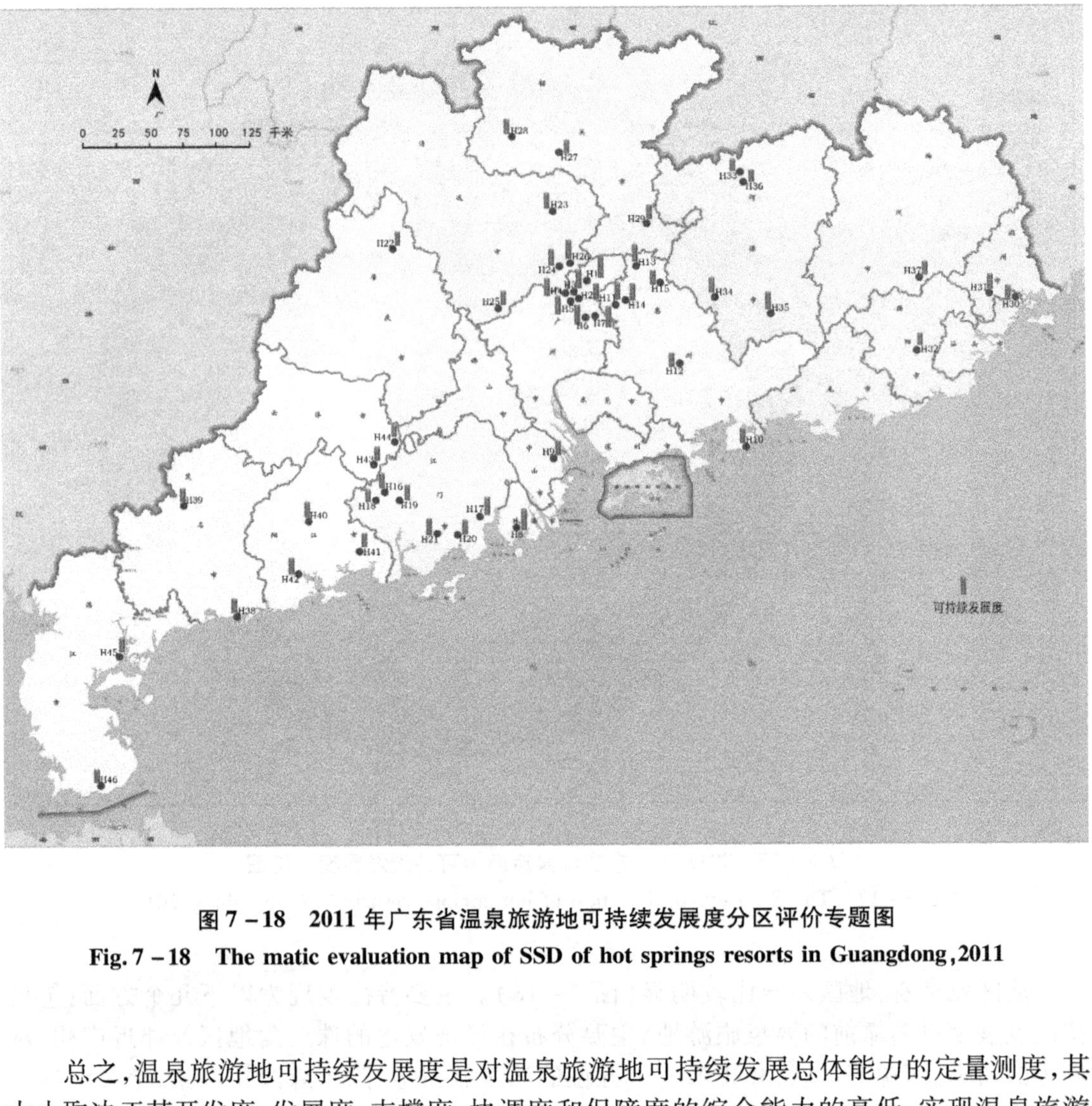

图 7－18　2011 年广东省温泉旅游地可持续发展度分区评价专题图

Fig. 7－18　The matic evaluation map of SSD of hot springs resorts in Guangdong, 2011

总之,温泉旅游地可持续发展度是对温泉旅游地可持续发展总体能力的定量测度,其大小取决于其开发度、发展度、支撑度、协调度和保障度的综合能力的高低,实现温泉旅游地的可持续发展必须加强多目标、综合能力的提高。只有在多方面都具有较高水平和能力,其可持续发展总体能力才会大,反之,如果只有一、两项强或几项都不强,其可持续发展总体能力则不大(图 7－19)。如中山温泉宾馆,其开发度、支撑度分别排在第 3 位、第 4 位,但其可持续发展度排在 34 位。一些近期开发建设、规模较大的温泉旅游地,非常重视多方面综合建设与发展,其可持续发展度相对就大,排名靠前,如珠海海泉湾、锦绣香江温泉、金叶子温泉、森波拉温泉等。

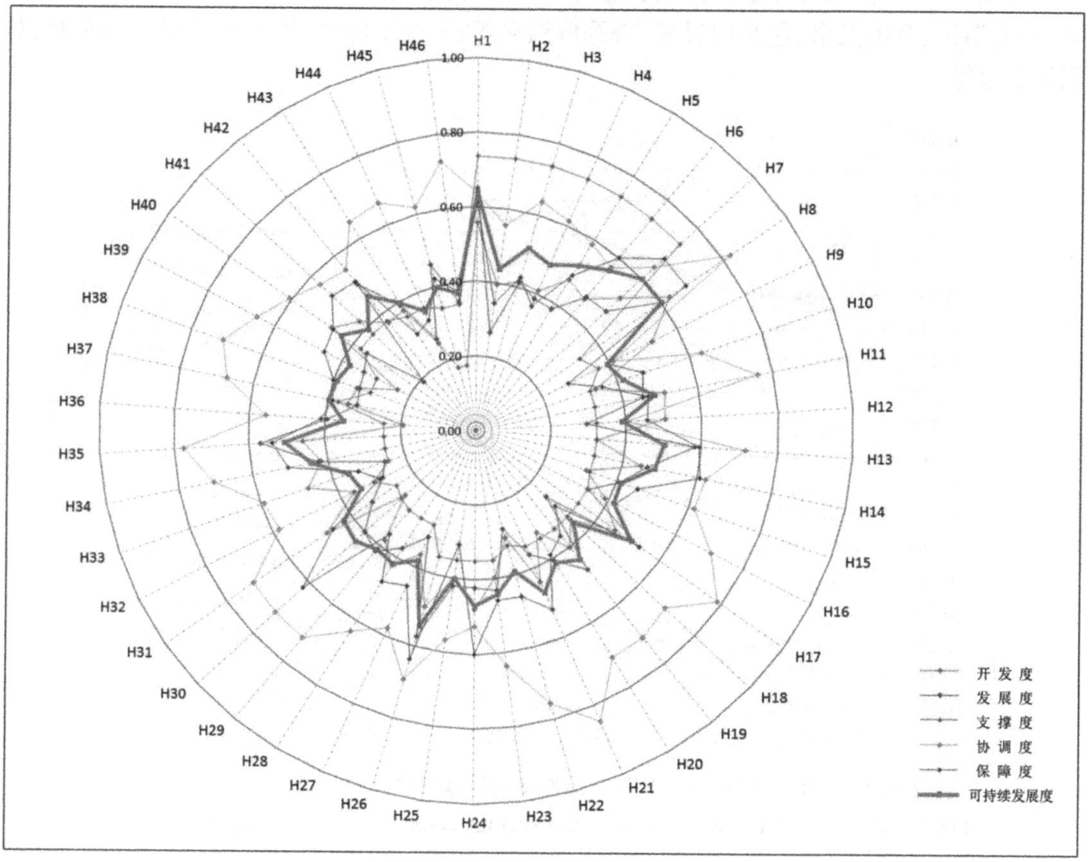

图 7－19　2011 年广东省温泉旅游地可持续发展综合评价图

Fig. 7－19　The SD evaluation graph of hot springs resorts in Guangdong, 2011

7.2.6.2 发展轨迹

根据表 7－3 的评价结果和表 6－15 的评价标准，2007—2011 年间广东省 12 处代表性温泉旅游地可持续发展度总体上呈上升趋势，但各温泉旅游地之间差异较大，特征明显（图 7－20）。①层级特征：12 处温泉旅游地可持续发展度层级划分较为明显，覆盖Ⅱ、Ⅲ、Ⅳ等三个层级，从化碧水湾（2010、2011 年）和珠海海泉湾（2011 年）的可持续发展度最大，处于Ⅱ级（基本可持续发展阶段），而杏磊湾温泉的可持续发展度最小，处于Ⅳ级（潜在不可持续发展阶段）。②年际变化：12 处代表性温泉旅游地的发展度在 5 年间的年际变化较大，多个温泉旅游地突破原有层级，如从化碧水湾、珠海海泉湾由Ⅲ级上升到Ⅱ级，表明其进入基本可持续发展阶段；龙门铁泉、莲花山温泉由Ⅳ级上升到Ⅲ级等，表明其进入潜在可持续发展阶段。③地区差异：总体来看地区差异不大，各区域温泉旅游地普遍呈不断上升的发展态势，说明广东省温泉旅游地可持续发展整体上处于不断提升的发展趋势中。④个体差异明显，12 处代表性温泉旅游地呈现出不同的发展特征：一是上升型，即 5 年间呈不断增长的发展趋势，如从化碧水湾、河源御临门、广东温泉宾馆等；二是波浪式上升型，即 5 年间先降后升或有降有升，但总体上保持增长态势，如珠海海泉湾、古兜温泉、清远聚龙湾、龙门铁泉、曹溪温泉、金山温泉、莲花山温泉、杏磊湾温泉等；三是下降型，即5年间呈下降趋势，如阳江温泉等。

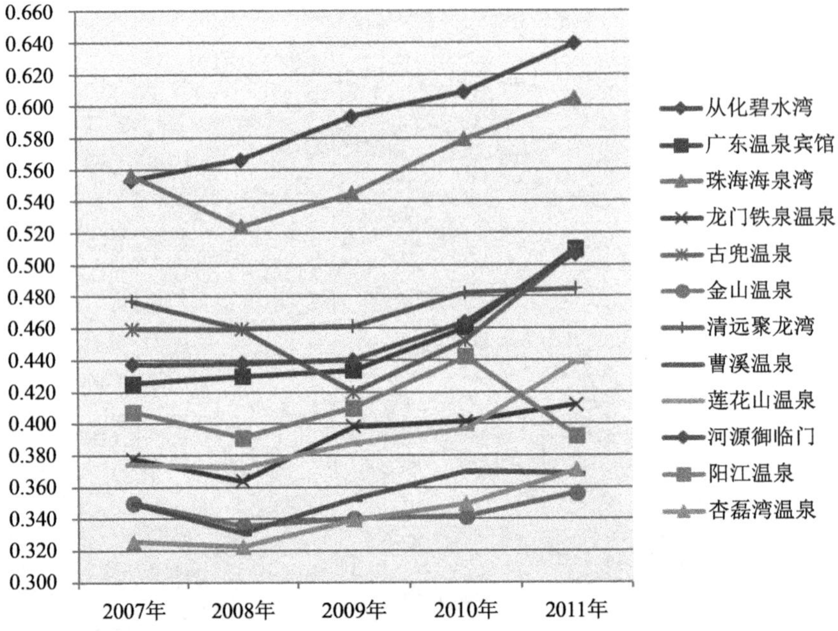

图7－20　广东省12处代表性温泉旅游地可持续发展度变化情况（2007—2011）

Fig. 7－20　The SDD variation of 12 hot springs resorts in Guangdong, 2007—2011

7.3 广东省温泉旅游地可持续发展综合分析

7.3.1 聚类分析与特征研究

温泉旅游地可持续发展水平不仅反映了发展的现状，还反映了其可持续发展能力的大小。为了进一步对广东省温泉旅游地可持续发展进行分类探讨，分析各温泉旅游地可持续发展的制约因素，本文以2011年各温泉旅游地开发度、发展度、支撑度、协调度和保障度等5个系统层指标的评价结果数据（表7－2）作为变量指标，采用两步聚类法进行聚类分析。

两步聚类分析法（Twostep Cluster Analysis）是分层聚类算法的一种形式，可用来对一个未知数据集进行自然分组、聚类，它既可以运算连续变量，也能处理离散变量，计算时可以自行设定分类数，也能自动确定类别，且此法对于大样本的分析快递而高效。借助SPSS20.0软件进行聚类分析的结果表明：以聚类数为5个获得较好的聚类质量，其分布情况如图7－21所示，可见第2类的温泉旅游地数目最多，为34个，占73.9%，第1、3、4、5类基本相当，分别为2、3、4、3个温泉旅游地。

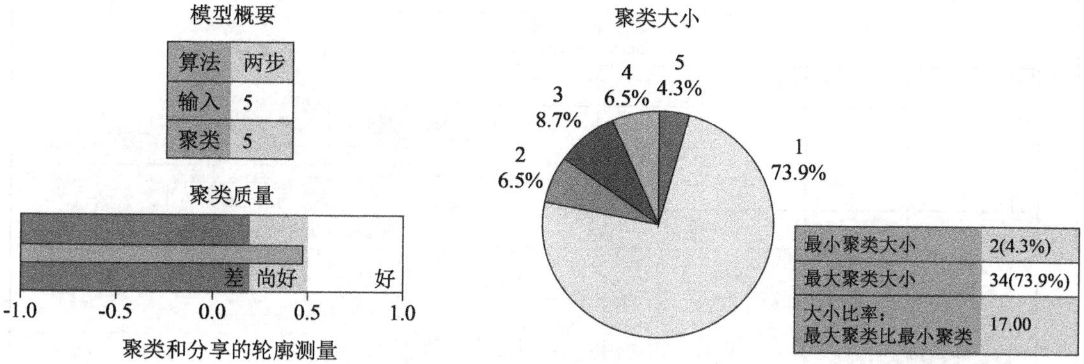

图 7－21 广东省温泉旅游地可持续发展聚类分析图

Fig. 7－21 Cluster analysis graph of hot springs resorts in Guangdong

聚类结果的描述性统计特征如图 7－22 所示，左侧的主视图给出了各结果类别的质心统计信息，结合原始数据作如下分析和建议：

第 1 类温泉旅游地包括中山温泉宾馆、惠州中信汤泉 2 处，其发展度、保障度、协调度、支撑度都较低，但开发度较高，相应其可持续发展度也不高，都处于潜在不可持续发展阶段。这类温泉旅游地应充分利用良好的开发条件，加强环境协调、管理保障等工作，加快发展，努力提升可持续发展能力。

第 2 类包括南昆山温泉大观园、地派温泉、古兜温泉、锦江温泉、金山温泉、清远聚龙湾、曹溪温泉、阳江温泉、莲花山温泉、湛江海滨宾馆、御水古温泉、信宜西江温泉等 34 处温泉旅游地，其主要特征是各温泉旅游地支撑度、开发度、发展度和保障度水平相当，处于较低的水平，但其环境协调能力较强，因此总体可持续发展水平也不高。这类温泉旅游地应充分发挥其环境优势，提高发展水平和能力，加强管理，以提升可持续发展能力。

第 3 类温泉旅游地包括从化碧水湾、金叶子温泉和锦绣香江温泉城等 3 处，其主要特征是温泉旅游地各项指标都比较高，具有高的支撑度、发展度、开发度、协调度和保障度，因此其可持续发展度也较高，具有良好的可持续发展前景。

第 4 类温泉旅游地包括从化仙沐园、广东温泉宾馆、广州崴格诗温泉、广州望谷温泉等 4 处，其主要特征是虽然与第 3 类一样具有很高的支撑度（同属一个地区），但其发展度、保障度相对较低，开发度也不高，因此其可持续发展度也不高，总体可持续发展能力有待加强。这也说明虽然具有大都市良好的客源与市场支撑条件，但必须依靠其自身综合能力提高才能提升温泉旅游地的可持续发展能力。

第 5 类温泉旅游地包括珠海海泉湾、森波拉温泉和御临门温泉等 3 处，其主要特征是虽然其支撑度不高，但发展度、保障度，特别是协调度较高，因此其可持续发展度也较高，具有较高的可持续发展能力。这也说明地处广州、深圳、东莞等大都市周边地区的温泉旅游地，提高其自身发展水平和能力，其可持续发展总体能力也会提升。

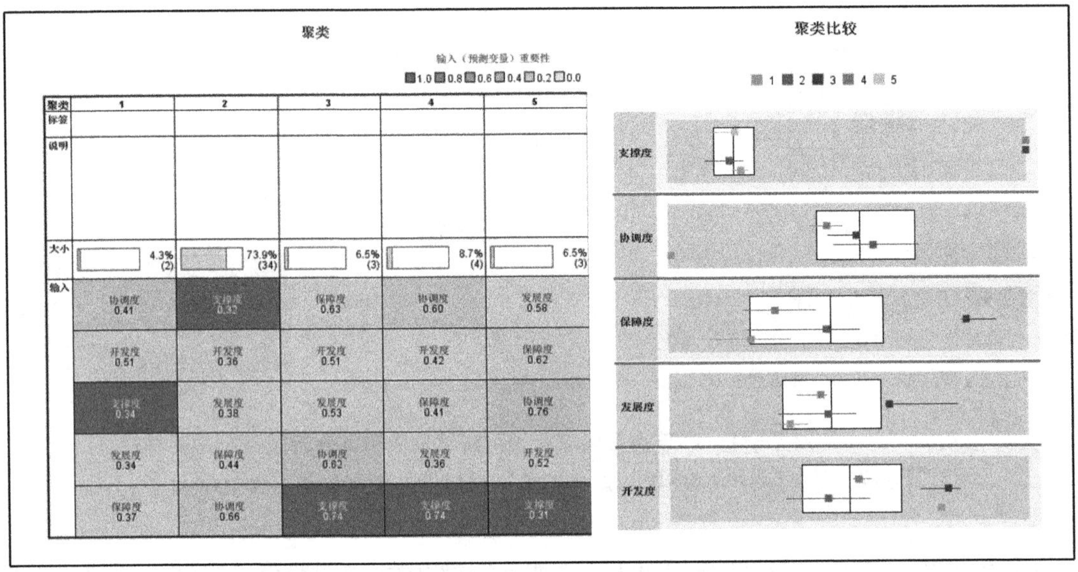

图 7-22　广东省温泉旅游地可持续发展聚类分析特征图

Fig. 7-22　Characteristic map of HSRs by cluster analysis graph in Guangdong

上述聚类结果与前文可持续发展综合评价的分类结果比较一致，便于合理解释和识别广东省温泉旅游地的发展现状和特征。

7.3.2 综合分析与趋势预测

7.3.2.1 基于雷达图法的综合分析

为综合分析和评价各温泉旅游地可持续发展现状，探求其可持续发展的优势和弱势，本文以开发度、发展度、支撑度、协调度、保障度的五大系统评价结果数据制作各温泉旅游地的雷达图进行分析（图 7-23），雷达图有助于直观了解各温泉旅游地可持续发展状况，便于针对性采取措施，以巩固和提升其发展能力。即通过由开发度、发展度、支撑度、协调度、保障度的五大系统评价结果所围成的五边形的形状及其特征来直观判断温泉旅游地可持续发展能力的大小：五边形的形状与正五边形最接近，且面积最大，说明该温泉旅游地的五大系统评价结果都比较大，可持续发展度也相应较大；反之，五边形的形状呈扁平状，有一个或两个内角为锐角，且面积小，说明该温泉旅游地仅有一个或两个系统的评价结果较大，可持续发展度也相应较小；另外，可根据五边形顶点的指向判断温泉旅游地五大子系统评价结果的相对大小。

从图 7-23 可看出 2011 年广东省温泉旅游地可持续发展状况大致可分为以下几种类型：

第 1 类雷达图的五边形与正五边形最为接近，且面积也最大，说明其五大系统的评价结果数据都比较大，整体优势突出，表明其可持续发展度较大，可持续发展能力较强，如从化碧水湾、金叶子温泉、锦绣香江温泉等。

第 2 类雷达图的五边形比较方正，面积较大，指向支撑度的内角为钝角，说明其五大系统仅有支撑度的评价结果较小，其他评价结果较大，表明其整体发展较好，可持续发展度较大，可持续发展能力较强，如珠海海泉湾、龙门尚天然温泉、清远聚龙湾、森波拉温泉、龙源温泉、御临门温泉、阳西咸水矿温泉等。

第3类雷达图的五边形较为扁平，指向发展度内角的锐角最小，但面积较大，说明其五

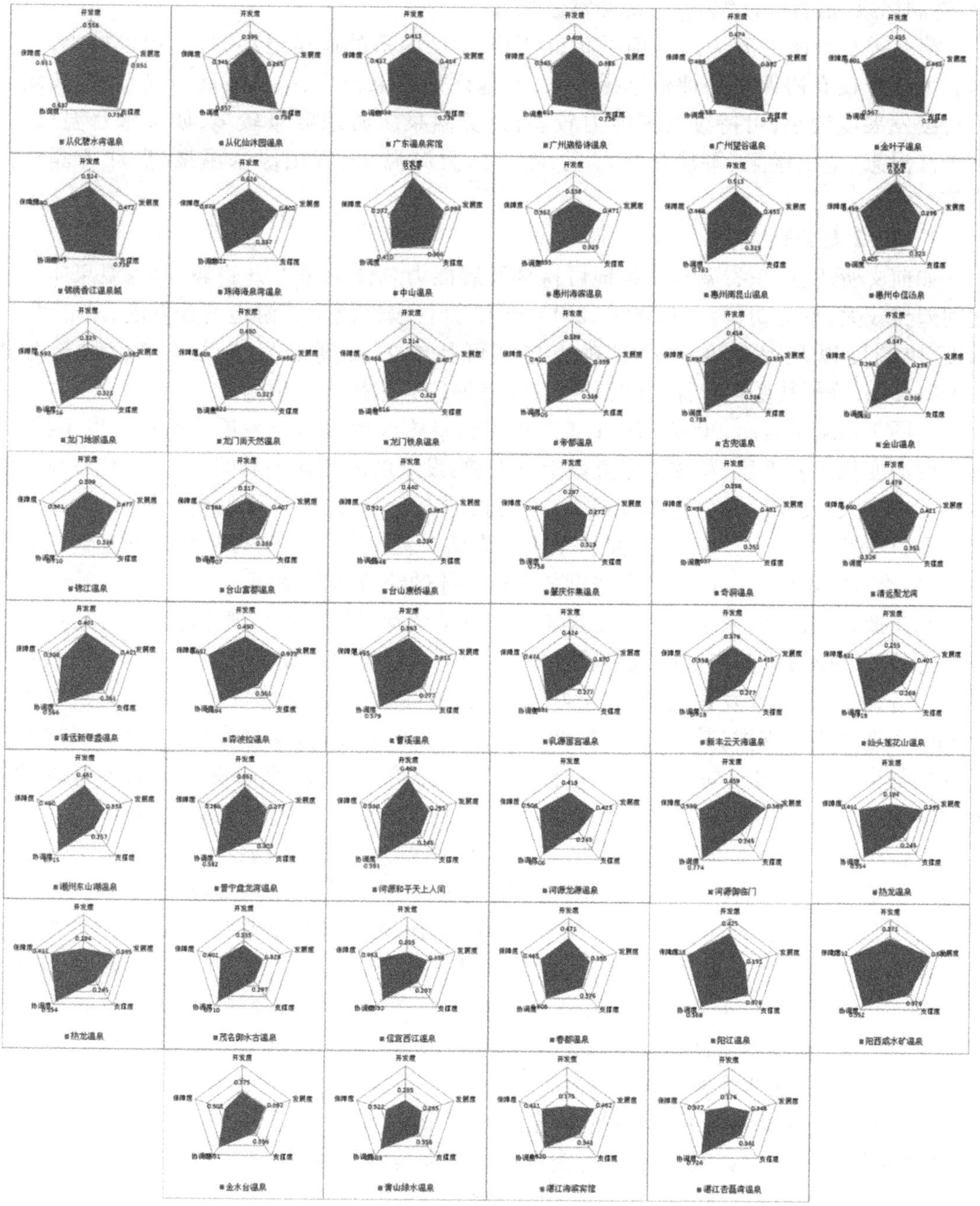

图7－23　广东省温泉旅游地可持续发展雷达图分析(2011年)

Fig. 7－23　Radar graph analysis of hot springs resorts in Guangdong, 2011

大系统中发展度的评价结果较大,发展优势突出,表明其可持续发展度相对也较大,可持续发展能力较强,如龙门地派温泉、莲花山温泉、热龙温泉等。

第4类雷达图的五边形较为方正,但面积较小,说明其五大系统的评价结果较小,总体发展有待加强,表明其可持续发展度较小,可持续发展能力一般,如惠州海滨温泉、龙门铁泉、奇洞温泉、信宜西江温泉、乳源丽宫温泉等。

第5类雷达图的五边形为扁平状,指向协调度内角的锐角最小,且面积也最小,说明其五大系统仅有协调度的评价结果较大,其他评价结果较小,整体发展情况不好,表明其可持续发展度较小,可持续发展能力较弱,这类温泉旅游地数量较多,如金水台温泉、丰顺千江温泉、金山温泉、肇庆怀集温泉、新丰云天海温泉、青山绿水温泉、湛江杏磊湾温泉等。

7.3.2.2 趋势预测

如前文所述,广东省温泉旅游地可持续发展能力总体上呈上升趋势,但各温泉旅游地之间差异较大,特征明显。将2007—2011年12处代表性温泉旅游地的开发度、发展度、支撑度、协调度以及保障度的发展轨迹与其可持续发展度的发展轨迹进行综合分析(图7-24),分析其变化特征,并对其可持续发展趋势作初步的预测。

从图7-24可看出,2007—2011年广东省温泉旅游地可持续发展轨迹具有以下特征:开发度的变化比较平稳,总体上呈逐渐上升态势;发展度的变化差异明显,与可持续发展度的相关性最大;支撑度的变化幅度最大,呈明显的上升趋势;协调度的变化较大,处于较高的水平;保障度的变化较为平稳,总体呈上升态势。温泉旅游地的可持续发展是包括开发度、发展度、协调度、支撑度以及保障度的五位一体的综合协调发展。

基于此,本文认为未来广东省温泉旅游地可持续发展趋势将呈现分化发展特征:

①位于广州等大都市区的温泉旅游地,不论是早期开发建设的,如广东温泉宾馆、从化碧水湾等,还是近期开发建设的,如金叶子温泉、望谷温泉等,依靠区域发达的经济发展水平和强大客源市场支撑,其开发度、协调度和保障度水平较高,支撑度较大且增长较快,在不断加强自身发展的前提下,未来可持续发展能力将显著提升,具有良好的可持续发展趋势。

②位于珠三角地区的温泉旅游地,其协调度和保障度水平较高且发展趋势较好的温泉旅游地如珠海海泉湾、古兜温泉等,依托广州、深圳等邻近大都市的支撑,且不断加强温泉旅游地自身发展,其未来可持续发展能力将不断提升,可持续发展趋势较好;但一些早期开发建设的温泉旅游地如金山温泉、龙门铁泉等,其设施老化严重,开发度、发展度、协调度和保障度发展水平不高,未来可持续发展趋势不明朗,在区域社会经济发展水平不断提升的基础上,需要从多方面综合加强温泉旅游地的建设,增强其可持续发展能力。

③毗邻广州、深圳等粤北地区的温泉旅游地如曹溪温泉、清远聚龙湾等,虽然其可持续发展能力总体上在不断提升,但受宏观经济波动影响,其支撑度、发展度和协调度波动较大,未来可持续发展趋势也不明朗,这类温泉旅游地需要不断增强其自身的发展水平,加强环境协调和管理保障支持力度,努力提升可持续发展能力和水平。

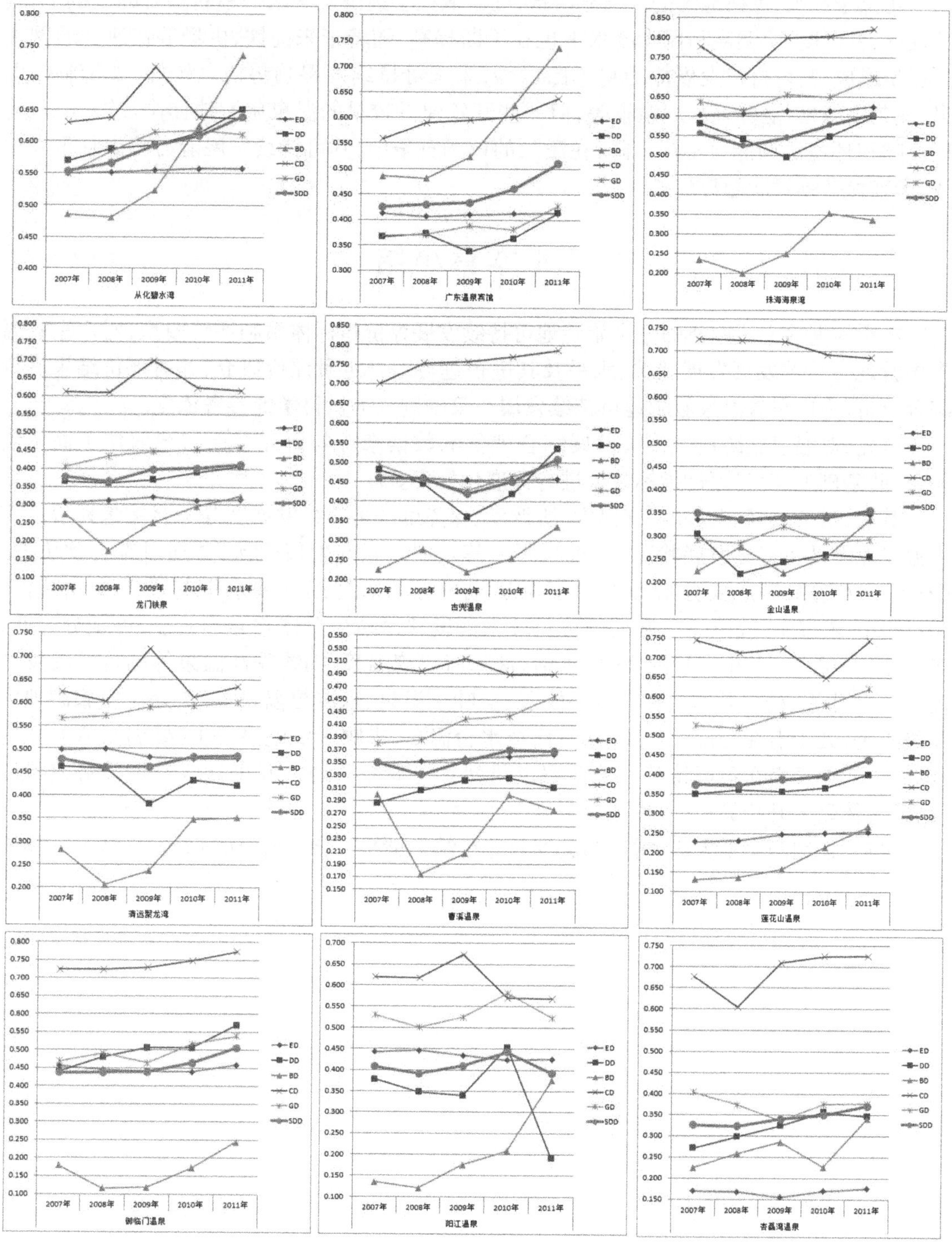

图 7－24 12 处代表性温泉旅游地可持续发展综合分析(2007—2011 年)

Fig. 7－24 Comprehensive analysis of 12 hot springs resorts in Guangdong, 2007—2011

④位于粤东、粤西地区的温泉旅游地，在区域社会经济发展水平不断提升的基础上，其开发度、发展度、协调度和保障度水平也在不断提高，随着未来高铁、机场等快速交通网络的逐步形成，其可持续发展能力将不断增强，未来可持续发展趋势前景较好，如御临门温泉、莲花山温泉、湛江杏磊湾温泉等，但一些开发建设较早的温泉旅游地如阳江温泉等，管理保障和环境协调能力不断下降，在激烈的市场竞争中，其可持续发展能力将面临重大挑战，未来可持续发展趋势前景堪忧。

7.4 本章小结

本章根据前文所构建的温泉旅游地可持续发展评价指标体系和评价模型，对广东省温泉旅游地可持续发展发展状况、水平及其进程进行综合定量评价研究，并对评价结果进行综合分析，为广东省温泉旅游地可持续发展对策的制定提供科学的参考依据。

首先，对温泉旅游地可持续发展综合评价的数据来源与研究对象的选取作了简要说明，在此基础上，对各评价指标数据进行标准化处理。

其次，从开发度、发展度、支撑度、协调度、保障度及可持续发展度等综合定量评价广东省温泉旅游地可持续发展状况，分析与研究其发展现状与发展轨迹，并通过综合评价图、GIS 评价专题图等形象分析和展示了温泉旅游地的可持续发展水平与动态变化特征。2011 年广东省 46 处温泉旅游地的可持续发展度评价结果总体差异不明显，可划分为Ⅱ、Ⅲ、Ⅳ三个层级。其中，只有从化碧水湾、珠海海泉湾温泉、锦绣香江温泉等的可持续发展度为Ⅱ级水平，处于基本可持续发展阶段；金叶子温泉、森波拉温泉等 27 处温泉旅游地为Ⅲ级水平，处于潜在可持续发展阶段；而金水台温泉、丰顺千江温泉等 16 处温泉旅游地为Ⅳ级水平，处于潜在不可持续发展阶段。虽然各温泉旅游地之间可持续发展趋势差异较大，但总体呈上升趋势。

最后，运用两步聚类法、雷达图法等对评价结果进行综合分析，探讨其发展特征和发展趋势。

第八章　广东省温泉旅游地可持续发展对策

本章在基于前文对温泉旅游地可持续发展综合评价的基础上,先深入分析研究温泉旅游地可持续发展开发度、发展度、支撑度、协调度和保障度评价的发展策略,然后根据相关研究结论提出广东省温泉旅游地可持续发展的对策措施,为广东省温泉旅游地的可持续发展提供建议和指导。

8.1 基于可持续发展评价的温泉旅游地发展策略

8.1.1 基于开发度评价的发展策略

如前文所述,决定温泉旅游地开发度大小的主要评价指标因子包括客源市场区位条件、温泉水供给能力、与周边旅游地的关系、温泉旅游地可达性等。因此,提升温泉旅游地的开发度,应重点把握以下发展策略:

8.1.1.1 加强温泉资源保护,优化开发利用

温泉资源是温泉旅游地发展旅游的核心资源,有明显的地域性和分带性特征。在全国各地纷纷兴起开发建设温泉旅游地的热潮中,有的地区通过温泉资源开发和温泉旅游地的建设促进了地方经济的发展,而有的地区温泉资源在开发利用过程中引发了温泉资源耗竭、温泉水权纠纷、温泉水污染等诸多问题,从而导致温泉旅游地可持续发展面临重大挑战,如广州从化温泉、湖北咸宁温泉等。因此,在温泉资源开发利用前一定要进行高水平的统筹规划,制定科学、合理的开发利用计划和资源保护措施,加强温泉资源保护,促进温泉资源的科学利用,发挥其最大的综合效益。

①出台温泉相关法律法规。在我国,温泉资源属于矿产资源,为国家所有,目前主要依据《矿产资源法》和《水法》管理,形成多头管理、概念模糊、理解困惑和执法混乱的局面。事实上,温泉资源不同于其他矿产资源,用途广泛,其旅游开发、休闲疗养价值突出,应出台《温泉法》等专门法律法规,依法加强温泉资源的开采、分配、使用与管理,并组织相关职能部门制定切实可行的温泉水管理方案,建立温泉资源管理监督机制,从国家高度和法律层面确保温泉旅游地长期稳定的开发建设,推动温泉旅游业的健康发展。日本、韩国等国家出台的《温泉法》对其温泉资源的保护和可持续利用起到了非常积极的作用。

②合理开采,优化利用。建立科学、合理的开采利用评估体系,综合评估温泉资源的储量和开采利用水平,协调区域温泉资源的开发利用。对开采强度大的地区,应严格控制温泉资源的开采规模,对开采强度低的地区,积极鼓励其加快温泉资源的开发利用。同时,采取梯度开发、综合利用的方式推进温泉资源开发的优化利用,制定定额供水、按质供水、优

水优用等措施与方案，积极开发一水多用、循环利用、温泉水回灌等技术，促进温泉水资源的高效利用。

③加强温泉资源周边环境保护。温泉是容易被污染的旅游资源，含水层的水质一旦发生变化会对温泉造成严重的破坏。在加强对温泉水资源保护的基础上，应加强对温泉水资源的动态监测，注重对温泉水资源周边环境的保护，划定温泉资源保护的核心区与缓冲区，避免跨界污染、交叉污染等现象。

8.1.1.2 完善交通设施配套，开拓客源市场

区域交通设施的配套状况对区域交通通达性和温泉旅游地可达性具有重要影响，随着汽车逐步进入中国家庭，自驾车旅游成为越来越多游客的选择，交通条件对温泉客源市场的开拓影响越来越大。温泉资源分布往往较为偏僻，交通的可进入性较差，对温泉旅游地的开发建设影响较大，从目前来看，温泉旅游地往往在交通条件较好的地区率先发展，如广东省的温泉旅游地主要集中在交通便利的珠三角及周边地区，而交通状况较差的粤北山区、粤东、粤西等地区，温泉旅游地发展滞后。完善交通设施配套应从以下三个方面着手：

一是充分利用越来越完善的现代化快速交通网络完善区域旅游交通设施配套，加强区域游客集散中心、游客中心、交通标示、指引系统建设，在高速公路服务站、加油站配套温泉旅游指引、宣传、路线图等资料与信息，形成便利的区域旅游出行系统。

二是加大温泉旅游地周边交通设施建设力度，提高道路的可进入性与舒适性，解决旅游景区“最后一公里”交通阻隔现象，提升温泉旅游地可达性。

三是加大欠发达地区的交通投资力度，完善相关交通设施配套，促进当地的温泉资源的开发利用和温泉旅游地的快速发展。

8.1.1.3 整合区域旅游资源，拓展发展空间

温泉旅游地多地处环境良好、风景美丽的地方，周边旅游资源往往比较丰富。因此，在温泉旅游地的开发建设中，可充分整合区域旅游资源，将温泉资源与周边滨海、森林、山地、溶洞、文化等旅游资源或旅游景区整合开发，形成良好的合作关系而不是替代竞争关系，如南昆山大观园温泉与南昆山国家森林公园的整合开发，曹溪温泉与南华寺的整合开发，古兜温泉与古兜自然保护区的整合开发，锦绣香江温泉、金叶子温泉与白水寨风景名胜区的整合开发等，完善旅游产品体系结构，为广大游客提供丰富多样的旅游活动和产品消费，共同打造区域具有竞争力的综合型旅游目的地，拓展发展空间。

8.1.2 基于发展度评价的发展策略

与其他资源型旅游地不同的是，温泉旅游地的发展不仅受温泉资源制约，温泉旅游地经营管理水平对其发展的影响更大。正如前文所述，决定温泉旅游地发展度大小的主要评价指标因子包括温泉旅游地利润增长率、利润总额、营业收入增长率、人均消费水平、游客服务满意度以及温泉旅游地的知名度等。因此，提升温泉旅游地的发展度，应重点把握以下发展策略：

8.1.2.1 适度规模发展，坚持效益优先

温泉旅游地不仅要追求规模化发展，更要追求有效益的发展。追求规模化发展应把握适度规模原则，建立与温泉资源储量、用地规模、环境容量、客源市场等相适应的规模化发

展。规模太小,开发强度低,温泉资源、土地资源得不到充分利用,经营效益则不能释放,如普宁盘龙湾温泉等;规模太大,温泉水资源供给受限、客源市场不足以及环境压迫等现象出现,导致设施、设备闲置,游客满意度降低,经营效益较差,如清远聚龙湾。而追求有效益的发展则是通过温泉旅游产品的综合开发和建设,不断提升温泉旅游地的人均消费水平和利润总额,并提高其营业收入增长率和利润增长率,促使温泉旅游地保持良好的发展态势。因此,温泉旅游地在规模化发展的同时,应坚持效益优先的策略。

8.1.2.2 加强温泉文化建设,强化特色发展

文化是旅游的灵魂,加强文化建设是旅游地营造特色的重要途径。温泉旅游不仅仅可以提供洗浴或康疗产品,而且可以让旅游者从更深层次感受到温泉文化,从更高层次提升温泉的价值和内涵。温泉旅游地要充分保持文化独特性,通过对民族文化、民俗文化、历史文化、异域风情文化等文化的传承与创新,强化温泉旅游地特色,提升温泉知名度,提高区域客源市场的竞争力与吸引力。温泉旅游地文化建设的重点和难点在于文化的"物化"与"载体化",可通过以下三个途径实现:

一是按照温泉旅游地主题文化的要求,通过对建筑、景观设施、雕塑小品等的布局、风格、形态、材料等的控制与选择,丰富文化的表现形式,强化文化主题,形成文化特色鲜明的休闲场所。

二是通过温泉旅游地主题文化旅游产品、文化理念和旅游服务的引导,营造文化氛围,在增强温泉旅游地从业人员的文化内涵的基础上,让游客体验和分享温泉旅游地的主题文化氛围。

三是通过各种宣传媒介(传统媒体、网络媒体、书籍、宣传彩页、音像制品等)增强温泉旅游地的游前文化指引,增加游客对主题文化的感染力,引起游客的共鸣,形成文化共识,提高其产品的文化感染力。

8.1.2.3 延伸温泉产业链条,提升消费水平

温泉旅游地在坚持休闲、疗养等功能发展的同时,应注重温泉产业链条的拓展,不断丰富温泉旅游产品,满足游客的旅游体验与消费需求。延伸温泉产业链条的主要途径包括以下几种:

一是丰富温泉相关旅游体验,促进游客消费,如配套按摩、桑拿、水疗、鱼疗、美容、KTV、电影、体检、健身、运动等与温泉旅游密切相关的设施,丰富游客的旅游体验。

二是完善基础设施的配套,提升消费层次,如配套大型国际会议中心、健康体检中心、三甲医院、体育运动中心等以及高端度假地产,通过相关国际会议、活动等增强温泉旅游地竞争力,提升温泉旅游地的消费层次。

三是注重温泉衍生品的开发,如温泉矿泉水、温泉化妆品、温泉泡浴设备设施等的开发。一方面提升了消费水平,增加了营业收入;另一方面扩大了温泉旅游地的品牌影响力与竞争力,甚至成为重要旅游吸引物,如法国埃维昂(依云)矿泉水及四大药妆等产品的开发。

8.1.2.4 提升游客服务水平,打造品牌温泉

游客满意度决定着旅游地的生存和发展。游客满意是旅游地服务营销的中心,是旅游地经营的核心(李智虎,2003)。不少温泉旅游地在开发过程中,产品同质化、开发过度等现

象严重,游客对温泉旅游度假产品产生不满和服务质量质疑,这使得温泉旅游地的发展面临诸多挑战。

一要提升游客服务水平,注重细节和服务质量。温泉旅游是典型的体验式产品,游客在进行体验时,需要有良好的环境、舒适的设施、独特的温泉氛围以及人性化的服务。日本温泉旅游地非常注重温泉池、景观小品、文化元素等细节的挖掘,提供更衣、洗浴、泡汤、餐饮、住宿等高质量的服务,让游客意犹未尽,流连忘返。

二要塑造旅游目的地形象,打造品牌温泉。旅游目的地形象对游客有重要的影响作用,受晕轮效应①的影响,好的形象会带给旅游地更多正面的评价,从而吸引更多旅游者。旅游品牌的魅力在于能唤起旅游者的心理归属感,维持旅游者对某旅游品牌的忠诚与优先接受,为保持和扩大旅游产品的市场份额、增加游客量起到极为积极的作用。

因此,对于温泉资源优越、生态环境优美、景观组合状况良好的温泉旅游地来说,塑造综合的温泉旅游目的地形象,打造品牌,实现品牌营销非常重要。

8.1.3 基于支撑度评价的发展策略

温泉旅游地不同于一般的资源型旅游地,它是一种利用温泉资源再开发的高投入的旅游项目,区域经济发展水平在很大程度上决定了温泉旅游地的开发规模和消费层次。如前文所述,温泉旅游地支撑度大小主要与温泉旅游地所在地区的人们的生活水平和旅游业发展水平密切相关,包括地区人均可支配收入、地区旅游总收入、地区旅游人均收入等。因此,提升温泉旅游地的支撑度,应重点把握以下发展策略:

8.1.3.1 政府主导,促进区域协调发展

政府主导是政府对经济的“主导”或“导向”作用——有所为有所不为,其重中之重在于政府主导的范围和力度(佟敏,2005)。目前,我国的经济发展速度虽然很快,但区域间的经济发展水平还很不平衡,实行政府主导,有利于促进区域协调发展。

一是在政府主导下优化资源配置和经济布局,加快欠发达地区的交通设施建设,提高欠发达地区经济发展水平和人均可支配收入,促进区域经济协调发展。

二是在政府主导下培育市场,塑造市场主体,营造优良的旅游发展环境,出台相关财政、金融、税收、土地等扶持政策,支持欠发达地区旅游业发展,引导和鼓励旅游业优先、快速发展,提升地区旅游业发展水平和发展质量。

8.1.3.2 完善配套,优化旅游产业结构

当前,我国旅游产品单一,旅游基础配套设施建设落后,已大大制约各地旅游业的发展速度和发展水平,从而影响温泉旅游地的开发建设与发展。

完善旅游基础配套设施建设,有利于提高旅游业发展速度,提升旅游业的发展质量。一是加大旅游基础配套设施建设,着力于解决旅游交通、通信、旅游公共厕所等基础设施问题,尤其是旅游交通问题;二是进一步完善住宿、餐饮等接待设施,完善有关通信、医疗、银行等配套设施;三是积极建设游客服务中心、咨询和投诉中心,适应和满足游客的多层次

---

① 晕轮效应(The Halo Effect),又称“光环效应”,指人们对他人的认知判断首先是根据个人的好恶得出的,然后再从这个判断推论出认知对象的其他品质的现象。

需求。

优化旅游产业结构有利于促进旅游业持续、协调发展,促使旅游产业在国民经济中的比重加大,保证旅游产业与其他产业协调发展(杨振之、陈谨,2002)。一是优化产业布局,实行有差别的产业布局政策,对发展潜力大、带动力强的高端产业如温泉度假、养生度假、高端旅游装备制造等,在财政、金融、税收、土地等方面加以扶持,形成旅游产业龙头和基地,使之成为地区旅游业新的增长点;二是优化行业要素结构,巩固和发展吃、住、行、游等基本旅游产业要素,大力发展购、娱等产业要素,提升其旅游消费构成比例;三是完善旅游产品结构,不断改造、提升传统观光旅游产品的内容和品位,加强现有景区旅游产品,拓展其旅游功能;四是优化旅游市场结构,加大旅游市场开发和旅游营销力度,开拓更为广阔的旅游客源市场。

8.1.4 基于协调度评价的发展策略

如前文所述,决定温泉旅游地协调度大小的主要评价指标因子包括大气环境质量、环境噪声水平和环境氛围满意度等。因此,提升温泉旅游地的协调度,应重点把握以下发展策略:

8.1.4.1 加大经费投入,注重环境质量

虽然温泉旅游地一般选址于风景秀丽、环境优美的场所,但为促进温泉旅游地的可持续发展,一定要确保对资源及环境保护的投入,注重环境质量提高及环境氛围的营造。首先,温泉旅游地应设立与营业收入比例相适应的专门的环境保护基金以确保环境经费投入的连续性和有效性。同时,建立环境保护捐赠和奖惩机制,培养游客的环境保护意识,将环境保护与游客自身的经济利益联系起来。其次,建立合理的游客容量准入机制,一切开发活动要以温泉地的环境容量为下限,严格控制过度开发和游客的大量涌入。最后,要划定温泉旅游地的保护区域,严格保护范围,注重周边区域大气环境质量和环境噪声污染对温泉旅游地带来的整体环境氛围的影响。

8.1.4.2 推广低碳旅游,促进节能减排

其一,在温泉旅游地广泛开展多种形式的生态环境教育和环境保护知识普及等活动,倡导绿色旅游观念,大力推广低碳旅游,引导居民、游客、旅游从业者增强保护生态环境的自觉性、责任感和法律意识。

其二,温泉旅游地应树立节能环保的绿色发展理念,积极制定节能减排的行业标准,加快温泉旅游地节能减排硬件设施改造,大力利用太阳能、沼气、风能等新能源和建筑业节能减排新型保温、环保材料。

其三,温泉旅游地应深入开展创建“绿色饭店”“绿色餐馆”“绿色景区”等活动,开展ISO14000 系列国际环境质量认证,实施“绿色管理”。

其四,温泉旅游地应着力提高温泉资源利用效率,积极应用节水保温设备,避免粗放经营和资源浪费,保障温泉资源永续利用。

8.1.4.3 加强景观建设,营造环境氛围

良好的景观环境是温泉旅游地营造休闲度假环境氛围的关键。温泉旅游地加强环境景观建设应注重三点:一是强化主题景观环境的营造,建筑、小品、园林、灯光等环境景观应

与温泉文化主题相适应,增强其主题文化氛围;二是强化景观环境的休闲度假氛围,营造舒适、轻松、富有诗意的景观环境;三是强化软质景观环境的建设,突出植物景观、水体景观等价值,营造四季变化、情景变换的视觉景观效果,增强温泉旅游地的可观、可游、可赏、可忆的情境。

8.1.5 基于保障度评价的发展策略

如前文所述,决定温泉旅游地保障度大小的主要评价指标因子包括规划的制定与实施、社区居民满意度、社区居民支持度以及员工离职率等。因此,提升温泉旅游地的协调度,应重点把握以下发展策略:

8.1.5.1 规划先行,科学发展

作为体验性旅游产品,科学合理的规划设计是温泉旅游实现可持续发展的前提和重要保障,温泉旅游地的规划设计应坚持以下原则:

其一,保护优先,协调发展原则。科学评估温泉资源开发利用水平,严格保护温泉资源及生态环境,将开发规模控制在资源和环境承载力范围内。同时,通过温泉资源开发利用,协调当地经济发展。

其二,市场导向,以人为本原则。明确当前旅游市场需求、科学预测旅游市场发展趋势,以旅游市场为导向设计旅游项目和旅游产品。以游客利益为根本,旅游设施、旅游线路的设计充分满足游客需要,做到规范化和人性化。

其三,文化为魂,突出特色原则。文化是旅游的灵魂,寻求差异性是游客出游的基本心理需求。深入挖掘温泉旅游地地方文化资源和主题文化内涵,高起点、高水平、高标准规划与设计旅游项目,强化旅游区的特色,提高吸引力和竞争力。

其四,因地制宜,合理布局原则。充分结合旅游区自然景观和文化资源条件,合理进行功能分区,优化土地利用,因地制宜布局旅游项目和建设旅游服务设施。

其五,分期开发,可持续发展原则。温泉旅游地的开发建设不能一蹴而就,要坚持分期建设,滚动发展,为未来开发建设留有余地,以促进其可持续发展。

8.1.5.2 人才先导,管理创新

人才是企业的核心竞争力。温泉旅游地不同于一般旅游景区,企业人才的管理、经营与创新是温泉旅游地快速、持续发展的关键因素,其中高层管理人才是关键,中层管理人才是保障,训练有素的一线员工是重要支撑。温泉旅游地应确立人才先导战略,通过高素质人才来促进高效管理与经营,促进管理创新,以保证其可持续发展。一是要建立吸引人才、留住人才的机制;二是要创造吸引人才、留住人才的环境;三是要提供吸引人才、留住人才的物质条件;四是要投入吸引人才、留住人才的真情实感。

8.1.5.3 社区参与,合作共赢

温泉旅游地的开发建设往往存在与当地社区居民分享温泉资源的矛盾,常常遭到当地居民的抵触。使社区居民参与到温泉旅游地的开发利用和保护中,可使社区居民真正从温泉旅游中受益,达到合作共赢的目的。

其一,调动社区居民参与温泉旅游的积极性,共同保护温泉旅游资源,共同分享温泉资源开发利用所带来的经济效益,使社区居民成为当地环境的自觉保护者和管理者。

其二，让社区居民参与温泉旅游服务，一方面可解决地方就业压力，吸收农村富余劳动力，以提高当地居民的经济收入和生活质量，促进旅游发展利益的公平分配；另一方面可以保障温泉旅游地员工的稳定性，确保旅游服务质量的稳定。

其三，让社区居民参与旅游项目活动。通过民俗文化、节庆活动、手工艺品、土特产品等传统的民族文化、民风民俗类旅游项目的开发，让温泉旅游地融入地方文化，提升温泉旅游地的文化氛围，增强游客的文化体验。

8.2 广东省温泉旅游地可持续发展对策措施

基于前文与可持续发展评价相关的温泉旅游地发展策略，根据对广东省温泉旅游地发展现状的综合分析以及可持续发展综合评价结果，提出以下五个方面的对策措施：

8.2.1 加强规划引导，优化空间布局

广东温泉旅游经过三十多年的发展，无论在发展规模、管理水平、产品特色还是服务理念等方面都走在全国前列，但作为一个以稀缺性资源为依托的养生度假产业，一直缺乏全省性的温泉旅游开发规划进行引导和调控。广东应加快编制《广东省温泉旅游产业发展规划》以及主要温泉资源富集区域的旅游开发总体规划，引导和规范全省温泉旅游产业布局，促进温泉资源有序开发。未来十年，结合高铁、城市轨道等快速交通新格局，重点加强粤西地区（湛江、茂名）、粤北地区（韶关、清远）和粤东地区（梅州、揭阳）的温泉资源开发力度，优化全省温泉景区的空间布局结构。同时，推动温泉资源与滨海、山地森林等旅游资源融合开发，延伸温泉旅游产业链，拓展温泉旅游发展空间与市场。

8.2.2 加强区域合作，提升品牌形象

针对目前广东温泉旅游市场竞争激烈的状况，应通过纵向整合与横向联合两种渠道来进一步提升加强区域合作，积极拓展市场。纵向整合就是加强温泉景区与其他大型旅游景区的整合与营销，做大做强区域旅游品牌，有效提升区域旅游竞争力和吸引力，开拓远程客源市场。横向联合就是加强区域内温泉景区之间的合作共赢，强化对区域温泉旅游目的地整体形象的包装策划，大力开展温泉旅游目的地整体营销，提升广东温泉产品在国内外市场的知名度和影响力。同时，从温泉产品品牌、目的地品牌和企业品牌着眼，大力推进广东温泉品牌建设。一是通过新建、改造、联合等多种形式，推进产品创新，重点培育若干个5A级温泉景区或拳头温泉，包装策划广东会议度假温泉之旅、养生度假温泉之旅、休闲娱乐温泉之旅等系列品牌温泉旅游产品；二是通过建设温泉旅游产业集聚区，打造国内知名的温泉度假旅游目的地，重点发展温泉小镇、温泉旅游产业园、温泉国家级旅游度假区等新型温泉业态形式，培育一批具有品牌影响力的国家级温泉旅游目的地；三是以现有大型温泉旅游地为基础，通过扶持、新建、改组、国际化发展等方式，培育一批具有全国影响力的大型温泉旅游企业集团，积极输出广东温泉品牌，提升广东作为温泉旅游目的地领头羊的旅游形象。

8.2.3 加强文化建设，突出产品创新

一方面应培育具有岭南特色的广东温泉泡浴文化，同时加强温泉企业自身文化品牌建设，强化文化的“物化”与“载体化”建设，突出温泉产品差异化创新开发。产品创新方向有以下几点：一是针对商务会议和度假市场开发高端会议度假温泉产品，以高品质度假产品塑造品牌，以商务会议平衡淡旺季经营，并着力开拓国内客源市场；二是针对养生保健市场开发精品型养生温泉产品，重点发展满足个性化保健需求的包价度假产品，并积极鼓励现有温泉度假村利用淡季包装定制针对不同消费阶层的包价养生度假温泉产品；三是针对青少年家庭旅游市场以及单位团体旅游市场，重点发展满足家庭娱乐需求以及单位拓展需求的温泉旅游综合体产品，采取温泉旅游综合开发模式，开发温泉旅游综合体产品，进一步丰富产品内容，以多元化互补产品来平衡温泉产品的淡旺季经营；四是应对老年化社会趋势开发养老疗养型温泉产品，以温泉为基础，重点在山区（韶关、清远、河源、梅州等）结合良好生态环境打造针对珠三角的养老疗养基地，在滨海地区（湛江、茂名、阳江、江门、潮州等）结合滨海资源及暖冬气候资源打造针对北方人的养老疗养基地。

8.2.4 完善政策法规，加强行业监管

构建完善的温泉旅游行业相关政策法规体系，不仅是促进温泉旅游业的重要措施和手段，也是管理和规范广东温泉旅游业发展的重要政策依据和准则。一是积极推动《温泉法》出台和建立省级相关法规或行业标准，指导和规范温泉行业的发展，强化温泉资源保护，对温泉水资源违规开采，滥开滥采、低效利用、污染和“多头收费”等问题，政府主管部门及行业协会应切实加强监管；二是出台发展温泉旅游业相关扶持政策和优惠政策，在金融、财税、土地、人力资源、基础设施建设和环保建设等诸多方面给予政策支持和保障；三是建立温泉行业准入机制，由旅游、矿产等政府主管部门依据相关法律和总体规划进行预审，在企业资质、建设规模、资金投入等方面制定科学门槛，保障广东温泉资源的高效利用及温泉旅游地的开发建设质量；四是规范温泉服务品质，保障服务质量，政府主管部门及行业协会应充分发挥行业监管与服务职能，加强温泉服务品质的监督与管理，为打造国家级温泉旅游目的地提供管理保障。

8.2.5 加强人才培养，保障服务质量

人才是广东温泉旅游进一步发展壮大的关键，特别是高素质的优秀温泉专业人才。未来温泉旅游发展模式将由数量规模扩张型为主向质量效益提高型为主转变，更需要具有国际竞争力的温泉旅游人才。因此，必须面向市场，培养和造就一支素质较高、规模适当、结构合理、与广东温泉旅游业发展相匹配的温泉人才队伍，为广东温泉旅游业的发展提供强有力的人才支撑和智力支持。一是要加强高层管理人才培养，依托高校和企业优势，建设温泉旅游人才高地，重点培养和造就一支具有国际视野、富有创新精神的国际化管理高端人才队伍，以适应温泉旅游产业发展的新趋势；二是要加强温泉企业经营管理人才的教育和培训，培养和造就一批懂市场、懂管理、懂营销、懂运作、懂策划的复合型经营管理人才，有效提升温泉产业的开发经营和管理水平；三是要进一步加强温泉从业人员特别是一线从

业人员的职业教育和在岗培训，使他们进一步丰富知识、提高素质、增强技能，提高服务的能力和水平。

8.3 本章小结

本章在基于前文对温泉旅游地可持续发展综合评价的基础上，探讨温泉旅游地可持续发展的策略与对策措施。首先，基于可持续发展综合评价结果，探讨提升温泉旅游地可持续发展开发度、发展度、支撑度、协调度和保障度评价的针对性发展策略。然后，提出广东省温泉旅游地可持续发展的五大对策措施：加强规划引导，优化空间布局；加强区域合作，提升品牌形象；加强文化建设，突出产品创新；完善政策法规，加强行业监管；加强人才培养，保障服务质量。

第九章　结论与讨论

9.1 主要研究结论

本文在分析总结国内外温泉旅游地相关研究文献和发展经验的基础上，以可持续发展理论、系统论、环境承载力理论、利益相关者理论等为指导，综合运用层次分析方法、德尔菲法、地理信息系统等多学科交叉研究技术与方法，定性分析和定量评价相结合，理论研究和实际应用相结合，对温泉旅游地可持续发展的理论、评价模型与应用、发展策略与对策措施进行深入系统的研究，取得了以下主要研究成果：

（1）温泉旅游基础理论研究

本文系统梳理和研究了温泉、温泉旅游地的定义、特征及分类，为我国温泉旅游基础研究作了重要补充。温泉是指温度高于25℃或当地平均气温，含有一定对人体健康有益的矿物质微量元素的自然出露或人为抽取的自然水（含水蒸气）。温泉旅游地是指以温泉为核心旅游项目与产品，配套一定数量的旅游服务设施，并为旅游者提供相关服务的具有一定地理空间的场所，包括温泉旅游区和配有公共温泉池的温泉酒店等。

（2）广东省温泉资源条件研究

广东温泉资源空间分布广泛，但地区分布不均；温泉水以中高温为主，超过75%的温泉点水温在34℃到80℃，非常适合开展休闲度假、疗养、保健型等活动。温泉水中普遍含氟和偏硅酸，部分含氡，具有较高的疗养保健价值。广东温泉资源开发利用还处于一个很低的开采利用水平，开发潜力巨大，地区间温泉水资源开采利用存在严重的不均衡：粤西湛江、茂名等地的温泉资源远未得到充分利用；粤东梅州市的温泉资源开发利用也处在起步阶段；惠州、清远、江门、肇庆、广州、珠海、云浮、汕头等地属于适度开采区；河源、潮州等地属于高度开采区。

（3）广东省温泉旅游地发展现状研究

其一，广东省温泉旅游地演化发展经历了室内温泉、露天温泉、主题温泉和度假温泉四个发展阶段，各阶段的发展特征各异，其演化发展进程主要受资源空间分布、客源市场条件、交通条件变革和旅游消费市场变化的驱动影响。

其二，广东省温泉旅游地总体发展规模不断扩大、发展速度持续快速、发展空间不断扩展、旅游接待设施配套较齐全、交通状况有待改善、环境条件优越、产业带动效应和就业促进效应凸显。同时，广东省温泉旅游地经营效益不断增强、年平均客房出租率近年来不断提升、消费结构渐趋合理。

其三，广东省温泉旅游地客源市场地域分布高度集中，主要集中在广东省内，其中珠三角地区客源市场占90%以上；粤西和粤东地区温泉旅游地的散客比重较高，而珠三角地区和粤北地区以旅行社组团为主；十月到第二年的二月为广东省温泉旅游地游客接待旺季，三月、四月的游客接待量开始递减，五月到九月为游客接待的淡季；珠三角地区的江门、惠州、中山等省内客源市场还有进一步的开发空间，而潜在客源市场主要集中在北京、上海和香港三个国际性的大都市。

其四，应用GIS空间分析、数学地理和数理统计方法对广东省温泉旅游地空间结构进行综合分析和研究，结果表明广东省温泉旅游地空间格局呈集群分布态势，其最邻近指数$R = 0.82$，Voronoi多边形面积变异系数为102.64%；地理集中指数$G = 30.11$，不平衡指数$S = 0.524$，洛伦茨曲线呈典型的上凸形式，表明其空间分布集中程度较高，分布极不均衡；广东省温泉旅游地分布的高密度地区主要在珠三角地区和粤北山区，其中珠三角和粤北山区交界地带的密度最高。

(4)广东省温泉旅游地可持续发展评价研究

其一，构建了由目标层(可持续发展度)、系统层(开放度、发展度、支撑度、协调度、保障度等5个子系统)、特征层(10个特征指标)和指标层(50个评价指标)组成的温泉旅游地可持续发展评价指标体系，运用层次分析法确定评价指标的权重，建立了综合评价模型，并制定了温泉旅游地开发度、发展度、支撑度、协调度、保障度以及可持续发展度的评价标准和判别图谱。

其二，从开发度、发展度、支撑度、协调度、保障度及可持续发展度等综合定量评价广东省温泉旅游地可持续发展状况，分析与研究其发展现状与发展轨迹。2011年广东省46处温泉旅游地的可持续发展度评价结果总体差异不十分明显，可划分为Ⅱ、Ⅲ、Ⅳ三个层级。其中，只有从化碧水湾、珠海海泉湾温泉、锦绣香江温泉等的可持续发展度为Ⅱ级水平，处于基本可持续发展阶段；金叶子温泉、森波拉温泉等27处温泉旅游地为Ⅲ级水平，处于潜在可持续发展阶段；而金水台温泉、丰顺千江温泉等16处温泉旅游地为Ⅳ级水平，处于潜在不可持续发展阶段。虽然各温泉旅游地之间可持续发展趋势差异较大，但总体上呈上升趋势。通过综合评价图、GIS评价专题图等形象地分析和展示了温泉旅游地的可持续发展水平与动态变化特征，并运用两步聚类法、雷达图法等对评价结果进行综合分析，探讨其发展特征和发展趋势。

(5)广东省温泉旅游地可持续发展对策研究

其一，基于可持续发展综合评价结果，探讨提升温泉旅游地可持续发展开发度、发展度、支撑度、协调度和保障度评价的针对性发展策略。

其二，广东省温泉旅游地可持续发展的五大对策措施：加强规划引导，优化空间布局；加强区域合作，提升品牌形象；加强文化建设，突出产品创新；完善政策法规，加强行业监管；加强人才培养，保障服务质量。

9.2 论文创新点

总体看来，本文的主要创新之处体现在以下三方面：

(1)理论创新

本文以旅游地生命周期理论、利益相关者理论、可持续发展理论等为指导，在分析和借鉴前人研究成果的基础上,从系统论角度构建了一套由目标层、系统层、特征层和指标层构成的4个层次结构包含50个具体评价指标的温泉旅游地可持续发展评价指标体系,并建立了评价模型、评价标准和判别图谱,填补了国内温泉旅游研究领域的空白,对丰富和完善温泉旅游地研究的理论基础具有较大的意义。

(2)内容创新

其一,本文在对国内外温泉旅游地发展概况、历程、经验与模式系统研究的基础上,提出了广东省温泉旅游地发展的四个阶段及其特征,对研究我国温泉旅游地的发展具有借鉴和指导意义。

其二,本文在对温泉旅游地可持续发展综合评价的过程中,提出了温泉旅游地开发度、发展度、支撑度、协调度、保障度以及可持续发展度概念,对温泉旅游地的科学评估和现实应用具有重要的参考价值。

其三,本文在大量的调研数据、问卷调查和统计数据的基础上对省域温泉旅游地进行了系统研究,突出了本项研究的广域性和综合性特色,这在国内温泉领域的研究方面比较少见。

(3)技术方法创新

本文运用了多种研究方法、数理统计方法和 GIS 技术,多学科、多维度地对广东省温泉旅游地的发展状况和可持续发展评价进行了较为系统和全面的研究。其中,运用德尔菲法和层次分析法相结合的方式确定评价指标体系的权重、运用百度指数的用户关注度对温泉旅游地潜在客源市场进行研究、运用 GIS 技术研究温泉旅游地的空间结构及演化发展、运用 GIS 技术和雷达图法对温泉旅游地可持续发展进行综合评价等。

9.3 研究不足之处

由于时间、经费等的限制,以及研究对象的庞大和复杂性,再加上笔者学识、能力、研究水平的局限,本文很多地方仍存在不足,有待进一步完善。

第一,虽然本文力图全面、系统地评价广东省温泉旅游地,但由于相关数据获取较难或不全面,造成了诸多局限。一是温泉旅游地研究样本存在局限性,有些知名的温泉旅游地没有纳入本次研究,如珠海御温泉、湛江特呈岛等;二是对温泉旅游地可持续发展动态研究地时间跨度不够。这一点笔者将在今后的跟踪调查研究中进一步完善。

第二,本文所构建的指标体系和评价模型的科学性和可靠性还有待于进一步验证,指标的选择、问卷的设计以及指标权重的确定可能受到现有研究视野的束缚,需要更加深入地研究和实践,希望将来在这方面进一步探讨和完善。

第三,温泉旅游地可持续发展问题涉及面广、研究难度大,本文所做的分析与综合评价都还是初步的,尚需要做大量细致的实地调查研究,才能得出符合实际的评价结果,制定可行的策略方案和对策措施。这也正是笔者今后需要努力完善的地方,在今后的学习与工作中,笔者会将研究的范围和深度进一步拓展,建立更加完善的温泉旅游地可持续发展评价模型。

附 录 A

表 1　广东省温泉旅游地基本情况表

Table 1　Basic information of hot springs resorts in Guangdong

地区	数量	温泉旅游地名称	地理位置	开业时间	客房数
广州	15	广东温泉宾馆	从化温泉镇	1953	262
		望谷温泉度假村	从化温泉镇	2006	101
		华辉度假村	从化温泉镇	1996	150
		万丰温泉酒店	从化温泉镇	2008	100
		荔圃温泉酒店	从化温泉镇	1958	120
		翠岛温泉度假村	从化温泉镇	2010	152
		仙沐园温泉乐园	从化温泉镇	2002	0
		财富温泉度假酒店	从化温泉镇	2005	120
		从都国际会议中心	从化良口镇	2011	200
		碧水湾温泉度假村	从化良口镇	2002	216
		崴格诗温泉庄园	从化良口镇	2008	150
		金叶子温泉	增城派潭镇	2007	229
		巴登巴温泉酒店	增城派潭镇	2009	80
		锦绣香江温泉城	增城派潭镇	2011	150
		增城高滩温泉酒店	增城派潭镇	2006	90
深圳	1	石岩湖温泉度假村	宝安区公明镇	2003	416
佛山	2	绿湖温泉度假酒店	佛山三水区	2010	250
		三水温泉度假村	三水区芦苞镇	2011	280
中山	3	泉眼温泉	中山市三乡镇	2008	72
		中山温泉宾馆	中山市三乡镇	1980	316
		天和温泉度假村	中山市火炬开发区	2009	183
珠海	2	泉湾度假城	金湾区平沙镇	2006	5544
		御温泉度假村	斗门县斗门镇	1998	136

续表

地区	数量	温泉旅游地名称	地理位置	开业时间	客房数
江门	11	古兜温泉度假村	新会区崖南镇	2001	919
		香江温泉度假村	开平赤水镇	2007	436
		恩平温泉乐园	恩平那吉镇	2000	176
		帝都温泉度假村	恩平良西镇	2000	365
		锦江温泉旅游度假区	恩平大田镇	2002	454
		金山温泉度假村	恩平那吉镇	1997	420
		山泉湾温泉度假村	恩平大田镇	2011	360
		嘉怡温泉大酒店	台山市三合镇	2006	96
		富都飘雪温泉度假村	台山市都斛镇	2004	460
		喜运来温泉	台山市三合镇	1999	200
		山康桥温泉度假村	台山市白沙镇	2007	150
云浮	3	六祖故里温泉旅游度假区	新兴县六祖镇	1990	1098
		金水台温泉度假村	新兴县水台镇	2006	384
		青山绿水温泉旅游度假区	新兴县东成镇	2006	80
清远	19	聚龙湾天然温泉度假村	佛冈县汤塘镇	2006	1045
		金龟泉生态度假村	佛冈县汤塘镇	2011	88
		白云温泉山庄	佛冈县汤塘镇	2000	120
		好世界温泉	佛冈县汤塘镇	2002	80
		颐和温泉度假山庄	佛冈县汤塘镇	2004	110
		白云机场温泉度假邨	佛冈县汤塘镇	1996	110
		樵春山庄温泉度假村	佛冈县汤塘镇	2003	86
		森波拉温泉	佛冈县羊角山	2008	363
		篁胜国际温泉花园酒店	佛冈县石角镇	2007	226
		名将运动温泉水疗度假村	清新县三坑镇	2004	152
		清新温矿泉旅游度假区	清新县三坑镇	1998	386
		新银盏温泉度假村	清城区龙塘镇	2003	370
		银盏温泉旅游度假区	清城区龙塘镇	2000	156
		龙凤温泉度假村	阳山县小江镇	2006	78
		广东第一峰天泉度假村	阳山秤架瑶族乡	2001	200
		奇洞温泉度假村	英德市望埠镇	2007	208
		九州驿站(树上温泉)	英德市石牯塘镇	2005	128
		连南瑶族温泉度假村	连南县寨岗镇	2005	70
		大东山温泉度假区	连州市龙坪镇	2009	51

续表

地区	数量	温泉旅游地名称	地理位置	开业时间	客房数
韶关	18	曹溪温泉假日度假村	曲江区马坝镇	2001	540
		枫湾温泉度假村	曲江区枫湾镇	2009	100
		丹霞温泉假日山庄	韶关丹霞山景区内	2007	222
		汤溪古泉农庄	曲江区汤溪镇	1995	58
		南华祈福温泉大酒店	曲江区马坝镇	2010	139
		南华温泉大酒店	曲江区马坝镇	2003	63
		方圆民族温矿泉酒店	乳源县	2005	110
		丽宫温泉度假村	乳源县乳城镇	2010	514
		南水温泉度假村	乳源县东坪镇	1998	30
		龙华山温矿泉度假村	南雄市全安镇	1998	120
		昆明园温泉度假村	南雄市黎口镇	2000	30
		青嶂山温泉度假村	南雄市江头镇	2004	140
		刘张家山温泉度假区	始兴县刘张家山乡	2000	90
		顺丰楼温泉酒店	始兴县刘张家山乡	2010	38
		乐昌龙山温泉	乐昌市廊田镇	2000	30
		云天海森林温泉	新丰县梅坑镇	2010	242
		新丰江源温泉度假山庄	新丰县梅坑镇	2010	98
		云髻山森林温泉度假山庄	新丰县	2008	100
肇庆	3	花世界温矿泉度假村	德庆县官圩镇	2006	76
		怀集燕峰温泉	怀集县凤岗镇	2004	86
		奥威斯温泉度假酒店	肇庆市区	2007	750

续表

地区	数量	温泉旅游地名称	地理位置	开业时间	客房数
惠州	12	南昆山温泉大观园	龙门县永汉镇	2005	575
		大自然温泉度假山庄	龙门县永汉镇	2003	100
		林丰温泉度假山庄	龙门县永汉镇	2006	150
		庄明庄温泉度假村	龙门县永汉镇	2006	126
		金童子温泉度假山庄	龙门县永汉镇	2007	139
		铁泉温泉度假村	龙门县龙田镇	2002	550
		尚天然·国际温泉小镇	龙门县龙田镇	2008	444
		地派温泉度假村	龙门县地派镇	2010	312
		惠州海滨温泉旅游度假区	惠东县平海镇	2007	328
		中信汤泉旅游度假村	惠城区小金口镇	2005	65
		惠林汤泉温泉会所	惠城区横沥镇	2009	200
		白盆湖温泉度假村	惠东县白盆珠镇	1998	46
河源	8	龙源温泉度假城	源城区高埔岗	2005	143
		御临门温泉度假村	紫金县九和镇	2006	298
		和平天上人间温泉	和平县大坝镇	2005	239
		汤湖温泉度假村	和平县大坝镇	2005	
		热龙温泉度假村	和平县热水镇	2005	250
		九连山温泉度假山庄	和平县热水镇	2009	118
		九连山华宇温泉度假村	和平县热水镇	2008	120
		河源叶园温泉	东源县黄田镇	2011	200
梅州	8	五华热矿泥温泉山庄	五华县华城镇	1999	120
		千江温泉酒店	丰顺县汤坑镇	2003	230
		风度温泉大酒店	丰顺县汤坑镇	1997	136
		金日温泉度假村	丰顺县丰良镇	2000	69
		金晖温泉大酒店	兴宁市叶塘镇	2002	78
		鸿源生态园温泉酒店	兴宁市坭陂镇	2010	112
		溪美温泉	兴宁市罗岗镇	2005	69
		金明湖温泉旅游度假村	兴宁市叶南镇	2006	112

续表

地区	数量	温泉旅游地名称	地理位置	开业时间	客房数
揭阳	2	京明温泉度假村	揭西县京溪园镇	2003	350
		盘龙湾温泉度假村	普宁市云落镇	2007	51
潮州	2	东山湖温泉度假村	潮安县沙溪镇	2005	80
		饶平新丰温泉	饶平县新丰镇	2000	78
汕头	1	莲花山温泉度假村	澄海区莲华镇	2001	90
汕尾	1	御水湾温泉度假村	陆河县河田镇	2010	120
阳江	4	阳江温泉度假村	阳东县合山镇	2003	452
		热水温泉度假村	阳西塘口镇	2002	120
		咸水矿温泉度假山庄	阳西县东湖开发区	2006	298
		春都温泉度假村	阳春市马水镇	2003	200
茂名	4	御水谷温泉度假村	电白县麻岗镇	2009	203
		山阁温泉度假村	茂南区山阁镇	2009	228
		西江温泉度假村	信宜市北界镇	1999	92
		新时代温泉度假村	化州市那务镇	2002	88
湛江	6	湛江特呈岛度假村	湛江特呈岛	2009	102
		湛江海滨宾馆	霞山区海滨大道	2004	432
		天成台旅游度假村	雷州市乌石镇	2002	82
		杏磊湾温泉度假村	徐闻县经济开发区	2006	114
		玛珥湖温泉度假村	麻章区湖光岩	2001	120
		东海岛宇兴度假村	麻章区东海岛	2002	50
总计	125				

附录 B

表 1　温泉旅游地可持续发展评价指标体系系统层专家建议权重值

Table 1　Weight of the system level of the HSRsD's evaluation index system from experts

系统层	专家 1	专家 2	专家 3	专家 4	专家 5	专家 6	专家 7	专家 8	专家 9	专家 10	专家 11	专家 12	专家 13	专家 14	专家 15	专家 16	专家 17	综合权重
A	0.117	0.139	0.223	0.163	0.203	0.281	0.260	0.157	0.222	0.144	0.228	0.244	0.244	0.131	0.146	0.198	0.190	0.194
B	0.325	0.302	0.169	0.407	0.416	0.167	0.146	0.341	0.125	0.218	0.366	0.342	0.342	0.233	0.254	0.261	0.165	0.269
C	0.330	0.368	0.128	0.228	0.131	0.127	0.127	0.274	0.125	0.125	0.147	0.117	0.117	0.326	0.146	0.172	0.330	0.195
D	0.106	0.088	0.223	0.097	0.117	0.102	0.117	0.110	0.132	0.201	0.121	0.102	0.102	0.187	0.178	0.172	0.190	0.138
E	0.122	0.103	0.256	0.105	0.134	0.323	0.351	0.119	0.396	0.312	0.139	0.196	0.196	0.123	0.276	0.198	0.125	0.204

表 2　温泉旅游地可持续发展评价指标体系特征层专家建议权重值

Table 2　Weight of the feature level of the HSRsD's evaluation index system from experts

特征层	专家 1	专家 2	专家 3	专家 4	专家 5	专家 6	专家 7	专家 8	专家 9	专家 10	专家 11	专家 12	专家 13	专家 14	专家 15	专家 16	专家 17	综合权重
A1	0.250	0.500	0.500	0.667	0.333	0.500	0.333	0.500	0.333	0.500	0.333	0.333	0.333	0.500	0.500	0.333	0.333	0.417
A2	0.750	0.500	0.500	0.333	0.667	0.500	0.667	0.500	0.667	0.500	0.667	0.667	0.667	0.500	0.500	0.667	0.667	0.583

续表

特征层	专家1	专家2	专家3	专家4	专家5	专家6	专家7	专家8	专家9	专家10	专家11	专家12	专家13	专家14	专家15	专家16	专家17	综合权重
B1	0.667	0.667	0.333	0.333	0.333	0.333	0.333	0.667	0.500	0.667	0.333	0.667	0.500	0.333	0.500	0.333	0.500	0.471
B2	0.333	0.333	0.667	0.667	0.667	0.667	0.667	0.333	0.500	0.333	0.667	0.333	0.500	0.667	0.500	0.667	0.500	0.529
C1	0.833	0.500	0.750	0.750	0.500	0.333	0.750	0.667	0.667	0.500	0.750	0.750	0.333	0.750	0.333	0.333	0.250	0.574
C2	0.167	0.500	0.250	0.250	0.500	0.667	0.250	0.333	0.333	0.500	0.250	0.250	0.667	0.250	0.667	0.667	0.750	0.426
D1	0.500	0.500	0.500	0.500	0.333	0.500	0.333	0.667	0.500	0.667	0.500	0.500	0.750	0.500	0.500	0.500	0.500	0.515
D2	0.500	0.500	0.500	0.500	0.667	0.500	0.667	0.333	0.500	0.333	0.500	0.500	0.250	0.500	0.500	0.500	0.500	0.485
E1	0.500	0.500	0.333	0.500	0.250	0.500	0.500	0.333	0.667	0.333	0.500	0.333	0.500	0.333	0.500	0.667	0.500	0.456
E2	0.500	0.500	0.667	0.500	0.750	0.500	0.500	0.667	0.333	0.667	0.500	0.667	0.500	0.667	0.500	0.333	0.500	0.544

表3 温泉旅游地可持续发展评价指标体系指标层专家建议权重值

Table 3 Weight of the index level of the HSRsD's evaluation index system from experts

指标层	专家1	专家2	专家3	专家4	专家5	专家6	专家7	专家8	专家9	专家10	专家11	专家12	专家13	专家14	专家15	专家16	专家17	综合权重
x1	0.093	0.136	0.133	0.104	0.104	0.106	0.116	0.136	0.138	0.104	0.109	0.072	0.081	0.066	0.083	0.065	0.104	0.103
x2	0.157	0.246	0.203	0.180	0.142	0.184	0.163	0.229	0.195	0.180	0.208	0.165	0.167	0.163	0.123	0.159	0.180	0.179
x3	0.505	0.426	0.462	0.487	0.508	0.450	0.490	0.427	0.391	0.487	0.417	0.531	0.538	0.524	0.610	0.551	0.487	0.488
x4	0.245	0.192	0.203	0.230	0.247	0.260	0.231	0.207	0.276	0.230	0.266	0.233	0.213	0.247	0.184	0.225	0.230	0.230
x5	0.556	0.456	0.442	0.380	0.399	0.390	0.405	0.425	0.430	0.390	0.364	0.373	0.339	0.404	0.396	0.418	0.349	0.407

续表

指标层	专家1	专家2	专家3	专家4	专家5	专家6	专家7	专家8	专家9	专家10	专家11	专家12	专家13	专家14	专家15	专家16	专家17	综合权重
x6	0.110	0.135	0.139	0.107	0.109	0.113	0.105	0.142	0.139	0.113	0.115	0.209	0.109	0.105	0.132	0.112	0.212	0.130
x7	0.116	0.156	0.160	0.190	0.243	0.190	0.172	0.163	0.173	0.190	0.193	0.146	0.195	0.150	0.193	0.174	0.148	0.174
x8	0.055	0.084	0.100	0.093	0.076	0.093	0.091	0.107	0.086	0.093	0.094	0.168	0.101	0.096	0.100	0.097	0.185	0.101
x9	0.163	0.169	0.160	0.231	0.174	0.214	0.227	0.163	0.173	0.214	0.235	0.105	0.257	0.246	0.178	0.199	0.106	0.189
x10	0.078	0.082	0.082	0.183	0.244	0.194	0.184	0.083	0.085	0.224	0.192	0.137	0.158	0.150	0.135	0.137	0.185	0.149
x11	0.406	0.413	0.418	0.281	0.274	0.281	0.266	0.411	0.413	0.278	0.278	0.272	0.269	0.270	0.268	0.273	0.268	0.314
x12	0.177	0.173	0.175	0.091	0.093	0.095	0.092	0.176	0.172	0.094	0.086	0.103	0.102	0.103	0.102	0.104	0.102	0.120
x13	0.049	0.054	0.058	0.070	0.065	0.070	0.070	0.059	0.054	0.069	0.069	0.083	0.071	0.075	0.087	0.089	0.070	0.068
x14	0.119	0.105	0.091	0.152	0.120	0.144	0.153	0.092	0.105	0.122	0.143	0.183	0.181	0.182	0.233	0.184	0.154	0.145
x15	0.131	0.128	0.123	0.175	0.155	0.168	0.187	0.127	0.128	0.166	0.184	0.172	0.171	0.171	0.125	0.164	0.170	0.156
x16	0.039	0.045	0.053	0.049	0.048	0.049	0.049	0.053	0.043	0.048	0.048	0.050	0.049	0.050	0.049	0.050	0.049	0.048
x17	0.222	0.240	0.242	0.180	0.206	0.179	0.180	0.244	0.240	0.179	0.180	0.192	0.182	0.182	0.188	0.189	0.185	0.201
x18	0.345	0.318	0.312	0.277	0.319	0.275	0.277	0.305	0.318	0.274	0.277	0.263	0.264	0.265	0.284	0.285	0.242	0.288
x19	0.125	0.126	0.127	0.060	0.126	0.056	0.056	0.128	0.126	0.056	0.056	0.057	0.057	0.057	0.055	0.056	0.058	0.081
x20	0.036	0.042	0.043	0.151	0.042	0.165	0.150	0.045	0.042	0.174	0.150	0.137	0.152	0.138	0.134	0.135	0.154	0.111
x21	0.068	0.086	0.082	0.090	0.090	0.086	0.095	0.082	0.089	0.086	0.095	0.096	0.102	0.102	0.077	0.086	0.114	0.090
x22	0.155	0.134	0.135	0.106	0.169	0.105	0.105	0.136	0.133	0.104	0.105	0.117	0.106	0.118	0.114	0.115	0.108	0.121

续表

指标层	专家1	专家2	专家3	专家4	专家5	专家6	专家7	专家8	专家9	专家10	专家11	专家12	专家13	专家14	专家15	专家16	专家17	综合权重
x23	0.049	0.055	0.059	0.136	0.049	0.135	0.136	0.060	0.053	0.127	0.136	0.137	0.137	0.138	0.148	0.135	0.139	0.108
x24	0.039	0.056	0.055	0.063	0.047	0.058	0.063	0.055	0.056	0.053	0.062	0.063	0.062	0.062	0.063	0.062	0.062	0.058
x25	0.077	0.081	0.079	0.065	0.063	0.054	0.077	0.079	0.081	0.060	0.058	0.090	0.064	0.083	0.105	0.089	0.071	0.075
x26	0.145	0.148	0.146	0.098	0.101	0.096	0.084	0.146	0.150	0.096	0.097	0.093	0.092	0.093	0.087	0.086	0.084	0.108
x27	0.323	0.294	0.319	0.167	0.162	0.162	0.168	0.310	0.276	0.162	0.165	0.168	0.179	0.179	0.143	0.166	0.179	0.207
x28	0.114	0.127	0.125	0.195	0.230	0.231	0.196	0.125	0.128	0.231	0.213	0.196	0.194	0.195	0.211	0.209	0.195	0.183
x29	0.114	0.127	0.113	0.098	0.095	0.096	0.099	0.113	0.128	0.096	0.097	0.077	0.098	0.076	0.077	0.076	0.098	0.099
x30	0.188	0.168	0.165	0.313	0.303	0.304	0.314	0.171	0.182	0.304	0.309	0.314	0.311	0.312	0.314	0.312	0.312	0.270
x31	0.071	0.089	0.088	0.087	0.076	0.085	0.076	0.095	0.089	0.078	0.084	0.097	0.081	0.084	0.080	0.091	0.065	0.083
x32	0.454	0.408	0.442	0.179	0.150	0.137	0.172	0.447	0.408	0.135	0.157	0.245	0.177	0.240	0.370	0.302	0.167	0.270
x33	0.205	0.242	0.215	0.425	0.513	0.516	0.454	0.217	0.242	0.509	0.458	0.412	0.392	0.404	0.387	0.460	0.440	0.382
x34	0.270	0.261	0.255	0.310	0.261	0.262	0.299	0.240	0.261	0.278	0.301	0.245	0.349	0.273	0.163	0.147	0.329	0.265
x35	0.625	0.595	0.571	0.500	0.400	0.625	0.610	0.400	0.540	0.400	0.584	0.584	0.443	0.493	0.387	0.413	0.610	0.517
x36	0.239	0.276	0.286	0.250	0.400	0.239	0.166	0.400	0.297	0.400	0.232	0.184	0.387	0.311	0.169	0.328	0.225	0.282
x37	0.137	0.128	0.143	0.250	0.200	0.137	0.225	0.200	0.163	0.200	0.184	0.232	0.169	0.196	0.443	0.260	0.166	0.202
x38	0.134	0.141	0.143	0.118	0.096	0.134	0.095	0.135	0.130	0.116	0.135	0.095	0.135	0.135	0.093	0.094	0.095	0.119
x39	0.075	0.082	0.083	0.109	0.088	0.087	0.105	0.083	0.089	0.091	0.094	0.139	0.149	0.138	0.088	0.127	0.151	0.105

续表

指标层	专家 1	专家 2	专家 3	专家 4	专家 5	专家 6	专家 7	专家 8	专家 9	专家 10	专家 11	专家 12	专家 13	专家 14	专家 15	专家 16	专家 17	综合权重
x40	0. 323	0. 298	0. 285	0. 152	0. 171	0. 163	0. 147	0. 287	0. 299	0. 162	0. 151	0. 112	0. 071	0. 078	0. 156	0. 110	0. 103	0. 180
x41	0. 042	0. 050	0. 054	0. 256	0. 265	0. 253	0. 298	0. 057	0. 050	0. 272	0. 255	0. 298	0. 294	0. 296	0. 316	0. 319	0. 297	0. 216
x42	0. 426	0. 430	0. 436	0. 366	0. 380	0. 363	0. 355	0. 438	0. 432	0. 359	0. 365	0. 355	0. 351	0. 353	0. 347	0. 350	0. 354	0. 380
x43	0. 266	0. 249	0. 236	0. 135	0. 154	0. 164	0. 131	0. 234	0. 251	0. 140	0. 133	0. 227	0. 286	0. 245	0. 242	0. 252	0. 144	0. 205
x44	0. 109	0. 225	0. 167	0. 119	0. 083	0. 105	0. 106	0. 234	0. 251	0. 092	0. 106	0. 084	0. 064	0. 065	0. 077	0. 089	0. 102	0. 122
x45	0. 208	0. 109	0. 199	0. 251	0. 267	0. 285	0. 243	0. 139	0. 075	0. 268	0. 274	0. 186	0. 146	0. 176	0. 184	0. 191	0. 219	0. 201
x46	0. 417	0. 418	0. 398	0. 495	0. 497	0. 446	0. 521	0. 393	0. 423	0. 500	0. 487	0. 503	0. 504	0. 513	0. 498	0. 468	0. 536	0. 471
x47	0. 314	0. 332	0. 381	0. 116	0. 105	0. 102	0. 119	0. 243	0. 322	0. 104	0. 283	0. 169	0. 423	0. 173	0. 384	0. 337	0. 098	0. 235
x48	0. 080	0. 139	0. 110	0. 137	0. 148	0. 135	0. 238	0. 172	0. 111	0. 146	0. 142	0. 239	0. 122	0. 245	0. 123	0. 142	0. 276	0. 159
x49	0. 138	0. 197	0. 211	0. 304	0. 374	0. 330	0. 186	0. 343	0. 212	0. 311	0. 337	0. 133	0. 227	0. 291	0. 192	0. 238	0. 182	0. 247
x50	0. 469	0. 332	0. 298	0. 443	0. 374	0. 434	0. 457	0. 243	0. 356	0. 439	0. 238	0. 459	0. 227	0. 291	0. 301	0. 283	0. 445	0. 358

附录C

表1　广东省46处温泉旅游地可持续发展评价指标标准化值(2011)

Table 1　Evaluation index scores of 46 HSRs after standardized treatment

编号	评价指标 / 名称	X1	X2	X3	X4	X5	X6	X7	X8	X9	X10
1	从化碧水湾	0.500	1.000	0.490	0.003	0.875	0.759	0.333	0.000	0.571	1.000
2	从化仙沐园	0.500	0.667	0.065	0.003	0.875	0.759	0.444	0.000	0.000	0.043
3	广东温泉宾馆	0.500	0.333	0.107	0.036	0.875	0.759	0.444	0.000	0.286	0.320
4	崴格诗温泉	0.000	0.333	0.021	0.077	0.750	0.759	0.667	0.915	0.143	0.310
5	望谷温泉	0.333	1.000	0.065	0.038	0.875	0.759	0.556	0.000	0.429	0.161
6	金叶子温泉	0.333	0.333	0.048	0.048	0.875	0.759	0.444	0.220	0.714	0.805
7	锦绣香江	0.333	0.333	0.150	0.254	0.875	0.759	0.444	0.426	0.857	0.306
8	珠海海泉湾	0.667	0.333	0.235	1.000	0.750	0.431	0.556	0.876	1.000	0.675
9	中山温泉	0.833	0.333	0.150	0.003	1.000	0.737	0.778	0.000	0.571	0.238
10	惠州海滨温泉	0.500	1.000	0.150	0.011	0.625	0.316	0.222	0.000	0.143	0.381
11	南昆山大观园	0.667	0.667	0.405	0.132	0.625	0.316	0.667	0.360	0.714	0.769
12	惠州中信汤泉	0.500	0.333	0.235	0.332	0.875	0.316	0.889	0.688	0.143	0.084
13	地派温泉	0.167	0.333	0.192	0.053	0.625	0.316	0.111	0.304	0.429	0.657
14	尚天然温泉	0.500	0.333	0.235	0.155	0.625	0.316	0.333	0.957	0.714	0.545
15	龙门铁泉温泉	0.500	0.667	0.065	0.112	0.625	0.316	0.333	0.220	0.000	0.468
16	帝都温泉	0.500	0.000	0.251	0.391	0.500	0.399	0.667	0.792	0.143	0.248
17	古兜温泉	0.167	0.667	0.235	0.129	0.625	0.399	0.667	0.541	0.571	0.743
18	金山温泉	0.500	0.333	0.221	0.085	0.500	0.399	0.667	0.000	0.286	0.090
19	锦江温泉	0.500	1.000	0.331	0.090	0.500	0.399	0.444	0.304	0.143	0.413
20	台山富都温泉	0.500	0.000	0.065	0.028	0.625	0.399	1.000	0.000	0.000	0.204
21	康桥温泉	0.833	0.333	0.235	0.313	0.625	0.399	0.333	0.718	0.429	0.265

续表

编号	评价指标 名称	X1	X2	X3	X4	X5	X6	X7	X8	X9	X10
22	怀集温泉	0.333	0.333	0.065	0.015	0.500	0.300	0.111	0.205	0.714	0.017
23	奇洞温泉	0.333	0.667	0.235	0.129	0.500	0.296	0.444	0.426	0.571	0.230
24	清远聚龙湾	0.667	1.000	0.320	0.051	0.750	0.296	0.889	0.000	0.143	0.818
25	新银盏温泉	0.500	0.333	0.107	0.015	0.875	0.296	1.000	0.000	0.000	0.496
26	森波拉温泉	0.500	1.000	0.107	0.391	0.625	0.296	0.778	0.638	0.429	0.920
27	曹溪温泉	0.167	0.333	0.020	0.023	0.500	0.228	0.778	0.000	1.000	0.256
28	丽宫温泉	0.500	0.667	0.235	0.116	0.375	0.228	0.667	0.709	0.714	0.524
29	云天海温泉	0.333	0.000	0.150	0.522	0.625	0.228	0.000	0.936	0.571	0.269
30	莲花山温泉	0.167	0.000	0.001	0.002	0.125	0.943	0.667	0.000	0.714	0.082
31	东山湖温泉	1.000	0.000	0.235	0.012	0.250	0.999	0.889	0.914	1.000	0.085
32	盘龙湾温泉	0.500	0.000	0.082	0.155	0.250	0.629	0.667	0.931	0.714	0.033
33	天上人间	0.833	0.333	1.000	0.016	0.250	0.352	0.556	0.775	0.143	0.007
34	龙源温泉	0.500	1.000	0.065	0.108	0.625	0.352	0.889	0.589	0.000	0.241
35	御临门温泉	0.833	0.333	0.490	0.141	0.500	0.352	0.111	0.844	0.714	0.640
36	热龙温泉	0.833	0.333	0.065	0.006	0.250	0.352	0.333	0.000	0.000	0.194
37	千江温泉	0.667	0.000	0.388	0.018	0.250	0.467	1.000	0.426	0.143	0.161
38	御水古温泉	0.667	1.000	0.014	0.057	0.250	0.458	0.556	0.709	0.286	0.073
39	西江温泉	0.667	0.667	0.031	0.007	0.250	0.458	0.556	0.000	0.000	0.013
40	春都温泉	0.500	1.000	0.145	0.391	0.375	0.208	0.556	0.888	0.857	0.174
41	阳江温泉	0.667	0.000	0.235	0.293	0.500	0.208	0.889	0.837	0.429	0.373
42	咸水矿温泉	0.500	0.667	0.000	0.745	0.250	0.208	0.889	0.532	0.286	0.549
43	金水台温泉	0.333	0.333	0.095	0.087	0.625	0.208	0.333	0.795	0.571	0.316
44	青山绿水	0.167	0.333	0.024	0.000	0.625	0.208	0.222	0.000	0.286	0.000
45	湛江海滨宾馆	0.000	0.333	0.065	0.043	0.000	0.445	0.667	0.000	0.286	0.906
46	杏磊湾温泉	0.167	0.333	0.022	0.022	0.000	0.445	0.556	0.000	0.429	0.114

续表

编号	评价指标 / 名称	X11	X12	X13	X14	X15	X16	X17	X18	X19	X20
1	从化碧水湾	0.870	0.549	0.043	0.936	0.372	0.100	0.199	0.801	0.300	0.804
2	从化仙沐园	0.397	0.062	0.000	0.000	0.106	0.000	0.157	0.819	0.261	0.057
3	广东温泉宾馆	0.406	0.126	0.056	0.479	0.382	0.400	0.274	0.855	0.430	0.193
4	崴格诗温泉	0.406	0.099	0.039	0.358	0.429	0.400	0.375	0.811	0.303	0.035
5	望谷温泉	0.407	0.012	0.021	0.492	0.461	0.200	0.226	0.845	0.234	0.183
6	金叶子温泉	0.123	0.112	0.042	0.802	1.000	0.400	0.153	0.802	0.266	0.139
7	锦绣香江	0.162	0.072	0.032	0.462	0.501	0.600	0.602	0.840	0.829	0.026
8	珠海海泉湾	0.943	0.676	1.000	0.398	0.204	0.400	0.146	0.813	0.260	0.027
9	中山温泉	0.130	0.014	0.034	0.154	0.638	0.700	0.164	0.801	0.247	1.000
10	惠州海滨温泉	0.423	0.477	0.075	0.436	0.158	0.600	0.150	0.936	0.317	0.556
11	南昆山大观园	0.445	0.447	0.095	0.431	0.342	0.700	0.144	0.765	0.290	0.068
12	惠州中信汤泉	0.236	0.049	0.012	0.231	0.192	0.500	0.218	0.818	0.157	0.011
13	地派温泉	0.313	0.554	0.071	0.512	0.240	0.700	1.000	0.768	1.000	0.098
14	尚天然温泉	0.434	0.155	0.068	0.569	0.560	0.800	0.294	0.840	0.528	0.044
15	龙门铁泉温泉	0.453	0.474	0.122	0.354	0.196	0.700	0.200	0.801	0.327	0.013
16	帝都温泉	0.360	0.147	0.082	0.162	0.273	0.500	0.277	0.825	0.271	0.008
17	古兜温泉	0.455	0.520	0.167	0.332	0.289	1.000	0.376	0.858	0.391	0.029
18	金山温泉	0.297	0.075	0.095	0.031	0.166	0.100	0.155	0.795	0.193	0.029
19	锦江温泉	0.430	0.569	0.096	0.431	0.145	1.000	0.190	0.801	0.310	0.026
20	台山富都温泉	0.400	0.266	0.104	0.292	0.143	0.400	0.237	0.869	0.154	0.146
21	康桥温泉	0.298	0.314	0.028	0.537	0.161	0.100	0.242	0.793	0.377	0.005
22	怀集温泉	0.418	0.011	0.023	0.108	0.108	0.200	0.184	0.808	0.294	0.023
23	奇洞温泉	0.451	0.330	0.043	0.538	0.133	0.300	0.239	0.894	0.305	0.031

续表

编号	评价指标 名称	X11	X12	X13	X14	X15	X16	X17	X18	X19	X20
24	清远聚龙湾	0.146	0.612	0.227	0.320	0.274	0.500	0.205	0.735	0.265	0.184
25	新银盏温泉	0.398	0.482	0.090	0.554	0.205	0.500	0.177	0.755	0.195	0.252
26	森波拉温泉	0.607	1.000	0.066	0.846	0.192	0.800	0.186	0.801	0.307	0.024
27	曹溪温泉	0.368	0.266	0.144	0.123	0.178	0.200	0.096	0.773	0.176	0.057
28	丽宫温泉	0.156	0.219	0.113	0.229	0.422	0.700	0.251	0.804	0.387	0.035
29	云天海温泉	0.444	0.060	0.051	0.289	0.483	0.500	0.502	0.919	0.468	0.011
30	莲花山温泉	0.412	0.107	0.020	0.877	0.125	0.500	0.239	0.871	0.281	0.447
31	东山湖温泉	0.251	0.079	0.014	0.462	0.153	0.500	0.152	0.765	0.339	0.133
32	盘龙湾温泉	0.384	0.059	0.009	0.600	0.092	0.200	0.140	0.716	0.289	0.044
33	天上人间	0.389	0.019	0.049	0.031	0.074	0.200	0.194	0.711	0.192	0.401
34	龙源温泉	0.490	0.354	0.027	0.800	0.131	0.200	0.217	0.786	0.341	0.037
35	御临门温泉	0.667	0.434	0.056	0.846	0.292	0.500	0.291	0.811	0.286	0.100
36	热龙温泉	0.411	0.474	0.051	1.000	0.079	0.600	0.165	0.789	0.377	0.271
37	千江温泉	0.397	0.266	0.048	0.850	0.114	0.400	0.151	0.812	0.255	0.131
38	御水古温泉	0.418	0.000	0.056	0.000	0.282	0.200	0.295	0.800	0.194	0.022
39	西江温泉	0.398	0.506	0.023	0.154	0.000	0.800	0.164	0.805	0.245	0.048
40	春都温泉	0.417	0.164	0.044	0.477	0.181	0.400	0.159	0.796	0.251	0.002
41	阳江温泉	0.000	0.171	0.081	0.200	0.362	0.800	0.000	0.000	0.191	0.020
42	咸水矿温泉	0.843	0.112	0.067	0.723	0.692	0.800	0.189	0.802	0.304	0.000
43	金水台温泉	0.436	0.764	0.084	0.569	0.080	0.500	0.190	0.807	0.230	0.038
44	青山绿水	0.398	0.035	0.019	0.646	0.048	0.100	0.130	0.802	0.203	0.129
45	湛江海滨宾馆	0.576	0.628	0.086	0.479	0.297	0.800	0.265	0.801	0.489	0.114
46	杏磊湾温泉	0.471	0.107	0.021	0.754	0.166	0.400	0.255	0.824	0.281	0.014

续表

编号	评价指标 名称	X21	X22	X23	X24	X25	X26	X27	X28	X29	X30
1	从化碧水湾	0.667	0.979	0.493	1.000	1.000	1.000	1.000	1.000	1.000	1.000
2	从化仙沐园	0.000	0.362	0.230	1.000	1.000	1.000	1.000	1.000	1.000	1.000
3	广东温泉宾馆	0.167	0.830	0.038	1.000	1.000	1.000	1.000	1.000	1.000	1.000
4	崴格诗温泉	0.500	0.277	0.221	1.000	1.000	1.000	1.000	1.000	1.000	1.000
5	望谷温泉	0.500	0.553	0.083	1.000	1.000	1.000	1.000	1.000	1.000	1.000
6	金叶子温泉	0.667	0.574	0.298	1.000	1.000	1.000	1.000	1.000	1.000	1.000
7	锦绣香江	0.833	0.957	0.165	1.000	1.000	1.000	1.000	1.000	1.000	1.000
8	珠海海泉湾	1.000	0.957	0.560	0.008	0.089	0.909	0.761	0.122	0.312	0.262
9	中山温泉	0.333	0.766	0.155	0.148	0.154	0.678	0.717	0.078	0.117	0.552
10	惠州海滨温泉	1.000	0.489	0.243	0.280	0.146	0.391	0.672	0.084	0.234	0.228
11	南昆山大观园	0.667	0.617	0.262	0.280	0.146	0.391	0.672	0.084	0.234	0.228
12	惠州中信汤泉	0.500	0.362	0.144	0.280	0.146	0.391	0.672	0.084	0.234	0.228
13	地派温泉	0.833	0.979	0.230	0.280	0.146	0.391	0.672	0.084	0.234	0.228
14	尚天然温泉	0.667	0.553	0.046	0.280	0.146	0.391	0.672	0.084	0.234	0.228
15	龙门铁泉温泉	0.333	0.426	0.360	0.280	0.146	0.391	0.672	0.084	0.234	0.228
16	帝都温泉	0.500	0.255	0.135	0.265	0.124	0.341	0.559	0.079	0.224	0.227
17	古兜温泉	0.667	0.574	1.000	0.265	0.124	0.341	0.559	0.079	0.224	0.227
18	金山温泉	0.167	0.234	0.231	0.265	0.124	0.341	0.559	0.079	0.224	0.227
19	锦江温泉	0.833	0.681	0.807	0.265	0.124	0.341	0.559	0.079	0.224	0.227
20	台山富都温泉	0.667	0.489	0.689	0.265	0.124	0.341	0.559	0.079	0.224	0.227
21	康桥温泉	0.500	0.532	0.144	0.265	0.124	0.341	0.559	0.079	0.224	0.227
22	怀集温泉	0.167	0.362	0.000	0.220	0.082	0.254	0.354	0.072	0.251	0.148
23	奇洞温泉	1.000	0.681	0.131	0.201	0.056	0.176	0.296	0.084	0.143	0.479

续表

编号	评价指标 / 名称	X21	X22	X23	X24	X25	X26	X27	X28	X29	X30
24	清远聚龙湾	0.500	0.489	0.634	0.201	0.056	0.176	0.296	0.084	0.143	0.479
25	新银盏温泉	0.500	0.553	0.292	0.201	0.056	0.176	0.296	0.084	0.143	0.479
26	森波拉温泉	1.000	0.681	0.398	0.201	0.056	0.176	0.296	0.084	0.143	0.479
27	曹溪温泉	0.333	0.170	0.477	0.122	0.040	0.197	0.408	0.064	0.172	0.252
28	丽宫温泉	0.667	0.468	0.037	0.122	0.040	0.197	0.408	0.064	0.172	0.252
29	云天海温泉	0.500	0.319	0.078	0.122	0.040	0.197	0.408	0.064	0.172	0.252
30	莲花山温泉	0.333	0.362	0.205	0.350	0.078	0.137	0.288	0.048	0.170	0.158
31	东山湖温泉	0.667	0.638	0.071	0.107	0.026	0.144	0.212	0.023	0.058	0.304
32	盘龙湾温泉	0.167	0.191	0.055	0.394	0.074	0.104	0.263	0.024	0.066	0.269
33	天上人间	0.333	0.064	0.034	0.134	0.021	0.089	0.174	0.021	0.103	0.107
34	龙源温泉	0.500	0.681	0.300	0.134	0.021	0.089	0.174	0.021	0.103	0.107
35	御临门温泉	0.833	0.979	0.591	0.134	0.021	0.089	0.174	0.021	0.103	0.107
36	热龙温泉	0.333	0.149	0.169	0.134	0.021	0.089	0.174	0.021	0.103	0.107
37	千江温泉	0.000	0.000	0.030	0.248	0.031	0.056	0.258	0.056	0.136	0.295
38	御水古温泉	0.667	0.468	0.169	0.391	0.117	0.210	0.231	0.036	0.049	0.570
39	西江温泉	0.667	0.447	0.075	0.391	0.117	0.210	0.231	0.036	0.049	0.570
40	春都温泉	0.833	0.340	0.088	0.086	0.036	0.229	0.263	0.025	0.071	0.257
41	阳江温泉	0.833	0.532	0.199	0.086	0.036	0.229	0.263	0.025	0.071	0.257
42	咸水矿温泉	0.667	0.340	0.072	0.086	0.036	0.229	0.263	0.025	0.071	0.257
43	金水台温泉	0.500	0.064	0.350	0.080	0.013	0.099	0.230	0.037	0.103	0.255
44	青山绿水	0.000	0.021	0.001	0.080	0.013	0.099	0.230	0.037	0.103	0.255
45	湛江海滨宾馆	0.167	0.149	0.125	0.496	0.113	0.144	0.293	0.041	0.175	0.105
46	杏磊湾温泉	0.333	0.106	0.018	0.496	0.113	0.144	0.293	0.041	0.175	0.105

续表

编号	评价指标 名称	X31	X32	X33	X34	X35	X36	X37	X38	X39	X40
1	从化碧水湾	0.258	0.773	0.374	0.031	0.667	0.500	0.843	0.750	1.000	0.000
2	从化仙沐园	0.258	0.773	0.374	0.031	0.667	0.167	0.329	1.000	1.000	0.873
3	广东温泉宾馆	0.258	0.773	0.374	0.031	0.667	0.067	0.590	0.900	1.000	0.676
4	崴格诗温泉	0.258	0.773	0.374	0.031	0.667	0.667	0.851	1.000	1.000	0.762
5	望谷温泉	0.258	0.773	0.374	0.031	0.667	0.500	0.743	1.000	1.000	0.781
6	金叶子温泉	0.258	0.773	0.374	0.031	0.667	0.333	0.089	0.750	1.000	0.931
7	锦绣香江	0.258	0.773	0.374	0.031	0.667	0.667	0.111	0.900	0.867	0.984
8	珠海海泉湾	0.258	0.841	0.000	0.082	1.000	0.333	0.879	1.000	1.000	0.930
9	中山温泉	0.357	0.538	0.255	0.093	0.000	0.500	0.000	0.900	1.000	0.539
10	惠州海滨温泉	0.440	0.818	0.169	0.079	0.667	0.667	0.908	1.000	1.000	0.564
11	南昆山大观园	0.440	0.818	0.169	0.079	1.000	0.833	0.895	1.000	1.000	0.686
12	惠州中信汤泉	0.440	0.818	0.169	0.079	0.333	0.500	0.272	0.500	0.333	0.899
13	地派温泉	0.440	0.818	0.169	0.079	0.667	0.667	0.856	1.000	1.000	0.735
14	尚天然温泉	0.440	0.818	0.169	0.079	0.667	0.333	0.601	1.000	1.000	0.975
15	龙门铁泉温泉	0.440	0.818	0.169	0.079	0.667	0.333	0.966	1.000	1.000	0.880
16	帝都温泉	0.352	0.833	0.355	0.104	1.000	0.667	0.583	1.000	1.000	0.940
17	古兜温泉	0.352	0.833	0.355	0.104	1.000	0.833	0.731	1.000	1.000	0.723
18	金山温泉	0.352	0.833	0.355	0.104	1.000	0.667	0.954	1.000	1.000	0.861
19	锦江温泉	0.352	0.833	0.355	0.104	1.000	0.667	0.898	1.000	1.000	0.321
20	台山富都温泉	0.352	0.833	0.355	0.104	1.000	0.833	0.908	1.000	1.000	0.592
21	康桥温泉	0.352	0.833	0.355	0.104	1.000	0.810	0.948	1.000	1.000	0.978
22	怀集温泉	0.445	0.833	0.485	0.128	1.000	1.000	0.965	1.000	1.000	0.975
23	奇洞温泉	0.093	0.758	0.623	0.114	0.667	0.667	0.918	0.900	0.000	0.954

续表

编号	评价指标 名称	X31	X32	X33	X34	X35	X36	X37	X38	X39	X40
24	清远聚龙湾	0.093	0.758	0.623	0.114	0.333	0.500	0.852	0.750	1.000	0.885
25	新银盏温泉	0.093	0.758	0.623	0.114	0.333	0.333	0.910	1.000	1.000	0.925
26	森波拉温泉	0.093	0.758	0.623	0.114	0.667	0.500	0.959	1.000	1.000	0.949
27	曹溪温泉	0.302	0.811	0.260	0.072	0.667	0.400	0.927	0.900	1.000	0.788
28	丽宫温泉	0.302	0.811	0.260	0.072	0.667	0.667	0.344	1.000	1.000	0.892
29	云天海温泉	0.302	0.811	0.260	0.072	1.000	0.833	0.429	0.900	1.000	0.968
30	莲花山温泉	0.297	0.985	0.216	0.106	1.000	0.667	0.816	1.000	1.000	0.906
31	东山湖温泉	0.352	0.947	0.205	0.092	1.000	0.500	0.627	1.000	1.000	0.899
32	盘龙湾温泉	0.440	0.841	0.457	0.128	1.000	0.667	0.868	0.000	0.333	0.822
33	天上人间	0.357	0.735	0.408	0.227	0.667	0.333	0.827	1.000	1.000	0.914
34	龙源温泉	0.357	0.735	0.408	0.227	0.667	0.667	0.946	1.000	1.000	0.908
35	御临门温泉	0.357	0.735	0.408	0.227	0.667	0.833	0.901	0.750	1.000	0.893
36	热龙温泉	0.357	0.735	0.408	0.227	0.667	0.333	0.969	1.000	1.000	0.120
37	千江温泉	0.385	0.886	0.762	0.262	1.000	0.433	0.955	0.500	0.667	0.966
38	御水古温泉	0.231	0.765	0.209	0.121	0.667	0.667	0.772	0.900	1.000	1.000
39	西江温泉	0.231	0.765	0.209	0.121	0.667	0.833	0.945	0.900	0.867	0.233
40	春都温泉	0.456	1.000	0.709	0.289	0.667	0.767	0.172	1.000	1.000	0.923
41	阳江温泉	0.456	1.000	0.709	0.289	0.667	0.333	0.415	1.000	1.000	0.769
42	咸水矿温泉	0.456	1.000	0.709	0.289	0.667	0.000	0.715	0.950	0.733	0.998
43	金水台温泉	0.423	0.606	1.000	0.199	0.667	0.667	0.961	1.000	1.000	0.891
44	青山绿水	0.423	0.606	1.000	0.199	0.667	0.667	0.949	1.000	1.000	0.784
45	湛江海滨宾馆	0.352	0.970	0.535	0.300	0.667	0.600	0.851	1.000	1.000	0.900
46	杏磊湾温泉	0.352	0.970	0.535	0.300	1.000	0.667	0.920	1.000	1.000	0.943

续表

编号	评价指标 / 名称	X41	X42	X43	X44	X45	X46	X47	X48	X49	X50
1	从化碧水湾	0.201	1.000	0.272	0.286	0.361	0.857	0.543	0.288	0.839	0.745
2	从化仙沐园	0.633	0.378	0.212	0.603	0.088	0.571	0.207	0.191	0.290	0.404
3	广东温泉宾馆	0.848	0.756	0.221	0.446	0.067	0.286	0.835	0.295	0.548	0.553
4	崴格诗温泉	0.253	0.267	0.193	0.407	0.227	0.714	0.485	0.078	0.387	0.149
5	望谷温泉	0.172	0.356	0.290	0.859	0.295	0.714	0.257	0.227	0.484	0.596
6	金叶子温泉	0.127	0.778	0.406	0.306	0.147	1.000	0.529	0.061	0.710	0.766
7	锦绣香江	0.205	0.844	0.301	0.264	0.218	1.000	0.883	0.262	0.839	0.787
8	珠海海泉湾	0.440	0.978	0.126	0.056	0.754	0.857	0.536	0.338	0.935	0.957
9	中山温泉	0.269	0.867	0.640	0.193	0.085	0.286	0.705	0.159	0.065	0.128
10	惠州海滨温泉	0.158	0.489	0.080	0.327	0.426	0.429	0.294	0.062	0.645	0.362
11	南昆山大观园	0.098	0.556	0.323	0.590	0.059	0.714	0.431	0.065	0.419	0.660
12	惠州中信汤泉	0.318	0.311	0.000	0.501	0.046	0.714	0.551	0.383	0.581	0.468
13	地派温泉	0.200	0.867	0.399	0.641	0.202	0.857	0.000	0.438	0.968	0.766
14	尚天然温泉	0.129	0.689	0.231	0.670	0.220	0.714	0.636	0.148	0.677	0.979
15	龙门铁泉温泉	0.139	0.489	0.158	0.794	0.028	0.571	1.000	0.266	0.387	0.362
16	帝都温泉	0.443	0.244	0.336	0.973	0.000	0.286	0.729	0.539	0.677	0.213
17	古兜温泉	0.094	0.778	0.253	0.338	0.063	0.714	0.604	0.227	0.613	0.596
18	金山温泉	0.444	0.000	0.255	0.815	0.040	0.143	0.928	0.619	0.032	0.064
19	锦江温泉	0.421	0.400	0.226	0.703	0.205	0.429	0.396	0.579	0.290	0.255
20	台山富都温泉	0.279	0.200	0.143	0.603	0.383	0.286	0.943	0.118	0.226	0.426
21	康桥温泉	0.316	0.756	0.002	0.768	0.196	0.857	0.698	0.008	0.484	0.617
22	怀集温泉	0.464	0.022	0.775	0.509	0.141	0.286	0.917	0.294	0.839	0.149
23	奇洞温泉	0.280	0.556	0.137	0.714	0.299	0.714	0.824	0.165	0.097	0.468

续表

编号	评价指标 名称	X41	X42	X43	X44	X45	X46	X47	X48	X49	X50
24	清远聚龙湾	0.059	0.533	0.498	0.667	0.214	0.714	0.431	0.024	0.710	0.979
25	新银盏温泉	0.290	0.622	0.089	0.157	0.146	0.571	0.581	0.151	0.194	0.213
26	森波拉温泉	0.090	0.778	0.109	0.772	0.525	0.857	0.817	0.639	0.742	0.468
27	曹溪温泉	0.249	0.267	0.938	0.624	0.700	0.286	0.889	0.041	0.323	0.234
28	丽宫温泉	0.151	0.644	0.334	0.521	0.275	0.714	0.350	0.004	0.613	0.553
29	云天海温泉	0.207	0.422	0.203	0.772	0.207	0.429	0.833	0.018	0.355	0.149
30	莲花山温泉	0.327	0.267	1.000	0.647	1.000	0.571	0.806	0.149	0.484	0.489
31	东山湖温泉	0.244	0.533	0.212	0.603	0.150	0.857	0.847	0.119	0.419	0.170
32	盘龙湾温泉	0.344	0.022	0.377	0.953	0.184	0.286	0.239	0.128	0.516	0.043
33	天上人间	0.598	0.156	0.185	0.806	0.171	0.143	0.911	0.373	0.323	0.149
34	龙源温泉	0.176	0.689	0.527	0.810	0.255	0.857	0.538	0.100	0.258	0.468
35	御临门温泉	0.284	0.978	0.039	0.655	0.076	0.714	0.688	0.010	0.742	0.766
36	热龙温泉	0.178	0.489	0.388	0.796	0.044	0.286	0.738	0.193	0.806	0.234
37	千江温泉	0.451	0.267	0.357	0.783	0.158	0.000	0.901	0.067	0.903	0.277
38	御水古温泉	0.524	0.600	0.225	0.792	0.215	0.429	0.199	0.280	0.677	0.426
39	西江温泉	0.514	0.467	0.163	1.000	0.510	0.143	0.861	0.323	0.742	0.340
40	春都温泉	0.192	0.489	0.432	0.609	0.113	0.286	0.939	0.362	0.871	0.255
41	阳江温泉	0.162	0.578	0.290	0.683	0.909	0.571	0.881	0.140	0.387	0.383
42	咸水矿温泉	0.055	0.622	0.264	0.937	0.001	0.714	0.923	0.094	0.968	0.128
43	金水台温泉	0.437	0.244	0.245	0.720	0.161	0.000	0.762	0.521	0.548	0.043
44	青山绿水	1.001	0.044	0.261	0.777	0.173	0.000	0.772	0.456	0.742	0.000
45	湛江海滨宾馆	0.059	0.400	0.025	0.710	0.162	0.286	0.953	0.152	0.903	0.234
46	杏磊湾温泉	0.303	0.244	0.203	0.806	0.192	0.143	0.329	0.198	1.000	0.362

表2　广东省12处温泉旅游地可持续发展评价指标标准化值(2007—2011)

Table 2　Evaluation index scores of 12 HSRs after standardized treatment

名称 \ 评价指标	年份	X1	X2	X3	X4	X5	X6	X7	X8	X9	X10
从化碧水湾	2011	0.500	1.000	0.490	0.003	0.875	0.761	0.333	0.000	0.571	1.000
	2010	0.500	1.000	0.490	0.003	0.875	0.750	0.333	0.000	0.571	0.883
	2009	0.500	1.000	0.490	0.003	0.875	0.717	0.333	0.000	0.571	0.835
	2008	0.500	1.000	0.490	0.003	0.875	0.674	0.333	0.000	0.571	0.799
	2007	0.500	1.000	0.490	0.003	0.875	0.652	0.333	0.000	0.571	0.753
广东温泉宾馆	2011	0.500	0.333	0.107	0.036	0.875	0.761	0.444	0.000	0.286	0.320
	2010	0.500	0.333	0.107	0.036	0.875	0.750	0.444	0.000	0.286	0.240
	2009	0.500	0.333	0.107	0.036	0.875	0.717	0.444	0.000	0.286	0.222
	2008	0.500	0.333	0.107	0.036	0.875	0.674	0.444	0.000	0.286	0.250
	2007	0.500	0.333	0.107	0.036	0.875	0.652	0.444	0.128	0.286	0.232
珠海海泉湾	2011	0.667	0.333	0.235	1.000	0.750	0.431	0.556	0.876	1.000	0.675
	2010	0.667	0.333	0.235	1.000	0.750	0.402	0.444	0.894	1.000	0.665
	2009	0.667	0.333	0.235	1.000	0.750	0.380	0.444	0.926	1.000	0.605
	2008	0.667	0.333	0.235	1.000	0.750	0.391	0.333	0.979	1.000	0.719
	2007	0.667	0.333	0.235	1.000	0.750	0.326	0.333	1.000	1.000	0.930
龙门铁泉温泉	2011	0.500	0.667	0.065	0.112	0.625	0.316	0.333	0.220	0.000	0.468
	2010	0.500	0.667	0.065	0.112	0.625	0.283	0.333	0.220	0.000	0.410
	2009	0.500	0.667	0.065	0.112	0.625	0.207	0.333	0.220	0.143	0.341
	2008	0.500	0.667	0.065	0.112	0.625	0.076	0.333	0.220	0.143	0.352
	2007	0.500	0.667	0.065	0.112	0.625	0.000	0.333	0.220	0.143	0.338
古兜温泉	2011	0.167	0.667	0.235	0.129	0.625	0.399	0.667	0.541	0.571	0.743
	2010	0.167	0.667	0.235	0.129	0.625	0.380	0.667	0.541	0.571	0.481
	2009	0.167	0.667	0.235	0.129	0.625	0.359	0.667	0.541	0.571	0.471
	2008	0.167	0.667	0.235	0.129	0.625	0.337	0.667	0.649	0.571	0.622
	2007	0.167	0.667	0.235	0.129	0.625	0.337	0.667	0.660	0.571	0.693
金山温泉	2011	0.500	0.333	0.221	0.085	0.500	0.399	0.667	0.000	0.286	0.090
	2010	0.500	0.333	0.221	0.085	0.500	0.380	0.667	0.000	0.286	0.086
	2009	0.500	0.333	0.221	0.085	0.500	0.359	0.667	0.000	0.286	0.086
	2008	0.500	0.333	0.221	0.085	0.500	0.337	0.444	0.000	0.429	0.128
	2007	0.500	0.333	0.221	0.085	0.500	0.337	0.444	0.000	0.429	0.160

续表

评价指标 / 名称	年份	X1	X2	X3	X4	X5	X6	X7	X8	X9	X10
清远聚龙湾	2011	0.667	1.000	0.320	0.051	0.750	0.296	0.889	0.000	0.143	0.818
	2010	0.667	1.000	0.320	0.051	0.750	0.283	0.889	0.000	0.143	0.714
	2009	0.667	1.000	0.320	0.051	0.750	0.228	0.889	0.128	0.143	0.675
	2008	0.667	1.000	0.320	0.051	0.750	0.152	0.778	0.191	0.429	0.621
	2007	0.667	1.000	0.320	0.051	0.750	0.087	0.778	0.234	0.429	0.475
曹溪温泉	2011	0.167	0.333	0.020	0.023	0.500	0.228	0.778	0.000	1.000	0.256
	2010	0.167	0.333	0.020	0.023	0.500	0.185	0.778	0.000	1.000	0.286
	2009	0.167	0.333	0.020	0.023	0.500	0.141	0.778	0.000	1.000	0.201
	2008	0.167	0.333	0.020	0.023	0.500	0.076	0.778	0.000	1.000	0.199
	2007	0.167	0.333	0.020	0.023	0.500	0.043	0.778	0.000	1.000	0.201
莲花山温泉	2011	0.167	0.000	0.001	0.002	0.125	0.943	0.667	0.000	0.714	0.082
	2010	0.167	0.000	0.001	0.002	0.125	0.891	0.667	0.000	0.714	0.062
	2009	0.167	0.000	0.001	0.002	0.125	0.848	0.667	0.000	0.714	0.050
	2008	0.167	0.000	0.001	0.002	0.125	0.772	0.556	0.000	0.714	0.052
	2007	0.167	0.000	0.001	0.002	0.125	0.750	0.556	0.000	0.714	0.034
御临门温泉	2011	0.833	0.333	0.490	0.141	0.500	0.352	0.111	0.844	0.714	0.640
	2010	0.833	0.333	0.490	0.141	0.500	0.315	0.111	0.844	0.571	0.474
	2009	0.833	0.333	0.490	0.141	0.500	0.304	0.111	0.851	0.571	0.413
	2008	0.833	0.333	0.490	0.141	0.500	0.163	0.111	0.862	0.714	0.315
	2007	0.833	0.333	0.490	0.141	0.500	0.054	0.111	0.915	0.857	0.220
阳江温泉	2011	0.667	0.000	0.235	0.293	0.500	0.208	0.889	0.844	0.429	0.373
	2010	0.667	0.000	0.235	0.293	0.500	0.185	0.889	0.844	0.429	0.548
	2009	0.667	0.000	0.235	0.293	0.500	0.120	0.889	0.844	0.571	0.367
	2008	0.667	0.000	0.235	0.293	0.500	0.065	0.889	0.844	0.714	0.423
	2007	0.667	0.000	0.235	0.293	0.500	0.011	0.889	0.844	0.714	0.465
杏磊湾温泉	2011	0.167	0.333	0.022	0.022	0.000	0.445	0.556	0.000	0.429	0.114
	2010	0.167	0.333	0.022	0.022	0.000	0.370	0.556	0.000	0.429	0.085
	2009	0.167	0.333	0.022	0.022	0.000	0.141	0.556	0.043	0.429	0.060
	2008	0.167	0.333	0.022	0.022	0.000	0.054	0.556	0.096	0.571	0.041
	2007	0.167	0.333	0.022	0.022	0.000	0.011	0.556	0.191	0.571	0.014

续表

评价指标 名称	年份	X11	X12	X13	X14	X15	X16	X17	X18	X19	X20
从化碧水湾	2011	0.870	0.549	0.043	0.936	0.372	0.100	0.199	0.801	0.300	0.804
	2010	0.800	0.480	0.041	0.912	0.370	0.100	0.165	0.801	0.248	0.804
	2009	0.766	0.461	0.041	0.895	0.363	0.100	0.160	0.801	0.234	0.804
	2008	0.742	0.455	0.041	0.855	0.351	0.100	0.166	0.801	0.238	0.804
	2007	0.713	0.445	0.041	0.880	0.337	0.100	0.166	0.801	0.241	0.804
广东温泉宾馆	2011	0.406	0.126	0.056	0.479	0.382	0.400	0.274	0.855	0.430	0.193
	2010	0.372	0.073	0.056	0.365	0.396	0.400	0.173	0.793	0.299	0.193
	2009	0.375	0.056	0.056	0.420	0.415	0.400	0.094	0.716	0.160	0.193
	2008	0.389	0.074	0.056	0.415	0.409	0.400	0.170	0.822	0.245	0.193
	2007	0.379	0.069	0.056	0.403	0.395	0.400	0.171	0.809	0.265	0.193
珠海海泉湾	2011	0.943	0.676	1.000	0.398	0.204	0.400	0.146	0.813	0.260	0.027
	2010	0.796	0.636	0.554	0.203	0.213	0.400	0.183	0.802	0.287	0.026
	2009	0.760	0.571	0.440	0.021	0.215	0.368	0.070	0.785	0.151	0.026
	2008	0.903	0.665	0.136	0.394	0.222	0.349	0.038	0.791	0.099	0.025
	2007	1.000	0.867	0.136	0.463	0.224	0.332	0.036	0.790	0.165	0.024
龙门铁泉温泉	2011	0.453	0.474	0.122	0.354	0.196	0.700	0.200	0.801	0.327	0.013
	2010	0.449	0.394	0.122	0.231	0.203	0.700	0.226	0.818	0.294	0.013
	2009	0.432	0.346	0.085	0.292	0.189	0.700	0.126	0.829	0.267	0.013
	2008	0.418	0.319	0.085	0.308	0.210	0.700	0.158	0.790	0.236	0.013
	2007	0.422	0.313	0.085	0.385	0.205	0.700	0.152	0.802	0.227	0.013
古兜温泉	2011	0.455	0.520	0.167	0.332	0.289	1.000	0.376	0.858	0.391	0.029
	2010	0.251	0.391	0.127	0.382	0.240	1.000	0.148	0.782	0.176	0.029
	2009	0.290	0.434	0.142	0.340	0.214	1.000	0.033	0.515	0.000	0.029
	2008	0.383	0.747	0.142	0.346	0.170	0.745	0.094	0.749	0.203	0.029
	2007	0.510	0.780	0.142	0.357	0.182	0.745	0.187	0.786	0.248	0.029
金山温泉	2011	0.297	0.075	0.095	0.006	0.166	0.100	0.155	0.795	0.193	0.029
	2010	0.303	0.085	0.095	0.057	0.150	0.100	0.137	0.789	0.263	0.029
	2009	0.319	0.075	0.095	0.089	0.161	0.100	0.021	0.785	0.126	0.029
	2008	0.337	0.107	0.072	0.132	0.183	0.100	0.063	0.457	0.168	0.029
	2007	0.390	0.128	0.072	0.203	0.199	0.100	0.199	0.786	0.243	0.029

续表

评价指标 名称	年份	X11	X12	X13	X14	X15	X16	X17	X18	X19	X20
清远聚龙湾	2011	0.146	0.612	0.227	0.320	0.274	0.500	0.205	0.735	0.265	0.184
	2010	0.295	0.571	0.223	0.332	0.254	0.500	0.165	0.792	0.249	0.184
	2009	0.307	0.547	0.224	0.163	0.250	0.424	0.178	0.585	0.234	0.176
	2008	0.382	0.539	0.181	0.631	0.232	0.370	0.272	0.745	0.292	0.164
	2007	0.468	0.478	0.129	0.766	0.198	0.274	0.259	0.782	0.269	0.146
曹溪温泉	2011	0.368	0.266	0.144	0.123	0.178	0.200	0.096	0.773	0.176	0.057
	2010	0.379	0.298	0.144	0.246	0.181	0.200	0.306	0.550	0.428	0.057
	2009	0.401	0.203	0.144	0.123	0.177	0.200	0.145	0.846	0.227	0.057
	2008	0.368	0.203	0.090	0.092	0.175	0.200	0.135	0.824	0.240	0.057
	2007	0.321	0.196	0.090	0.108	0.181	0.200	0.167	0.805	0.236	0.057
莲花山温泉	2011	0.412	0.107	0.020	0.877	0.125	0.500	0.239	0.871	0.281	0.447
	2010	0.377	0.091	0.020	0.831	0.110	0.500	0.203	0.810	0.134	0.447
	2009	0.368	0.123	0.020	0.723	0.077	0.500	0.132	0.804	0.407	0.447
	2008	0.362	0.075	0.020	0.708	0.108	0.500	0.262	0.789	0.294	0.447
	2007	0.368	0.059	0.020	0.646	0.093	0.500	0.212	0.800	0.283	0.447
御临门温泉	2011	0.667	0.434	0.056	0.846	0.292	0.500	0.291	0.811	0.286	0.100
	2010	0.604	0.372	0.056	0.585	0.247	0.455	0.203	0.807	0.265	0.100
	2009	0.568	0.344	0.047	0.631	0.230	0.397	0.270	0.809	0.375	0.094
	2008	0.531	0.260	0.047	0.600	0.223	0.304	0.313	0.810	0.443	0.093
	2007	0.500	0.169	0.047	0.615	0.220	0.252	0.258	0.802	0.389	0.088
阳江温泉	2011	0.000	0.171	0.081	0.200	0.362	0.800	0.000	0.000	0.191	0.020
	2010	0.377	0.187	0.081	0.292	0.494	0.800	0.349	0.837	0.193	0.020
	2009	0.115	0.203	0.063	0.292	0.315	0.800	0.082	0.808	0.117	0.020
	2008	0.023	0.266	0.063	0.446	0.293	0.800	0.100	0.782	0.200	0.020
	2007	0.121	0.282	0.063	0.354	0.307	0.800	0.152	0.800	0.290	0.020
杏磊湾温泉	2011	0.471	0.107	0.021	0.754	0.166	0.400	0.255	0.824	0.281	0.014
	2010	0.443	0.091	0.021	0.646	0.142	0.379	0.255	1.000	0.287	0.014
	2009	0.405	0.075	0.021	0.692	0.121	0.361	0.259	0.852	0.252	0.014
	2008	0.367	0.069	0.017	0.508	0.097	0.302	0.398	0.769	0.305	0.012
	2007	0.379	0.051	0.017	0.323	0.065	0.284	0.264	0.801	0.268	0.011

续表

评价指标 名称	年份	X21	X22	X23	X24	X25	X26	X27	X28	X29	X30
从化碧水湾	2011	0.667	0.979	0.493	1.000	1.000	1.000	1.000	1.000	1.000	1.000
	2010	0.667	0.915	0.432	0.996	0.861	0.882	0.841	0.765	0.980	0.712
	2009	0.667	0.872	0.369	0.922	0.728	0.788	0.714	0.603	0.861	0.631
	2008	0.667	0.957	0.322	0.858	0.658	0.753	0.617	0.506	0.760	0.586
	2007	0.500	0.915	0.305	0.803	0.563	0.674	0.498	0.481	0.718	0.592
广东温泉宾馆	2011	0.167	0.830	0.038	1.000	1.000	1.000	1.000	1.000	1.000	1.000
	2010	0.167	0.766	0.036	0.996	0.861	0.882	0.841	0.765	0.980	0.712
	2009	0.167	0.723	0.034	0.922	0.728	0.788	0.714	0.603	0.861	0.631
	2008	0.167	0.766	0.032	0.858	0.658	0.753	0.617	0.506	0.760	0.586
	2007	0.167	0.766	0.029	0.803	0.563	0.674	0.498	0.481	0.718	0.592
珠海海泉湾	2011	1.000	0.957	0.560	0.008	0.089	0.909	0.761	0.122	0.312	0.262
	2010	1.000	0.936	0.511	0.008	0.073	0.770	0.620	0.120	0.278	0.254
	2009	1.000	0.915	0.479	0.006	0.059	0.655	0.514	0.088	0.239	0.243
	2008	1.000	0.957	0.423	0.003	0.055	0.641	0.434	0.080	0.218	0.240
	2007	0.833	1.000	0.412	0.000	0.047	0.577	0.416	0.074	0.138	0.424
龙门铁泉温泉	2011	0.333	0.426	0.360	0.280	0.146	0.391	0.672	0.084	0.234	0.228
	2010	0.333	0.404	0.330	0.277	0.116	0.313	0.544	0.071	0.209	0.168
	2009	0.333	0.383	0.297	0.255	0.090	0.248	0.448	0.055	0.179	0.181
	2008	0.333	0.362	0.243	0.241	0.081	0.232	0.373	0.043	0.149	0.172
	2007	0.333	0.362	0.225	0.227	0.065	0.192	0.343	0.036	0.126	0.170
古兜温泉	2011	0.667	0.574	1.000	0.265	0.124	0.341	0.559	0.079	0.224	0.227
	2010	0.667	0.489	0.850	0.264	0.103	0.277	0.443	0.058	0.190	0.121
	2009	0.667	0.553	0.742	0.256	0.084	0.223	0.353	0.048	0.161	0.176
	2008	0.667	0.681	0.621	0.249	0.078	0.211	0.277	0.040	0.156	0.131
	2007	0.667	0.617	0.521	0.243	0.063	0.168	0.191	0.027	0.119	0.113
金山温泉	2011	0.167	0.234	0.231	0.265	0.124	0.341	0.559	0.079	0.224	0.227
	2010	0.167	0.277	0.207	0.264	0.103	0.277	0.443	0.058	0.190	0.121
	2009	0.167	0.255	0.189	0.256	0.084	0.223	0.353	0.048	0.161	0.176
	2008	0.167	0.362	0.183	0.249	0.078	0.211	0.277	0.040	0.156	0.131
	2007	0.167	0.404	0.146	0.243	0.063	0.168	0.191	0.027	0.119	0.113

续表

评价指标 / 名称	年份	X21	X22	X23	X24	X25	X26	X27	X28	X29	X30
清远聚龙湾	2011	0.500	0.489	0.634	0.201	0.056	0.176	0.296	0.084	0.143	0.479
	2010	0.500	0.468	0.573	0.198	0.045	0.137	0.217	0.051	0.223	0.240
	2009	0.500	0.426	0.546	0.195	0.032	0.089	0.156	0.030	0.085	0.255
	2008	0.500	0.553	0.493	0.194	0.027	0.070	0.101	0.018	0.078	0.154
	2007	0.500	0.574	0.472	0.193	0.019	0.041	0.052	0.013	0.035	0.312
曹溪温泉	2011	0.333	0.170	0.477	0.122	0.040	0.197	0.408	0.064	0.172	0.252
	2010	0.333	0.277	0.391	0.120	0.029	0.142	0.311	0.050	0.162	0.164
	2009	0.333	0.234	0.322	0.122	0.021	0.098	0.239	0.028	0.119	0.122
	2008	0.333	0.213	0.289	0.124	0.019	0.086	0.186	0.016	0.112	0.038
	2007	0.167	0.149	0.247	0.125	0.013	0.056	0.146	0.009	0.083	0.029
莲花山温泉	2011	0.333	0.362	0.205	0.350	0.078	0.137	0.288	0.048	0.170	0.158
	2010	0.333	0.319	0.186	0.348	0.073	0.127	0.192	0.038	0.143	0.096
	2009	0.333	0.298	0.171	0.332	0.058	0.095	0.128	0.030	0.120	0.136
	2008	0.333	0.319	0.136	0.326	0.051	0.079	0.081	0.026	0.106	0.138
	2007	0.333	0.340	0.119	0.319	0.041	0.054	0.087	0.022	0.092	0.139
御临门温泉	2011	0.833	0.979	0.591	0.134	0.021	0.089	0.174	0.021	0.103	0.107
	2010	0.833	0.957	0.529	0.132	0.012	0.052	0.108	0.012	0.066	0.020
	2009	0.833	0.957	0.503	0.124	0.006	0.027	0.065	0.005	0.050	0.094
	2008	0.667	0.915	0.473	0.122	0.005	0.027	0.047	0.003	0.042	0.082
	2007	0.667	0.872	0.289	0.113	0.000	0.000	0.000	0.000	0.033	0.078
阳江温泉	2011	0.833	0.532	0.199	0.086	0.036	0.229	0.263	0.025	0.071	0.257
	2010	0.833	0.745	0.184	0.084	0.026	0.173	0.170	0.010	0.037	0.077
	2009	0.833	0.553	0.164	0.080	0.016	0.121	0.104	0.005	0.030	0.197
	2008	0.833	0.617	0.154	0.079	0.012	0.099	0.056	0.002	0.022	0.182
	2007	0.833	0.702	0.146	0.078	0.006	0.063	0.019	0.001	0.023	0.153
杏磊湾温泉	2011	0.333	0.106	0.018	0.496	0.113	0.144	0.293	0.041	0.175	0.105
	2010	0.333	0.106	0.017	0.490	0.089	0.097	0.197	0.024	0.105	0.000
	2009	0.333	0.085	0.015	0.484	0.068	0.057	0.129	0.016	0.072	0.151
	2008	0.167	0.085	0.012	0.482	0.064	0.048	0.074	0.013	0.005	0.734
	2007	0.167	0.106	0.011	0.480	0.049	0.019	0.029	0.009	0.000	0.751

续表

评价指标 / 名称	年份	X31	X32	X33	X34	X35	X36	X37	X38	X39	X40
从化碧水湾	2011	0.258	0.773	0.374	0.031	0.667	0.500	0.843	0.750	1.000	0.000
	2010	0.363	0.674	0.324	0.094	0.667	0.433	0.836	0.900	1.000	0.080
	2009	0.280	0.530	0.225	0.090	1.000	0.500	0.818	0.750	0.667	0.160
	2008	0.324	0.803	0.044	0.052	0.667	0.467	0.808	0.750	1.000	0.153
	2007	0.478	0.841	0.162	0.091	0.667	0.500	0.771	0.800	0.867	0.154
广东温泉宾馆	2011	0.258	0.773	0.374	0.031	0.667	0.067	0.590	0.900	1.000	0.676
	2010	0.363	0.674	0.324	0.094	0.667	0.067	0.510	0.900	1.000	0.756
	2009	0.280	0.530	0.225	0.090	0.667	0.067	0.485	0.900	1.000	0.785
	2008	0.324	0.803	0.044	0.052	0.667	0.133	0.448	0.900	1.000	0.760
	2007	0.478	0.841	0.162	0.091	0.667	0.067	0.432	0.750	0.867	0.766
珠海海泉湾	2011	0.258	0.841	0.000	0.082	1.000	0.333	0.879	1.000	1.000	0.930
	2010	0.346	0.674	0.373	0.099	1.000	0.333	0.872	1.000	1.000	0.931
	2009	0.000	0.530	0.096	0.066	1.000	0.333	0.871	1.000	1.000	0.940
	2008	0.143	0.000	0.072	0.280	0.667	0.333	0.856	1.000	1.000	0.930
	2007	0.571	0.303	0.034	0.042	1.000	0.333	0.808	1.000	1.000	0.905
龙门铁泉温泉	2011	0.440	0.818	0.169	0.079	0.667	0.333	0.966	1.000	1.000	0.880
	2010	0.626	0.652	0.273	0.097	0.667	0.333	0.968	1.000	0.867	0.894
	2009	0.363	0.538	0.232	0.113	1.000	0.333	0.936	1.000	1.000	0.900
	2008	0.275	0.129	0.171	0.099	0.667	0.267	0.949	1.000	1.000	0.909
	2007	0.604	0.500	0.466	0.162	0.667	0.333	0.954	1.000	1.000	0.915
古兜温泉	2011	0.352	0.833	0.355	0.104	1.000	0.833	0.731	1.000	1.000	0.723
	2010	0.434	0.697	0.182	0.103	1.000	0.833	0.715	1.000	0.867	0.766
	2009	0.170	0.636	0.174	0.035	1.000	0.767	0.686	1.000	1.000	0.757
	2008	0.231	0.864	0.376	0.153	1.000	0.833	0.671	1.000	0.867	0.609
	2007	0.462	0.540	0.405	0.084	0.667	0.833	0.627	1.000	1.000	0.695
金山温泉	2011	0.352	0.833	0.355	0.104	1.000	0.667	0.954	0.900	1.000	0.861
	2010	0.434	0.697	0.182	0.103	1.000	0.667	0.933	1.000	0.867	0.847
	2009	0.170	0.636	0.174	0.035	1.000	0.667	0.932	1.000	1.000	0.856
	2008	0.231	0.864	0.376	0.153	1.000	0.600	0.946	1.000	1.000	0.829
	2007	0.462	0.540	0.405	0.084	1.000	0.667	0.944	0.900	1.000	0.801

续表

名称＼评价指标	年份	X31	X32	X33	X34	X35	X36	X37	X38	X39	X40
清远聚龙湾	2011	0.093	0.758	0.623	0.114	0.667	0.500	0.852	0.750	1.000	0.885
	2010	0.346	0.614	0.563	0.663	0.667	0.500	0.826	0.750	1.000	0.890
	2009	0.341	0.606	0.419	0.058	1.000	0.500	0.816	0.900	1.000	0.893
	2008	0.192	0.598	0.210	0.370	0.667	0.467	0.800	0.750	0.867	0.894
	2007	1.000	0.795	0.383	0.225	0.667	0.500	0.770	0.900	1.000	0.905
曹溪温泉	2011	0.302	0.811	0.260	0.072	0.333	0.400	0.927	0.900	1.000	0.788
	2010	0.324	0.644	0.632	0.173	0.333	0.400	0.951	0.900	1.000	0.764
	2009	0.192	0.470	0.449	0.047	0.333	0.500	0.832	1.000	1.000	0.824
	2008	0.231	0.364	0.366	0.160	0.333	0.400	0.807	0.900	1.000	0.829
	2007	0.456	0.932	0.778	0.124	0.333	0.400	0.795	0.900	1.000	0.830
莲花山温泉	2011	0.297	0.985	0.216	0.106	1.000	0.667	0.983	1.000	1.000	0.906
	2010	0.401	0.689	0.230	0.103	0.667	0.667	0.972	1.000	1.000	0.908
	2009	0.225	0.508	0.103	0.076	1.000	0.667	1.000	1.000	1.000	0.897
	2008	0.214	0.371	0.117	0.081	1.000	0.600	0.965	0.900	0.867	0.917
	2007	0.352	0.288	0.131	0.081	1.000	0.667	0.953	1.000	1.000	0.928
御临门温泉	2011	0.357	0.735	0.408	0.227	0.667	0.833	0.901	0.750	1.000	0.893
	2010	0.368	0.492	0.362	0.130	0.667	0.833	0.878	0.900	1.000	0.916
	2009	0.192	0.371	0.177	0.081	0.667	0.767	0.849	0.750	1.000	0.899
	2008	0.203	0.371	0.178	0.095	0.667	0.833	0.828	0.750	0.867	0.904
	2007	0.879	0.689	0.252	0.086	0.667	0.833	0.804	0.750	1.000	0.910
阳江温泉	2011	0.456	1.000	0.709	0.289	0.667	0.333	0.415	1.000	1.000	0.769
	2010	0.560	0.750	0.263	0.086	0.667	0.333	0.446	0.900	1.000	0.752
	2009	0.308	0.568	0.202	0.092	1.000	0.333	0.479	1.000	1.000	0.736
	2008	0.286	0.439	0.072	0.019	0.667	0.500	0.529	0.900	0.867	0.816
	2007	0.396	0.515	0.151	0.025	0.667	0.333	0.606	1.000	1.000	0.848
杏磊湾温泉	2011	0.352	0.970	0.535	0.300	1.000	0.667	0.920	1.000	1.000	0.943
	2010	0.418	0.750	0.280	0.192	1.000	0.667	0.915	1.000	1.000	0.943
	2009	0.220	0.636	0.151	1.000	1.000	0.667	0.918	0.900	1.000	0.951
	2008	0.280	0.553	0.164	0.108	0.667	0.600	0.917	1.000	1.000	0.959
	2007	0.467	0.417	0.129	0.000	1.000	0.667	0.920	0.750	0.867	0.952

续表

评价指标 / 名称	年份	X41	X42	X43	X44	X45	X46	X47	X48	X49	X50
从化碧水湾	2011	0.201	1.000	0.272	0.286	0.360	0.857	0.543	0.288	0.839	0.745
	2010	0.205	0.978	0.274	0.276	0.349	0.857	0.620	0.265	0.806	0.766
	2009	0.210	0.978	0.284	0.249	0.281	0.857	0.680	0.268	0.806	0.745
	2008	0.197	0.978	0.232	0.247	0.129	0.857	0.650	0.284	0.742	0.745
	2007	0.196	0.956	0.217	0.199	0.097	0.714	0.777	0.274	0.710	0.702
广东温泉宾馆	2011	0.848	0.756	0.221	0.446	0.067	0.286	0.835	0.295	0.548	0.553
	2010	0.553	0.733	0.218	0.385	0.073	0.286	0.756	0.112	0.516	0.489
	2009	0.529	0.711	0.210	0.367	0.083	0.286	0.771	0.133	0.548	0.489
	2008	0.440	0.711	0.206	0.302	0.041	0.286	0.708	0.119	0.484	0.532
	2007	0.428	0.689	0.200	0.262	0.026	0.286	0.740	0.139	0.516	0.489
珠海海泉湾	2011	0.440	0.978	0.126	0.056	0.754	0.857	0.688	0.338	0.935	0.957
	2010	0.312	0.956	0.126	0.010	0.722	0.857	0.573	0.013	0.935	0.957
	2009	0.270	0.956	0.121	0.031	0.729	0.857	0.672	0.014	0.903	0.936
	2008	0.243	0.933	0.108	0.004	0.674	0.857	0.453	0.006	0.903	0.915
	2007	0.223	0.911	0.126	0.000	0.487	1.000	0.511	0.000	0.903	0.915
龙门铁泉温泉	2011	0.139	0.489	0.158	0.794	0.028	0.571	1.000	0.266	0.387	0.362
	2010	0.097	0.578	0.134	0.746	0.026	0.571	0.955	0.281	0.387	0.383
	2009	0.094	0.489	0.134	0.721	0.017	0.571	0.946	0.303	0.387	0.362
	2008	0.088	0.533	0.149	0.588	0.017	0.571	0.931	0.253	0.355	0.383
	2007	0.079	0.489	0.134	0.563	0.010	0.429	0.969	0.205	0.355	0.404
古兜温泉	2011	0.094	0.778	0.253	0.338	0.063	0.714	0.604	0.227	0.613	0.596
	2010	0.091	0.711	0.253	0.314	0.056	0.714	0.607	0.018	0.581	0.553
	2009	0.068	0.689	0.230	0.270	0.034	0.714	0.606	0.009	0.581	0.404
	2008	0.069	0.733	0.230	0.257	0.030	0.714	0.627	0.032	0.548	0.532
	2007	0.081	0.867	0.193	0.196	0.017	0.714	0.636	0.055	0.581	0.745
金山温泉	2011	0.444	0.000	0.255	0.815	0.040	0.143	0.928	0.619	0.032	0.064
	2010	0.348	0.111	0.255	0.794	0.032	0.143	0.797	0.797	0.032	0.064
	2009	0.306	0.244	0.238	0.778	0.073	0.143	0.863	1.001	0.000	0.106
	2008	0.277	0.333	0.238	0.757	0.073	0.143	0.704	0.837	0.000	0.106
	2007	0.254	0.356	0.238	0.612	0.030	0.143	0.655	0.873	0.000	0.213

续表

评价指标 名称	年份	X41	X42	X43	X44	X45	X46	X47	X48	X49	X50
清远聚龙湾	2011	0.059	0.644	0.498	0.667	0.214	0.714	0.431	0.024	0.710	0.979
	2010	0.060	0.533	0.498	0.623	0.214	0.714	0.361	0.020	0.710	1.000
	2009	0.056	0.578	0.498	0.589	0.214	0.714	0.453	0.022	0.677	0.957
	2008	0.058	0.556	0.415	0.554	0.185	0.714	0.423	0.030	0.677	0.936
	2007	0.045	0.578	0.415	0.525	0.185	0.714	0.442	0.060	0.677	0.894
曹溪温泉	2011	0.249	0.267	0.938	0.624	0.700	0.286	0.889	0.041	0.323	0.234
	2010	0.236	0.267	0.586	0.587	0.700	0.286	0.892	0.036	0.323	0.255
	2009	0.228	0.333	0.586	0.575	0.543	0.286	0.897	0.053	0.290	0.319
	2008	0.216	0.356	0.406	0.551	0.543	0.286	0.939	0.054	0.290	0.213
	2007	0.212	0.400	0.406	0.520	0.448	0.286	0.916	0.053	0.290	0.255
莲花山温泉	2011	0.327	0.311	1.000	0.647	1.000	0.571	0.806	0.149	0.484	0.489
	2010	0.224	0.333	0.611	0.663	1.000	0.571	0.796	0.184	0.452	0.468
	2009	0.199	0.267	0.611	0.622	0.655	0.571	0.865	0.136	0.452	0.489
	2008	0.154	0.356	0.415	0.527	0.655	0.571	0.861	0.171	0.484	0.404
	2007	0.182	0.400	0.415	0.504	0.655	0.571	0.921	0.219	0.484	0.383
御临门温泉	2011	0.284	0.978	0.039	0.655	0.076	0.714	0.688	0.010	0.742	0.766
	2010	0.000	0.956	0.039	0.635	0.076	0.714	0.678	0.036	0.613	0.745
	2009	0.005	0.978	0.039	0.622	0.076	0.571	0.681	0.029	0.516	0.702
	2008	0.011	0.933	0.025	0.576	0.058	0.714	0.720	0.032	0.516	0.681
	2007	0.009	0.911	0.025	0.578	0.058	0.714	0.649	0.030	0.484	0.638
阳江温泉	2011	0.162	0.578	0.290	0.683	0.909	0.571	0.881	0.140	0.387	0.383
	2010	0.101	0.644	0.290	0.675	0.909	0.571	0.907	0.197	0.484	0.574
	2009	0.085	0.689	0.359	0.653	0.655	0.571	0.913	0.135	0.419	0.447
	2008	0.060	0.756	0.359	0.610	0.655	0.571	0.869	0.145	0.387	0.383
	2007	0.054	0.778	0.359	0.588	0.655	0.571	0.902	0.155	0.419	0.489
杏磊湾温泉	2011	0.303	0.244	0.203	0.806	0.192	0.143	0.329	0.198	1.000	0.362
	2010	0.299	0.244	0.203	0.816	0.167	0.286	0.304	0.027	0.968	0.319
	2009	0.277	0.200	0.160	0.777	0.167	0.286	0.114	0.020	0.968	0.277
	2008	0.270	0.133	0.160	0.766	0.167	0.429	0.276	0.021	0.903	0.255
	2007	0.264	0.111	0.160	0.795	0.124	0.429	0.301	0.020	0.935	0.383

参考文献

1. 保继刚. 旅游者行为研究[J]. 社会科学家,1987(6):19－22.

2. 保继刚,楚义芳. 七篇旅游地理硕士论文评介[J]. 旅游学刊,1989(1):62－66.

3. 保继刚. 论旅游地理学的研究核心[J]. 人文地理,1992(2):11－18.

4. 保继刚,彭华. 旅游地拓展开发研究——以丹霞山阳元石景区为例[J]. 地理科学,1995(1):63－70,100.

5. 保继刚. 喀斯特洞穴旅游开发[J]. 地理学报,1995(4):353－359.

6. 保继刚. 主题公园发展的影响因素系统分析[J]. 地理学报,1997(3):47－55.

7. 保继刚, 楚义芳. 旅游地理学[M]. 北京:高等教育出版社, 1999.

8. 保继刚,郑海燕,戴光全. 桂林国内客源市场的空间结构演变[J]. 地理学报,2002(1):96－106.

9. 保继刚,甘萌雨. 改革开放以来中国城市旅游目的地地位变化及因素分析[J]. 地理科学,2004,24(3):365－370.

10. 保继刚,李鹏. 国家名义之下的旅游资源垄断与产权困境——以从化温泉风景区为例[J]. 地理科学,2010(5):710－716.

11. 保继刚,楚义芳,彭华. 旅游地理学[M]. 北京:高等教育出版社,1993.

12. 毕斗斗. 温泉与广东省温泉旅游产业发展研究[J]. 广州大学学报(社会科学版),2003,2(10):87－92.

13. 蔡碧凡,孟明浩等. 乡村旅游地绩效评价体系的构建及应用[J]. 旅游论坛,2009(5):709－716.

14. 蔡卫民,熊翠. 湖南省温泉休闲度假旅游空间布局研究[J]. 经济地理,2010(4):688－692.

15. 陈传康. 区域持续发展与行业开发[J]. 地理学报,1997(6):40－49.

16. 陈曦,黄远水,程婷,等. 温泉地旅游资源评价研究——以厦门翠丰温泉与腾冲热海温泉为例[J]. 资源开发与市场,2009(6):571－573.

17. 陈小飞,胡建国. 温泉旅游开发的困惑与出路——兼谈日本温泉开发的启示[J]. 中国城市经济,2011(1):81－82.

18. 陈晓磬,王艳平. 旅游规划视野下对森林温泉的框架性认识[J]. 湖南农业大学学报(社会科学版),2007(6):68－71.

19. 陈炎冰,等. 我国医疗矿水的定义和分类的初步方案[J]. 理疗与疗养,1964,4(3):1.

20. 陈燕娥. 温泉旅游产品开发研究[D]. 中南林业科技大学,2006.

21. 陈炎水. 中国温泉考. 中华书局,民国二十八年(1939).

22. 程道品. 生态旅游区绩效评价及模型构建[D]. 中南林学院,2003.

23. 崔凤军,刘家明. 旅游环境承载力理论及其实践意义[J]. 地理科学进展,1998(1):

86 - 91.

24. 崔凤军,许峰,等. 区域旅游可持续发展评价指标体系的初步研究[J]. 旅游学刊,1999(4):42 - 45.

25. 崔凤军. 风景旅游区保护与管理[M]. 北京:中国旅游出版社,2001:69 - 100.

26. 崔学良. 港中旅(珠海)海洋温泉有限公司市场营销研究[D]. 吉林大学,2005.

27. 崔灵周,曹明明,李占斌,李勉. 黄土高原地区可持续发展指标体系与评价方法设计[J]. 水土保持通报,2000(3).

28. 戴凡. 旅游持续发展行动战略[J]. 旅游学刊,1994(4):51 - 54.

29. 德村志成. 中国国际旅游发展战略研究——日本客源市场[M]. 北京:中国旅游出版社,2002.

30. 德村志成. 从日本温泉旅游市场的需求谈中国开发日本旅游客源市场的可能性[A]. 科学发展观与区域旅游开发研究——第十届全国区域旅游开发学术研讨会,中国河南开封,2004.

31. 邓丽娟. 山地温泉酒店产品组合研究[D]. 湖南师范大学,2009.

32. 邓燕萍. 江西温泉旅游资源深度开发策略研究——基于旅游转型升级的视角[J]. 求实, 2011(9):64 - 67.

33. 邓秋霞. 论温泉度假酒店产品的设计[D]. 四川大学,2004.

34. 咚敏. 基于社区参与的我国生态旅游研究[D]. 东北林业大学,2005.

35. 范智军. 广东温泉旅游业发展研究[J]. 河北旅游职业学院学报,2011(1):32 - 36.

36. 樊亚明,徐颂军. 广东省温泉旅游地空间结构及演化发展[J]. 华南师范大学学报(自然科学版),2013,45(3):99 - 105

37. 樊亚明,徐颂军,等. 转型升级背景下广东温泉旅游业可持续发展分析[J]. 社会科学家,2013(1):97 - 100

38. 封玉璞,王东. 旅游地理. 中国城市出版社,1995,18 - 23.

39. 傅广海. 四川省甘孜州温泉类型、成因及旅游开发模式研究[D]. 成都理工大学,2009.

40. 葛新,唐孝中. 乡村旅游可持续发展评价指标体系的构建[J]. 沈阳工业大学学报(社会科学版),2012(1):58 - 64.

41. 关霜. 云南温泉旅游产业化发展研究[D]. 云南财经大学,2011.

42. 广东省从化市人民政府. 广东省从化市旅游发展总体规划[M]. 广州:广东科技出版社,1994.

43. 郭来喜,保继刚. 中国旅游地理学的回顾与展望[J]. 地理研究,1990,9(1):78 - 86.

44. 郭来喜. 旅游地理学词条. 中国大百科全书 · 地理学卷. 中国大百科全书出版社,1984.

45. 郭来喜. 中国的矿泉旅游资源[A]//中国科学院地理研究所. 旅游地理文集. 1982:117 - 125.

46. 郭长江,崔晓奇,等. 国内外旅游系统模型研究综述[J]. 中国人口 · 资源与环境,2007(4):101 - 106.

47. 高瑞馨,王凤友. 林业可持续发展指标体系和综合评价研究概述[J]. 防护林科技,2005(4):38 - 40.

48. 郝时尧,郝时娴.区域可持续发展评价指标体系研究[J].山西高等学校社会科学学报,2002(10):49-50.

49. 韩笑.山东省温泉旅游开发的SWOT分析与对策[J].江苏商论,2011(5):137-139.

50. 韩胜娟.SPSS聚类分析中数据无量纲化方法比较[J].科技广场,2008(3):229-231.

51. 韩再生.我国地热资源及其开发利用现状[A].全国地热产业可持续发展学术研讨会,2006.

52. 何清宇,宋镇清.湖南省温泉旅游资源价值评估与价值实现[J].湖南医科大学学报(社会科学版),2010,12(3):72-74.

53. 胡彬.北京温泉旅游营销策略研究[D].首都师范大学,2007.

54. 胡田翠,鲁峰.古村落旅游可持续发展评价指标体系构建研究[J].现代经济(现代物业下半月刊),2007(6):36-38.

55. 黄昆.利益相关者理论在旅游地可持续发展中的应用研究[D].武汉大学,2004:5.

56. 黄静波.温泉旅游产品开发模式研究——以郴州市为例[J].湖南社会科学,2006(3):117-119.

57. 黄蕾丹.温泉度假村服务质量评价体系构建与实证研究[D].江南大学,2010.

58. 黄向,徐文雄.我国温泉开发模式的过去、现在与未来[J].规划师,2005,21(4):72-75.

59. 黄燕玲,罗盛锋,程道品.基于GA优化的农业旅游地可持续发展能力评价——以西南少数民族地区为例[J].旅游学刊,2009,24(10):32-37.

60. 黄远水,刘克祥,池进.永安市热水口温泉旅游资源开发探讨[J].福建地理,1997,12(1):64-67.

61. 黄郁成.试论温泉旅游资源的综合开发[J].江西社会科学,2003(9):206-208.

62. 惠普科.北京市温泉旅游竞争力比较研究[D].北京第二外国语学院,2009.

63. 霍洛韦 C J.论旅游业[M].北京:中国大百科全书出版社,1997:53-54.

64. 贾秉瑜.体验经济视角下旅游产品体验性研究[D].北京第二外国语学院,2007.

65. 江金波,高娟.基于四分图模型的温泉游客满意度测评及其应用研究——以聚龙湾天然温泉旅游度假村为例[J].热带地理,2011,31(1):100-106.

66. 姜建军,陶庆法,胡杰.我国地热资源开发利用状况、存在的问题与建议[A].北京:全国地热产业可持续发展学术研讨会,2005.

67. 姜莉.欧、亚温泉区发展特点之比较[J].小城镇建设,2005(4):72-74.

68. 焦维军,高鹏,杨海红.关于温泉旅游开发的几点建议[J].社会科学家,2005(4):122-124.

69. 金丽,刘隽.远郊温泉地资源的开发模式研究[J].沈阳师范大学学报(社会科学版),2007(2):124-126.

70. 金建君,挥才兴,巩彩兰.海岸带可持续发展及其指标体系研究——以辽宁省海岸带部分城市为例[J].海洋通报,2001,20(1):622.

71. 巨鹏.资源独享型温泉旅游地开发研究——以恩平市为例[D].中山大学,2005.

72. 巨鹏.资源管理视角的温泉旅游地开发模式研究[J].山东社会科学,2011(7):

166 - 168.

73. 匡林. 旅游业与可持续发展[J]. 南开经济研究,1997(2).

74. 劳伦斯·纽曼. 社会研究方法:定性和定量的取向[M]. 北京:中国人民大学出版社,2007:55.

75. 蓝力民. 温泉旅游资源可开发价值定量评价模型的构建与应用新探[J]. 资源科学,2013(2):312 - 320.

76. 李德荣. 广东省地热资源现状及开发前景[A]. 北京:全国地热产业可持续发展学术研讨会, 2005.

77. 李静. 广东温泉度假旅游产业升级发展研究[D]. 广东商学院,2012.

78. 李黎. 武汉温泉旅游圈开发利用研究[J]. 桂林旅游高等专科学校学报,2008(2):203 - 206.

79. 李鹏. 社会重构下的温泉旅游地兴衰研究——以从化温泉为例[J]. 热带地理,2010,30(5):540 - 545.

80. 李鹏. 温泉旅游地开发中的温泉水权制度——以从化温泉风景区、流溪温泉旅游度假区、龙门永汉镇为例[D]. 中山大学,2010.

81. 李晓琴. 川西地区温泉特征及旅游可持续发展研究[J]. 安徽农业科学,2008(16):6915 - 6917.

82. 李日邦. 中国的温泉及温泉型氟中毒的地理分布[J]. 中国地方病学杂志,1995(2):119 - 120.

83. 李维余. 四川森林生态旅游可持续发展战略研究[D]. 西南交通大学,2007.

84. 李文亮,翁瑾,杨开忠. 旅游系统模型比较研究[J]. 旅游学刊,2005(2):20 - 24.

85. 李天元,王连义. 旅游学概论[M]. 南开大学出版社,1994.

86. 李星群,廖荣华. 生态旅游地可持续旅游评价指标体系探讨——以自然保护区为例[J]. 邵阳学院学报(自然科学版),2004,1(1):100 - 104.

87. 李星群. 自然保护区生态旅游可持续发展评价指标体系研究[D]. 广西大学,2003.

88. 李智虎. 谈旅游景区游客服务满意度的提升[J]. 企业活力,2003(4):39 - 41.

89. 李宇荣,王艳平. 山东温泉旅游资源分析及科学发展思考[J]. 山东国土资源,2008(3):35 - 38.

90. 刘振礼,王湘,那道隆. 中国旅游地理[M]. 天津:南开大学出版社,1988:367.

91. 刘振礼,王兵. 新编中国旅游地理[M]. 天津:南开大学出版社,1996:435.

92. 刘国海,仲桂清. 辽宁省温泉资源开发利用研究[M]. 北京:地质出版社,1994:3 - 4.

93. 刘慧. 区域农业可持续发展指标体系及评估方法[J]. 地理科学进展,1997(2):23 - 27.

94. 刘昌雪,汪德根. 城郊旅游的潜在市场特征及产品开发[J]. 旅游资源,2004(3).

95. 梁江川,陈南江. 广东省高档温泉度假区游客利益细分研究[J]. 旅游学刊,2006,(5):68 - 74.

96. 廖月芝,龚宇烈,刘国钦. 广东省丰顺县地热资源利用现状及开发模式探讨[A]. 广东珠海:2011 中国可持续发展论坛暨中国可持续发展研究会学术年会, 2011.

97. 林广思. 珠海海洋温泉旅游度假村的树种选择研究[J]. 山东林业科技,2005(1):

11 - 12.

98. 林中燕. 略论福州温泉旅游品牌的构建[J]. 引进与咨询,2006(2):7 - 9.

99. 林英杰,张燕文. 电白县热水温泉风景区旅游资源的特色及其开发设想[J]. 中山大学学报(自然科学版),1996(S1):26 - 32.

100. 刘峰. 旅游系统规划——一种旅游规划新思路[J]. 地理学与国土研究,1999,15(1):56 - 60.

101. 刘国明,杨效忠,张琳伟. 中国国家级水利风景区的旅游空间结构分析[J]. 河海大学学报(哲学社会科学版),2011,13(1):49 - 53,91.

102. 刘家明,季任钧. 旅游度假区开发的选址研究[J]. 人文地理,2001,16(5):49 - 52,71.

103. 刘军. 温泉类度假村核心竞争能力研究[D]. 暨南大学,2006.

104. 刘益. 旅游业可持续发展指标及综合评价体系研究[J]. 经济前沿,2006(6):39 - 42.

105. 鲁敏. 旅游地可持续发展评价模式[D]. 华中师范大学,2001.

106. 罗慧,曹毅. 可持续发展指标体系的研究与展望[J]. 首都师范大学学报(自然科学版),2010(2):54 - 57.

107. 罗守贵,曾尊固. 可持续发展指标体系研究述评[J]. 人文地理,1999,14(4):54 - 59.

108. 骆高远,陆林. 我国温泉旅游的回顾与展望[J]. 特区经济,2008(3):162 - 165.

109. 毛小岗,宋金平,于伟. 北京市A级旅游景区空间结构及其演化[J]. 经济地理,2011, 31(8):1381 - 1386.

110. 毛汉英. 山东省可持续发展指标体系初步研究[J]. 地理研究,1996(4):16 - 23.

111. 米红. 区域可持续发展模式估计及其实证研究地理教育[M]. 北京:经济科学出版社,2002.

112. 缪小玲,王莉,钟毓华. 湖北省温泉旅游资源开发存在的问题及对策[J]. 当代经济,2011(1):66 - 67.

113. 牛文元. 可持续发展理论的基本认知[J]. 地理科学进展,2008(3):1 - 6.

114. 牛亚菲. 旅游业可持续发展的指标体系研究[J]. 中国人口·资源与环境,2002(6):44 - 47.

115. 潘蕙卢,陈思屹. 古村落旅游可持续性评估的初步研究——以世界文化遗产地宏村为例[J]. 旅游学刊,2010(1):17 - 25.

116. 裴若婷. 罗浮山温泉旅游度假区旅游产品深度开发研究[D]. 成都理工大学, 2010.

117. 彭惠军,黄翅勤,范胜国. 城郊生态农庄休闲旅游可持续发展指标体系构建及应用——以湖南衡阳怡心园为例[J]. 广东农业科学,2011,38(9):177 - 180.

118. 彭秀芬,向云波. 广东、台湾与日本温泉旅游开发比较研究[J]. 经济论坛,2011(2):97 - 99

119. 彭华. 谈旅游发展新理念(系列访谈). 广东旅游报,1997:42 - 46.

120. 蒲蕾. 基于四川温泉度假地游客消费行为的温泉产品研究[D]. 四川大学,2007.

121. 齐晓波. 品牌战略在旅游景区开发初始阶段的应用初探——以重庆市东温泉景区

为例[D]. 重庆师范大学,2003.

122. 曲亚斌,戴昌芳,张建鹏,等. 广东省旅游温泉卫生状况调查[J]. 华南预防医学,2010(6):68－70.

123. 乔家君,李小建. 河南省可持续发展指标体系构建及应用实例[J]. 河南大学学报(自然科学版),2005(3):44－48.

124. 山村顺次. 新观光地理学[M]. 日本:日本大明堂,1995:33.

125. 申玉铭,方创琳,毛汉英. 区域可持续发展的理论与实践[M]. 北京:中国环境科学出版社,2007:46－54.

126. 宋林琳. 重庆温泉旅游发展与研究述略[J]. 安徽农业科学,2007(25):7914－7915.

127. 孙钢. 旅游业,永远的朝阳产业[J]. 中国改革,1994(7):17－20.

128. 孙丽萍,王艳平. 转型时期旅游产品创新与温泉开发——兼论辽宁省龙门汤温泉开发[J]. 桂林旅游高等专科学校学报,2005,16(3):67－70.

129. 唐少霞,赵志忠,谢跟踪,等. 海南温泉旅游开发模式探讨[J]. 地域研究与开发,2007,26(7):84－88.

130. 田里. 区域旅游可持续发展评价体系研究——以云南大理、丽江、西双版纳为例[J]. 旅游科学,2007,21(3):44－51,71.

131. 田莉. 慢性疼痛温泉疗效的评价[J]. 国外医学(物理医学与康复学分册),1991(2):89.

132. 万幼清. 旅游可持续发展评价指标与方法[J]. 统计与决策,2006(3):10－12.

133. 汪灿. 广东温泉旅游客源市场结构及营销策略分析[J]. 中国城市经济,2011(26):31－32.

134. 汪智勇. 温泉度假区景观设计研究[D]. 福建农林大学,2011.

135. 王迪云. 旅游耗散结构系统开发理论与实践[M]. 北京:中国市场出版社,2006:21.

136. 王立民. 矿泉保健康复学[M]. 沈阳:辽宁科学技术出版社,1992.

137. 王冠贤,保继刚. 温泉旅游地特性及空间竞争分析——以从化新旧温泉为例[J]. 地域研究与开发,2004,23(6):83－87,122.

138. 王华,彭华,吴立瀚. 国内外温泉旅游度假区发展演化模式的探讨[J]. 世界地理研究,2004(3):79－83.

139. 王华,彭华. 温泉旅游的发展与研究述评[J]. 桂林旅游高等专科学校学报,2004(4):30－34.

140. 王华,彭华. 温泉旅游开发的主要影响因素综合分析[J]. 旅游学刊,2004(5):51－55.

141. 王华,吴立瀚. 广东省温泉旅游开发模式分析[J]. 地理与地理信息科学,2005(2):109－112.

142. 王会战. 水库型水利风景区旅游可持续发展指标体系及其评价模型——小浪底水利风景区的实证研究[J]. 三门峡职业技术学院学报,2008,7(2):36－42.

143. 王继柯. 广东温泉资源开发现状、特征与趋势研究[J]. 经济师,2008(11):262－263.

144. 王家骏. 旅游系统:整体理解旅游的钥匙[J]. 无锡教育学院学报,1999,19(1):66-69.

145. 王立民,安克士. 中国矿泉[M]. 天津:天津科学出版社,1993.

146. 王立民等. 我国医疗矿泉分类再议[J]. 中华理疗杂志,1982,5(3):130.

147. 王良健. 旅游可持续发展评价指标体系及评价方法研究[J]. 旅游学刊. 2001(1):67-70.

148. 王昕,高彦淳. 区域旅游可持续发展力评价指标体系构建与评价实证研究[J]. 经济问题探索,2008(1):137-140.

149. 王艳平. 中国温泉旅游[M]. 大连:大连出版社,2004.

150. 王艳平,山村顺次. 中国温泉利用的变迁与地域特性[J]. 千叶大学环境科学研究报告,2000(25):44-49.

151. 王艳平,山村顺次. 中国温泉资源旅游利用形式的变迁及其开发现状[J]. 地理科学, 2002,22(1):102-109.

152. 王艳平,郑岩,刘丽娟. 旅游度假村温泉泡池规格探究[J]. 大连海事大学学报(社会科学版),2011(4):44-47.

153. 王艳平. 旅游法规建设的一个路径研究——以广东省《温泉旅游服务规范》为例[J]. 桂林旅游高等专科学校学报,2006,17(6):741-743.

154. 王艳平. 温泉旅游真实性研究[J]. 旅游学刊,2006(1):59-63.

155. 王艳平,孙巧耘,傅 轶. 温泉旅游研究导论[M]. 北京:中国旅游出版社,2007:90-93.

156. 王艳平. 温泉洗浴旅游产品的分类及其开发方向[J]. 中南林业科技大学学报(社会科学版),2007(3):79-82.

157. 王艳平. 温泉真实及为旅游的符号搬运[J]. 旅游研究,2012,4(1):31-36.

158. 王钟印,等. 中国旅游地理概论[M]. 中国旅游出版社,1994:114-120.

159. 魏敏,朱芳琳,冯永军. 农业生态旅游地可持续发展评价方法研究[J]. 商业研究,2008(3):177-180.

160. 魏小安. 中国旅游业发展的十大趋势[J]. 湖南社会科学,2003(6):91-98.

161. 魏宏森. 系统论:系统科学哲学 I-M3[M]. 北京:世界图书出版公司,2009.

162. 巫晶. 温泉旅游游客行为研究[D]. 厦门大学,2006.

163. 吴必虎,唐子颖. 旅游吸引物空间结构分析——以中国首批国家 4A 级旅游区(点)为例[J]. 人文地理,2003,18(1):1-5,28.

164. 吴必虎. 旅游系统:对旅游活动与旅游科学的一种解释[J]. 旅游学刊,1998(1):20-24.

165. 吴升旸. 浅析我国温泉旅游的开发现状及趋势[J]. 学理论,2011(17):165-166.

166. 吴龙辉,陈伟新. 河源市九和温泉旅游度假村园林景观规划设计[J]. 广东园林,2005(6):16-19.

167. 吴承业,叶民强,袁达,等. 沿海开放地区可持续发展指标体系与评价方法研究[J]. 华侨大学学报(哲社版),2000(2):10-15.

168. 吴晋峰,马耀峰. 旅游客源市场空间结构对比研究[J]. 干旱区资源与环境,2004(5):132-136.

169. 谢洪礼. 关于可持续发展指标体系的述评(一)——可持续发展指标体系研究的简要介绍[J]. 统计研究,1998(6):54-58.

170. 谢彦君. 旅游地生命周期的控制与调整[J]. 旅游学刊,1995(2):41-44.

171. 谢志华,吴必虎. 中国资源型景区旅游空间结构研究[J]. 地理科学,2008, 28(6):748-753.

172. 辛艺峰. 顺应自然·延续文脉·重塑环境——热水温泉风景旅游区总体规划[J]. 城市规划汇刊,1996(6):50-55.

173. 辛建荣. 旅游区规划与管理[M]. 南开大学出版社,1999.

174. 徐红罡. 资源型旅游地增长极限的理论模型[J]. 中国人口资源与环境,2006,16(5):35-40.

175. 徐红罡,龙江智. 城市旅游地生命周期的模式研究[J]. 城市规划学刊,2005(2):70-74.

176. 徐军祥. 我国地热资源与可持续开发利用[J]. 中国人口·资源与环境,2005(2):139-141.

177. 徐致云,陆林. 旅游地生命周期研究进展[J]. 安徽师范大学学报(自然科学版),2006,29(6):599-603.

178. 许春晓. “旅游产品生命周期论”的理论思考[J]. 旅游学刊,1997(5):44-47.

179. 薛纪萍,阎伍玖. 海岛旅游可持续发展评价指标体系研究[J]. 资源开发与市场,2008(10):878-880.

180. 闫贵,底亮,赵多平. 湿地类旅游景区可持续发展指标体系构建及对策研究——以银川市鸣翠湖景区为例[J]. 经济研究导刊,2011(20):19-21.

181. 严小龙. 广东省温泉度假酒店设计研究[D]. 华南理工大学,2011.

182. 杨多贵,牛文元,陈劭锋. 系统学开创可持续发展理论与实践研究的新方向[J]. 系统辩证学学报,2001(1):20-23.

183. 杨凌,元方,李国平. 可持续发展指标体系综述[J]. 决策参考,2007(5):56-59.

184. 杨森林. 旅游产品生命周期论质疑[J]. 旅游学刊,1996(1):45-47.

185. 杨振之,陈谨. 论我国旅游产业结构的优化调整[J]. 云南民族学院学报(哲学社会科学版),200219(5):30-34.

186. 殷继成,傅广海. 国内外温泉旅游开发现状[A]//范晓. 旅游地学研究与旅游资源开发. 成都:四川科技出版社,2006(6).

187. 余丹林. 可持续发展评价指标体系的构建思路[J]. 地理科学进展,1998,17(2):84-89.

188. 余剑晖. 温泉旅游地生命周期研究[D]. 西南大学,2008.

189. 余书炜. “旅游地生命周期理论”综论[J]. 旅游学刊,1997(1):33-37.

190. 余伟. 温泉度假区规划方法研究[D]. 同济大学,2008.

191. 袁俊,余瑞林,刘承良,等. 武汉城市圈国家A级旅游景区的空间结构[J]. 经济地理,2010,30(2):324-328.

192. 袁国宏. 旅游系统管理及其与旅游可持续发展的关系研究[D]. 暨南大学博士论文,2008.

193. 张安民,李永文. 基于利益相关者博弈均衡背景下的旅游新景区开发动力分析——以平顶山清水河景区的开发为例[J]. 河南大学学报(自然科学版),2008(2):171 - 175.

194. 张蓓. 都市农业旅游可持续发展的系统分析、评价及仿真研究[D]. 暨南大学,2009.

195. 张捷,周寅康,都金康. 旅游地理结构与旅游地持续发展研究[J]. 南京大学学报(自然科学版),1995(32).

196. 张恒久,王占东. 再议我国医用矿泉的分类命名及表示法[J]. 中国疗养医学,1997,6(1).

197. 张红,王新生,余瑞林. 基于 Voronoi 图的测度点状目标空间分布特征的方法[J]. 华中师范大学学报(自然科学版),2005,39(3):422 - 426.

198. 张建. 再论我国温泉旅游资源的开发与利用[J]. 干旱区资源与环境,2005,19(6):67 - 72.

199. 张建忠,杨新军. 旅游度假区康体休闲与康复养生项目的开发模式——以安宁市温泉旅游度假区为例[J]. 泰安师专学报,1998,11(2):62 - 66.

200. 张金华,魏伟. 我国的地热资源分布特征及其利用[J]. 中国国土资源经济,2011(8):23 - 24.

201. 张蕾,林岚. 温泉旅游资源可持续利用评价研究——以广东龙门为例[J]. 亚热带资源与环境学报,2007,2(4):82 - 88.

202. 张丽霞,顾凯平. 森林资源可持续发展综合评价研究[J]. 江西农业大学学报,2005(1):52 - 58.

203. 张林英,周永章,杨国华,等. 可持续发展指标体系研究简评[J]. 云南地理环境研究,2005,(5):88 - 93.

204. 张林英. 广东省自然保护区可持续发展研究[D]. 中山大学,2006.

205. 张玲,魏清泉. 广东省温泉旅游地空间竞争及演化态势[J]. 商讯商业经济文荟,2005(6):61 - 63.

206. 张玲. 广东温泉旅游发展趋势研究[J]. 江苏商论,2006(1):115 - 116.

207. 张欣欣. 广东温泉旅游资源开发与保护约束机制研究[D]. 暨南大学,2008.

208. 张欣欣. 广东温泉旅游资源开发模式与经营现状分析[J]. 现代商贸工业,2010(20):152 - 153.

209. 张滢. 新疆温泉资源的开发利用与可持续发展——以沙湾温泉旅游区为例[J]. 安徽农业科学,2011,39(29):18046 - 18048,18051.

210. 赵静. 数学建模与数学实验[M]. 北京:高等教育出版社,2000.

211. 赵婷婷. 从多元共生到品质扩张——我国温泉旅游发展现状、症候及策略[J]. 社会科学家,2012(3):94 - 97.

212. 郑朝钟. 台湾新兴温泉产业经营管理研析——以新竹尖石地区为例[D]. 北京交通大学,2007.

213. 周进步,庞规荃,秦关民. 现代中国旅游地理[M]. 青岛:青岛出版社,2001.

214. 周玲强,祝勤玫. 温泉旅游开发模式探讨[J]. 经济论坛,2010(11):160 - 161.

215. 周一星. 城市地理学[M]. 北京:商务印书馆,1995:295.

216. 周文丽. 生态旅游资源综合评价指标体系及评价模型研究[J]. 西北林学院学报,

2007(3):198 -202.

217. 周海燕. 个人可支配收入对我国旅游业影响的实证研究[J]. 合肥学院学报(社会科学版),2010(4):84 -87.

218. 朱长生. 矿泉水温泉水的勘察评价与开发利用[M]. 北京:地质出版社,2004.

219. 朱竑,陈晓亮. 中国A级旅游景区空间分布结构研究[J]. 地理科学,2008,28(5):607 -615.

220. 朱竑,刘迎华. 从《旅游学刊》和 *Annals of Tourism Research* 的比较看中外旅游研究的异同和趋向[J]. 旅游学刊,2004(4):92 -95.

221. 朱训. 中国矿情[M]. 北京:科学出版社,1999:557 -558.

222. 朱玉华. 福州温泉旅游开发的SWTO分析及对策[J]. 闽南学院学报:社会科学版,2006(6):119 -123.

223. 朱玉华. 中国温泉旅游开发现状及其发展策略[J]. 长春理工大学学报(社会科学版),2012,25(11):150 -152.

224. 朱专法. 日本温泉的旅游开发与经营管理[J]. 山西大学学报(哲学社会科学版),2008,31(5):88 -91.

225. 赵振华,匡耀求. 珠江三角洲资源环境与可持续发展[M]. 广州:广东科技出版社,2003.

226. [日]倪玉祥一. 明治时期外国人保养地"箱根"的成立[R]. 全国历史教育研究协议会研究报告,2001:5 -10.

227. [日] 日本温泉协会. 温泉的历史[M]. 大明堂出版社,2002.

228. [日] 山村顺次. 世界温泉地[M]. 大明堂出版社,2005.

229. 金贤志. 韩国温泉开发地域的特性相关研究[D]. 千叶大学,2001.

230. Abdul Rahim Sam sudin. Thermal springs of Malaysia and Potential development [J]. Journal of Asia Earth Seienees,1997(15):275 -284.

231. Anthony V. Benedetto, Larry, E. Millikan. World survey of mineral water and spas - mineral water and spas in the United States [J]. Clinicsin Dermatology,1996(14):637 -639.

232. Azwindini Ernest T. Strategy for the Sustainable Development of Themal Spring:A Case Study for Sagole in Limpopo Province for the degree of doctor of philosophy, University of South Africa.

233. Bacon - W. Economic systems and their impact on tourist resort development:the case of the Spa in Europe [J]. Tourism Eeonomies,1998,4(1):21 -36.

234. Boris Sno, Damijan Mumel. The measurement of perceived differences in service quality—the case of heal SPAs in Slovinia [J]. Journal of Vacation Marketing, 2002, 8 (4): 362 -379.

235. Bulter R W. The concept of a tourist area cycle of evolution:implications for management of resource [J]. Canadian geographer,1980,24(1):4 -12.

236. C. F. Lee, B. King. A determination of destination competitiveness for Taiwan's hot springstourism sector using the Delphi technique [J]. Journal of Vacation Marketing,2009,15(3):243 -257.

237. Cristina Colonisteanu, The analysis of the regional and local spa market:starting a spa

business.

238. D. Getz. Tourism planning and destination lifecycle [J]. Annals of Tourism Research, 1992(19):752 - 770.

239. Deborah Wightman, Geoffrey Wall. The Spa Experience at Radium Hot Springs [J]. Annals of Tourism Research, 1985, 12(3):39 - 51.

240. Duyckaerats C, Godefroy G. Voronoi tessellation to study the numerical density and the spatial distribution of neurons [J]. Chem Neuroanat, 2000, 32(20):83 - 92.

241. E. A. Didascalou, P. Th. Nastos, A. Matzarakis Spa Destination Development Using A Decision Support System: the Role of Climate and Bioclimate Information, Developments in Tourism Climatology - A. Matzarakis, C. R. de Freitas, D. Scott, 2007.

242. Freeman, R. Edward. Strategic Management: A Stake holder Approach [M]. Pitman Publish - ingInc, 1984.

243. G. Hovinen Visitor cycles: Outlook for tourism in Lancaster Country [J]. Annals of Tourism Research, 1982(9), 570 - 573.

244. George Erdeli, Irina Dinca, Romanian Spa Toursim: A Communist Paradigm In A Post-Communist Era, Human Geographies Journal of Studies and Research in Human Geography, 2011 (5), 41 - 56.

245. Gunn, C. A, Turgut Var. Tourism Planning: Basics Concepts Cases [M]. New York: Routledge, 2002.

246. Harmsworth, S. The latest trends and developments in health and spa market [J]. Insights, 2004:173 - 178.

247. Inskeep. Rapid Oxidation of Arsenite in a Hot Spring Ecosystem - Yellowstone National Park [J]. Environ Sei. Teehnol, 2001(35):3302 - 3309.

248. James D. Strapp. The resort cycle and second homes [J]. Annals of Tourism Research. 1988, 4(15):504 - 516.

249. John Tower. Chapter4: Special leisure Places, the spa resorts [A]. An Historical Geography of Recreation and Tourism [M]. John - Willey &Sons Ltd., 1996:32 - 323.

250. John Towner. What is tourism's history? [J]. Tourism Management, 1996, 16(5): 339 - 343.

251. John W. Lund. Balneo logical Use of Thermal and Mineral Waters in the U. S. A. [J]. Geothermics, 1996, 25(1):103 - 147.

252. K. Debbage. Oligopoly and the resort cycle in the Bahamas [J]. Annals of Tourism Researeh, 1990 (17):513 - 527.

253. K. Meyer - Arendt. The Grand Isle, Louisiana Resort Cycle [J]. Annals of Tourism Reserach, 1985(11):449 - 456.

254. KPMG Canada. Harnessing the Power of co - operative marketing Programs: Spa Canada [A]. Co - operation and Part - nership in Tourism: A Global Perspective [C]. Madrid, Spain: World Tourism Organization, 2003:104 - 107.

255. LEE C F, KING B. A determination of destination competitiveness for Taiwan's hot springs tourism sector using the Delphi technique [J]. J Vacation Marketing, 2009, 15(3):

243 –257.

256. Leiper Neil. The framework of tourism, tourist and the tourist industry[J]. Annals of Tourism Research, 1979(6):390 –407.

257. Leiper Neil. Tourism Systems: An Interdisciplinary Perspective. Palmers ton North, New Zealand: Massey University. 1990a.

258. Loverseed – H. Health and spa tourism in North American[J]. Travel and Tourism Analyst, 1998(1):46 –66.

259. Mc Kercher B. A chaos approach to tourism. Tourism Management, 1999 (20): 425 –434.

260. Mill R C, A Morrison. The Tourism System[M]. Englewood Cliffs, NJ: Prentice – Hall, 1985.

261. Miller G. The development of indicators of sustainable tourism: results of a Delphi survey of tourism researchers [J]. Tourism Management, 2001(22):351 –362.

262. Rami F. Tawil. Classifying the Hotel Spa Tourist: A Multidimensional Qualitative Approach [J]. international Journal of Humanities and Social Science, 2011, 11(1):20.

263. Shelby. B. and Heberlein, A. Carrying Capacity in Recreational Settings[J]. Corvalis: University Press, 1986.

264. Wei Jiadeng. Using a revised importance analysis approach: The case of Taiwanese hot springs[J]. Tourism Management, 2007(28):1274 –1284.

265. White, DE, 1957, Thermalwaterofvoleanieorigin, Bull. Geol. Soe. Am. ,68, 1637 –1658.

266. Walle Alf. Business ethics and tourism: from micro to macro perspectives[J]. Tourism Management, 1995, 18(4):263 –268.

267. Yao – Hsienlee, Tung – Liangchen. A Kano Two – dimensional Quality Model in Taiwan's Hot Spring Hotels Service Quality Evaluations[J]. The Journal of American Academy of Business, 2006(3):301 –306.